校长一定有办法

建设现代学校制度的理论与实践

杨润勇◎总主编
石连海◎主　编
朱玉成◎副主编
田晓苗　王　媛

U0913798

辽宁教育出版社

总　序
General Preface

阅读着，走向教育家

一名好老师，可以教出一批好孩子；一名好校长，可以成就一所好学校；一批教育家，可以影响国家和民族的未来。陶行知说过：“校长是一个学校的灵魂”。事实证明，有怎样的校长，就会有怎样的学校。我国教育事业要兴旺发达，一个重要条件就是让真正懂教育的人来办教育。中小学校长在学校教育教学中，身份特殊，位置关键，其定位、发展乃至成熟、成长都直接关系到教育改革的成败，影响到民族素质的高低。

新的历史时期，《教育规划纲要》提出“创造有利条件，鼓励教师和校长在实践中大胆探索，创新教育思想、教育模式和教育方法，形成教学特色和办学风格，造就一批教育家，倡导教育家办学”；同时，从专业化的角度对加强中小学校长队伍建设、促进校长专业发展提出了新的任务。为进一步推动《教育规划纲要》实施，在各级各类学校全面落实依法治国要求，教育部发布了《全面推进依法治校实施纲要》，提倡建设现代学校制度，对依法治校提出进一步明确要求；随后，教育部颁布了《义务教育学校校长专业标准》，对中小学学校校长专业素质提出了基本要求，重点提出了“规划学校发展、营造育人文化、领导课程教学、引领教师成长、优化内部管理、调适外部环境”6 项职责，涵盖了“专业理解与认识、专业知识与方法、专业能力与行为”等为主要内容的18 项专业要求。

《义务教育学校校长专业标准》的要求，是对义务教育学校合格校长专业素质的基本要求，也是走向教育家办学的基础。

教育家办学，“就是让精通教育、尊重教育规律的人办学，就是要求学校从素质教育的要求和人的全面发展的需要出发开展教育教学活动”。苏霍姆林斯基说：“如果你想成为一个好校长，那你首先得努力成为一个好教师，一个好的教学专家和好的教育者……”诚然，成为一个合格的校长，进而成长为优秀的校长，最后成为教育家，需要具备很多条件。校长是教育教学领导者，必须具备正确的教育观念，熟悉党和国家的教育方针、政策法规，具备独特的办学思想，具有渊博的专业知识和较高的教育理论修养，还要具有较强的教育科研和改革创新能力、科学的态度和务实的作风以及出众的管理才能。提升专业发展水平，走向教育家，成为教师指导者的“师者之师”，校长需要作出长时间的艰苦努力，多思好学，成为终身学习者。

在现实中，广大中小学校长在巨大的工作压力下，在有限的时间内，学习什么内容最有效果、最有收获，是一个非常值得关注的问题。就目前的情况看，很多校长的学习内容不系统、不丰富，所学内容有失偏颇。为了针对性地解决广大校长的学习问题，我们与部分有经验、有建树的科研人员、知名校长策划了这套《校长一定有办法》丛书。

《依法治校122问》一书，聚焦中小学教学与管理过程中的实际问题，结合教育政策法规知识，以问答的方式，进行了精心设问和解答。全书涉及党的十八大报告、《教育规划纲要》《全面推进依法治校实施纲要》等党和国家的新的政策文件精神，参照《义务教育法》《未成年人保护法》《治安管理处罚法》《预防未成年人犯罪法》等法律的新规定，力图帮助学校管理者全面深入掌握教育政策法规，增强法治观念，提高政策水准。

《建设现代学校制度的理论与实践》一书，系统阐述了现代教育制度原理，论述了现代学校制度与相关法律、现代学校制度建设的基本内容、软件建设、现代学校的主体重构等内容，并对现代学校制度的实践进行了梳理和展望，力图帮助学校管理者把握管理理论，提高理论水平。

《如何改进学校管理：理念与实践》一书，从学校领导、学校文化、教师发展和学生参与等视角，以科学研究的方式，对当前中小学管理中较为适用的道德管理、知识管理、精致管理、生态管理、文化管理、校本管理等管理理念进行探索，力图帮助学校管理者创新学校管理理念，认识管理规律，提升管理水平。

《校长最有效的激励艺术》一书，运用神经语言程序学的基本原理，就校长管理中最重要的激励手段进行了系统阐述，以丰富的内容介绍了激励是什么、怎样做、注意什么等内容，力图帮助学校管理者提升语言艺术、提升管理能力、提高管理效益。

四册图书既相互独立又相互联系，在保持各自图书特点的同时，力求做到新、实、深的特点。

新，就是突出新政策、新理念、新经验。每册专著尽量结合最新的政策，特别是《教育规划纲要》颁布后，党和国家颁布的一系列教育政策新精神、新提法；尽量展现介绍教育管理的新理论、新动向、新成果；尽量归纳总结中小学教育管理中的新做法、新经验。

实，就是突出实际、实用、实事求是。做到接地气，贴近管理实际、贴近中小学、贴近校长；做到从实际出发，有针对性地解决中小学管理中存在的问题；做到理论联系实际，确保言之有物，不虚、不空、不偏。

深，就是深入、深刻。深入研究才能深刻展现。把握教育管理的内在规律，深入才能深刻，深入就必然涉及具体。专著作者们深入实际、调查研究，设计了教育管理中的典型案例，通过去粗取精、去伪存真，得出深刻的认识，作出正确的结论。

朱永新说，一个人的精神发育史，就是他的阅读史。很多事情，经历了才知道；很多管理的知识，学习了才会明白。佛家悟禅有两重境界：开悟之前，挑水砍柴；开悟之后，挑水砍柴。其实，挑水还是挑水，砍柴还是砍柴，同样的事情，在同一个人开悟前后，内涵迥异，意识、境界不同使然。读书学习，也是如此。无论是民族，还是人群，乃至于具体到每一个个体，优秀或是普通，表面千差万别，但其本质往往在于文化底蕴的不同。也就是说，是否读书，读些什么书，读出了什么，才造就了人的各异的文化品质和精神内涵，由此赋予了人的不同层次。中小学校长应成为率先示范的阅读者。阅读着，就一定能增加教育家智慧，培养教育家思维，养成教育家气质，最终走向教育家办学。

适合的，才是最好的。世上没有适用于所有学校管理的“锦囊妙计”，但是中小学校长读过了《校长一定有办法》，特别是结合管理实际，有所感悟，深刻反思，就一定会“急中生智”，创新出解决纷繁复杂问题的好办法。《校长一定有办法》以此为初衷策划、调研、撰写。丛书基于大家，为了大家，面向大家，相信能够适合大家，为大家所用。

杨润勇

前言
Preface

依法治国，建设社会主义法治国家是历史发展的必然选择，依法治校是依法治国的重要组成部分，依法治校是教育发展的必然规律。建设现代学校制度是依法治校的重要组成部分，是我国教育改革发展的重要内容和必要条件。《国家中长期教育改革和发展规划纲要（2010—2020年）》对建设现代学校制度提出了明确要求和实施路径。《全面推进依法治校实施纲要》也将现代学校制度的实施进一步引向深入。建设现代学校制度成为现代学校发展的必然选择。

制度是人际交往中的规则。制度在社会发展的系统中具有非常重要的意义和不可替代的作用。制度为人们的行为提供可供遵循的规则和标准，赋予人们的行为具有价值意义的选择和判断，制度建设在现代学校发展中有着不可替代的作用。现代学校制度是一种适应时代要求的学校制度安排。学校作为一个办学主体，一个独立的法人组织，怎样才能在现代学校制度的建设过程中主动谋求发展，使学校成为各具特色的、真正掌握优质教育资源，并在自主发展的过程中能够培育出一大批优秀的校长和教师，在办学中能够培养出全面发展的学生，是其追求的根本目的。现代学校制度是一种以学生发展为核心的制度安排，以促进学生的全面发展是学校教育的根本目的。要想改变那种千校一面、以人治校、人走校衰的短视局面，就必须建立良好的现代学校制度，在学校管理体制和运行机制上做文章，用制度管事，用制度管人，用制度管官，用制度管权，促进学校健康和谐的发展。

本书具有以下特色。

一、理念新，体现以人为本的精神

本书在编写过程中，全面贯彻国家教育方针，以立德树人，培养德智体美全面发展的人、全面提高校长、教职工素质，加强公民意识教育，培养合格公民，坚持以学生为本，转变管理理念与方式，提高管理效率和效益为基本指导理念。

二、科学性、系统性与前沿性相结合

本书在编写过程中，注重内容的系统性，全面针对建设现代学校制度的内容和要素而展开，科学系统的组织材料，注重材料的逻辑关系，吸收了了国内外研究的最新成果，在前人的基础上开展编写工作。从我国学校的实际出发，有针对性地解决问题，让读者在阅读中学有所值，读有所获。

三、注重实践的指导作用

本书采用通俗的编写方法，理论结合案例，通过以案说法的方式把死板的道理鲜活化。把先进的理念和方法融合到经典的案例中，让读者通过实例其及发人深省的剖析了解现代学校制度的内涵。

本书共六章：石连海、王媛负责第二、第六章和第三章的部分章节的编写；田晓苗负责第一、第五章和第三章的部分章节的编写；朱玉成负责第四章的编写。编写过程中，有些参考资料没有列出出处，恳请作者见谅！

编　者

目录
Contents

第一章 ‖ 现代学校制度概述

20世纪90年代，“现代学校制度”作为一个科学概念在我国出现。伴随着国家教育体制改革的深入推进，关于现代学校制度的研究，无论在理论还是在实践方面都有所创新，俨然形成了教育学领域的热点研究问题。研究一个问题的基础在于了解其本身所承载的内涵、价值及特征等。本章旨在为全书提供一个研究的基点，通过对“现代学校制度”本身概念的追溯和特征的考察，为进一步细化和深入研究做好前提性的准备。

第一节　现代学校制度的内涵

考察一个科学概念首先必须明确内涵和外延，否则就难以对其做出明确规定。内涵规定一个概念所反映的事物的本质属性的总和，是此事物区别于彼事物的根本所在，也就是概念的内容；外延则指一个概念所延伸到的或它所适用于的事物的集合。通常情况下，外延的范围是相对的，随着时间、空间和具体情景而改变，但只有在外延相对固定时，我们才能够对一个概念的内涵进行确切的界定。此外，必须值得注意的是，一个科学的概念有自身的适用范围，在进行理论研究时，必须在相对一致的基础上突出自身的研究范围和研究特色。

“现代学校制度”是一个发展的概念，不同的研究者根据各自的研究目的、特色给予其不同的表述。在总结前人研究的基础上，通过逐层剖析，对“现代学校制度”进行解释。按照构词法的规则，“现代学校制度”可分解为“现代”、“学校”和“制度”三个基本词语，通过对它们的探究，有助于对“现代学校制度”做出相对科学的界定。

一、现代和现代学校

作为一个单独的词语而言，“现代”中充斥了许多的不确定性。被大众所熟悉的词语更多的是与之相关的“现代性”“现代化”等词语。“现代”一般被用在史学和社会学领域。中国史中将新中国成立之后划归为“中国现代史”；世界史中将20世纪初到现在称之为“世界现代史”，第一次世界大战一般作为开始的标志。无论是中国还是世界，“现代”都意味着更加先进的文明和更加发达的科技水平。首先，现代一般意味着工业社会的形成，一般与“古代”“近代”等相对而言；其次，现代仍然处于发展的过程中，表示的是一种现在进行时的状态；再次，现代本身包含了未来的发展和期望，随着知识经济的形成，更多前进的社会形态必然会取代落后的社会形态，形成更为科学合理的社会。与之相联系，现代性指的是“人类社会逐渐现代化的过程中所呈现出的新特点和新性质，是现代社会基本特征的集群反映。其中，第一代现代性指的是工业社会的特性；第二代现代性指的是知识社会及其以后社会的特性。”而关于“现代化”一词，中国社会科学院中国现代化研究中心主任何传启研究员认为：“一般而言，现代化指 18 世纪工业革命以来人类社会所发生的深刻变化，它包括从传统经济向现代经济、传统社会向现代社会、传统政治向现代政治、传统文明向现代文明转变的历史过程及其变化。”①

在上述特质下，简单来说，现代学校就是指现代社会形态下形成的学校系统。一般而言，现代学校指的是人类社会发展到工业社会、知识社会及知识社会之后，为适应时代发展的需求，有组织、有计划、有目的地实施培养人活动的组织机构。广义而言，现代学校指的是能够适应各种现代化改革需要的学校。“现代性”是其内在规定性。具体来说，现代学校不是实体性质上的学校，更多的是指一种观念上的教育系统（包含各种教育组织机构、教育理念、教育改革实践等）的集合体。狭义而言，单以“现代学校制度”词组中的“现代学校”来看，其单指知识经济社会形成之后形成的学校教育系统，与“现代学校制度”的提出相对应。

现代学校承载着现代社会赋予的种种特殊功能。随着知识经济社会对人才的渴望，社会大众对知识的重视前所未有，这就使得现代学校“培养人的全面发展”成为更加突出的主题。一方面，学校教育本真的功能——培养人不断回归到教育之中，各种教育改革必须围绕着这一目的而展开；另一方面，随着教育系统内外对教育本身的期待，对人的生命成长的关怀成为对现代学校的进一步追求，不仅仅关注学生在知识技能方面的“量”的增加，更加关注学生作为“真实的人”的持续发展。

---

① 李继星.现代、现代学校与现代学校制度——兼议学校的现代化与现代性［J］.中国社会科学院，2006（8）.

“现代性”是现代学校的内在规定性。具体表现在以下各个方面：其一，教育理念的现代性。现代社会最突出的特征就是知识的增长速度和学习的时空脱离，这就使得现代学校在“教知识”方面必须有所改变。现代学校应该逐步向“教会学生学习”的理念转变，遵循人的发展的特征，以人为本，通过不断探索切实可行的措施把教育人、培养人、促进人的全面发展作为教育的最终目的，以科学、民主、开放、公平的现代理念作为学校教育的实践指导思想，充分发挥学校在“培养人的能力”方面的功能。其二，学校管理制度的现代性。指导现代学校运行的基本思想必须基于现代管理理论和现代组织制度理论。传统的管理理论以“X 理论”的人性假设为基础，否定人的积极性和创造性，由此建立了一系列包含刻板制度、严密监管和硬性手段在内的管理系统。现代性的管理理论则基于“Y 理论”，将人放在管理系统的积极地位，承认人的主观能动性，并将发掘人的潜能和创造力作为管理的价值追求。在这种管理理论的指导下，教师和学生被放在了教育系统的主体地位，通过授予他们更多的自主权，以积极的心态探索学习型组织的形成，最终追求学校组织能够成为良性循环的自组织系统，使每个教育的参与者都能实现可持续的发展。其三，教育变革的现代性。变革是现代社会的主题词。现代学校必须随着外界的变化不断进行变革，近些年各国频繁进行的教育变革就体现了这一特征。不论具体的变革措施如何不同，变革的方向都具有一些共同所在：（1）教育的民主性变革。接受学校教育成为每个公民的基本权利，不论民族、种族、性别、家庭状况、财产和文化背景、宗教信仰的不同，每个社会公民都享有受教育的权利，在相当程度上已经实现了受教育者的广泛性和平等性。（2）终身教育体系的不断构建和学习型社会的逐步形成。现代社会的发展将时空的概念不断扩展，现代学校的概念也必将随之改变，学习时间和场所将会与人们的生活融合为一体，学习最终将会成为贯穿人一生的随时随地的行为。（3）教育设施的先进性和现代性。随着经济的繁荣和物质条件的发展，学校的硬件建设和教学条件必将实现“革命性”的变革。目前，教育信息化已经成为必然的改革趋势，未来的教育环境必将更加舒适、更加便捷和更加优美。

二、学校制度

“制度”一般指要求大家共同遵守的办事规程或行动准则，也指在一定历史条件下形成的法令、礼俗等规范或一定的规格。制度既包括硬性的条文性规定，也包括人们在日常生活中约定俗称的风俗习惯、价值规范等，尽管一般不成文，但仍具有约束力。“学校制度”简单来说就是学校教育制度。狭义的学校制度是指一个国家的各级各类学校教育系统的规则，又称为“学制”。它一般规定了学校系统的性质、任务、入学条件、学习年限以及它们之间的关系，对国家教育系统具有一定的规范性。一个国家的学制通常包括两个方面：一是各级各类教育机构与组织的体系；二是教育机构与组织体系赖以存在与运行的一整套规则，如各种各样的教育法律、规则、条例等。现代教育制度的核心部分为学校教育制度。广义的学校制度有两个方面的含义。其一，指能够适应向知识社会转轨及知识社会形成以后的社会发展需要，以完善的学校法人制度和新型的政校关系为基础，以教育观为指导，学校依法民主、自主管理，能够促进学生、教职工、学校、学校所在社区的协调和可持续发展的一套完整的制度体系。其二，指包含一个国家的教育发展历程中形成的、被教育系统的各类人员所认可的、与教育相关的各种具有隐形约束力的道德规范、风俗习惯和价值标准。

学校制度的核心是学校的办学自主权，学校制度研究要解决的主要问题就是保障学校办学自主权的制度环境和制度安排问题。在一个竞争性的市场环境中，一个真正拥有办学自主权的学校会自发的、持续的开展创新活动提升教学和管理的水平，从而形成一个多元并存、多样化发展的充满活力的教育体系；另一种是管理取向的方法论，强调学校管理的重要性，认为不论在什么制度环境下，有效的管理都是学校制度的核心，因此，学校制度研究要解决的主要问题是学校内部管理问题，包括传统的学校管理主题和目前日益引起人们重视的与法人治理结构有关的主题。一个完整的学校制度体系既能够保证学校系统的良性循环，也能够为最终促进教育目的的形成提供制度基础。学校能依法自主办学，实行民主参与、科学管理、社会监督的重要制度，可以激发学校的办学活力，可以促进学校内部及学校与社会和谐发展，有着重大意义。

三、现代学校制度

通过上述分解，我们可以看出，现代学校制度本身是一个处于发展中的动态概念。对它进行界定既要包含其产生的特定社会背景，又要考虑到它的发展性和扩展性。因此，在做具体定义解析时，要注意以下问题：（1）要在现代教育的特定特征中寻找现代学校教育的特定含义；（2）要赋予现代学校制度以特定的历史和社会背景，在特定的时代条件下寻找其核心特征；（3）现代学校概念具有发展性，在概念的规定中必将突出这一点；（4）现代学校制度具有一定的体系性；（5）严格按照逻辑学的内涵规定下定义，突出内在本质规定性。

以下为一些较为代表性的观点：

最早的关于“现代学校制度”的表述是1995年《西南民族学院学报》增刊中《现代学校制度论纲——关于基础教育现代学校制度的讨论》一文。文中将现代学校制度视为现代制度的核心，提出现代学校制度体系必须与现代社会、经济、科技、文化体制相适应，与现代教育制度相匹配。为了最终构建现代学校制度体系，必须清理和调整现存学校制度的关系，革除陈旧的过时的、与现代社会结构和发展需要相悖的弊端，建立新型的决策体系、管理体系、监督体系和教育秩序，遵循法治、民主、调谐、竞争、多元利益等理性原则。现代学校制度是一个制度的集合，多个单项制度组成一个统一的、完整的、配套的制度体系，主要包括行政组织制度、教师聘任制度、评估督导制度、激励制度、社会化参与制度、常规管理制度等。

劳凯声（2004）认为，所谓现代学校制度，是“二战”以后在世界各国逐渐形成的一种公共学校制度。这种制度在世界各国是大致相同的，基本上都是由政府来维持的，是一种“科层制”的制度。这种制度与“二战”结束时“新凯恩斯主义”的盛行、与人们对政府功能的盲信是分不开的。直至20世纪80年代到90年代，人们才开始讨论政府能够做什么、不能够做什么，如何把该做的事情做好。从整个世界的发展来看，学校教育体制的发展变迁基本上是循着这样的一个路径。中国学校制度的发展变迁也基本上经历了这样的路径。现代学校制度的基本价值取向是公益性。讨论现代学校制度最重要的是思考需要通过哪些政策、法律和制度来保障这个价值目标的实现。

黄兆龙（1998）提出，现代学校制度，指的是一种适应社会化大教育和社会主义市场经济体制、政治体制、科技体制改革的内在要求，以学校法人制度为主体，以有限责任制度为核心，以教育管理专家经营为表征，以学校组织制度和管理制度以及新型的政校关系为主要内容的现代学校体制。①

褚宏启（2004）认为，现代学校制度是一种“教育制度”而不是“经济制度”，它所应关注的不是产权归属、产权明晰等经济学问题，而应是本真的教育问题，即学生的发展问题。教育市场化不能成为建构现代学校制度的指导性原则，更不能将现代企业制度直接移植到现代学校制度中来。②

朱怡华（2004）则认为现代学校制度是符合现代教育基本理念与指向，能适应学校教育现代化和市场经济体制改革的学校制度体系，并从学校法人制度的建立，政府与学校关系，学校发展、素质教育等方面给予界定。

全国教育科学“十五”规划国家重点课题“基础教育阶段现代学校制度的理论与实践研究”课题组（2008）提出：“现代学校制度指的是能够适应向知识社会转轨及知识社会形成以后的社会发展需要，以新型的政校关系为基础，以现代教育观为指导，学校依法民主、自主管理，能够促进学生、教职工、学校、学校所在社区的协调和可持续发展的一套完整的制度体系。”③

李继星（2005）认为，“现代学校制度特指在知识社会初见端倪和全面建设小康社会的大的社会背景下，能够适应市场经济和建设学习型社会的基本要求，以新型的政、校关系为基础，以现代教育观念为指导，学校依法民主、自主管理，能够促进学生、教职工、学校、学校所在社区的协调和可持续发展的一套完整的制度体系。”④

黄斌（2007）认为，“现代学校制度是指符合现代教育基本理念，坚守教育本真，构建学校法人制度以确立学校的主体地位，以学校组织制度、管理制度和新型政校关系为主要内容的教育制度。其中，以人为本、以学生发展为中心的教育理念是前提，确立学校的法人主体地位是关键。现代学校制度应具有多元、开放和包容的特点。因此，现代学校制度的建立就是教育法制化、民主化、开放化的过程。”⑤

通过对已有概念的考察，我们可以看出，尽管现代学校制度的概念并不具有

① 黄兆龙. 现代学校制度初探——兼论国有民营学校管理模式［J］. 中小学管理，1998（7－8）.

② 褚宏启. 中国教育管理评论（第2卷）［M］. 北京：教育科学出版社，2004：88.

③ 单海源. 新制度主义视角下我国现代学校制度变迁研究［D］. 哈尔滨：哈尔滨师范大学，2010.

④ 李继星. 现代学校制度初探［J］. 教育研究，2003（12）.

⑤ 安晓敏. 转型期间学校制度重建——现代学校制度探索［D］. 长春：东北师范大学，2005.

唯一性，但其内部包含的一些特质已经被众多的研究者所认可。分析这些共同点之所在，有助于我们加深对“现代学校制度”的理论认识，也有助于开启进一步研究的思路。

第一，现代学校制度与特定的知识社会背景相适应。它几乎与知识经济同时产生，并随着知识经济时代的深刻变革而不断发生变化。知识经济时代的经济、政治、文化和社会特点使得现代学校制度也不同于以往的学校制度。

第二，现代学校制度以理顺各种教育关系作为实践的出发点。一般而言，我们认为教育系统主要包含三大主体：政府、学校和社会。这三者之间相互交叉，相互联系，共同构成学校制度体系的主要力量。学校自主权的逐步扩大是现代学校制度的核心内容；新型的政校关系是建立现代学校制度的基础；社会的广泛支持是现代学校制度发展的持续力量；可以说，一个完整的现代学校制度必然要求政府、学校和社会之间具有相对清晰的权限范围，并能够形成一个相互支撑的体系，在一个良性运行的治理结构内发挥各自的优势，弥补相互的缺陷，最终能够真正发挥出三者对教育系统的推动力量。

第三，现代学校制度更加遵循教育本身发展的规律。不论是教育的基本理论还是教育管理理论，都越来越以一种开放的眼光来看待教育。教育系统不再局限于学校的“围墙”之内，现代学校的概念也不再仅仅是指学校的实体性组织。因此，现代学校制度在持续构建过程中，必然打破以往的固化型制度模式，以更加开放、科学的眼光看待教育；更加关注人的力量的发挥，而不是单纯寄希望于规章制度的硬性约束力；更加关注教育系统内外所有力量的参与，为追求教育理想的实现而共同努力；更加关注教育本真目的的实现，从单纯“教知识”走向“教会学习”，注重人的潜能的开发和能力的提升；更加关注以人为本的价值，无论在宏观教育管理中还是微观课堂教学中，都更加注重对人性的关怀和对人的力量的重视。这些方面可以说是教育本身所具有的特殊价值，现代学校制度朝着更加符合教育发展的道路不断变革。

四、相关概念辨析

（一）现代学校制度与传统学校制度

简单而言，现代学校制度对应的是知识经济机制；而传统学校制度是相对于计划经济体制而言的，二者之间存在着时间上的顺承关系。当传统学校制度发展到一定的阶段，在局部或整体上出现了功能性障碍，无法适应新的教育情境的需求时，改革传统学校制度就变得很有必要，关于现代学校制度的理论和实践也顺势而出。但是，现代学校制度和传统学校制度之间并不是完全的取代和被取代关系。现代学校制度中的一些核心特质在传统学校制度中已经存在，不过是在特定的教育时期突出的重心有所不同而已。因此，研究现代学校制度不能完全割裂历史，过分夸大现代学校制度的功能，而应以理性、客观的眼光看待从传统学校制度向现代学校制度转变的历史过程，结合时代背景考察现代学校制度。

相对传统学校制度而言，现代学校制度更加注重“开放”。传统学校承担着主要的教学任务，是唯一的教育机构。校园以外的教育类机构往往只作为补充性的组织形式，并没有在人才培养中发挥积极作用。学校被局限在校园围墙之内，与社会缺乏沟通的机制。然而，以学校为主体的教育系统并不是完全封闭的静态结构。教育系统属于整个社会系统的子系统，必然与校外的各种社会环境发生着能量、资源的交换。同时，随着计算机技术的广泛普及，学习不再局限于学校内部的事情，社会领域中充斥着众多的教育资源，因此，学校需要以更加开放的姿态，吸收教育系统内外部的资源，构建更加和谐、开放的学校—社会关系。

相对传统学校制度而言，现代学校制度更加注重“独立”。传统的学校制度下，学校所扮演的最突出角色是“被管理者”。学校依赖于政府而存在，学校与政府之间是明确的上下级关系。政府掌握办学权和管理权，是学校教育资源的主要提供者。学校处于被动的地位，必须无条件服从政府的决定。政府通过制定一系列的法律、法规和部门规章、条例来约束学校的办学行为，以直接干预的方式处理学校内外部的事宜。随着“政府失灵”在教育领域的凸显，无论是何种办学模式的采用，都需要学校以更加独立的姿态在教育领域发挥作用。现代学校制度的核心就是确立学校的法人地位，赋予学校更多的自主管理、自主发展和独立办学的权利，构建新型的政校关系，变依赖关系为合作伙伴关系。

相对传统学校制度而言，现代学校制度更加注重“变化”。变革是当今时代的主题词，教育系统也不例外。纵观各个国家，如火如荼的教育改革从教育宏观层面深入到微观层面。当然，传统学校中也需要“因时因势”而改革，但无论是变革的力度还是变革的规模都无法与现代学校作比较。与知识经济体制相适应，现代学校制度中更需要注入灵活、多元的要素，学校组织无论从结构到功能，从内容到方法，从制度到课程等方面都更多地强调革新，以应对新时代的新挑战。

（二）现代学校制度和现代企业制度

在现代学校制度的研究中，有很多学者提出现代学校制度来源于现代企业制度。“对现代企业制度的借鉴是形成现代学校制度抽象概念的重要来源，这种借鉴的逻辑基础是学校和企业在组织层面的比较。”不可否认，两者之间有相互联系之处，但鉴于学校教育自身的独特性，在相关理论和实践研究中应避免将学校和企业完全等同或过分区别的倾向。教育管理与一般管理规律有相通之处，现代企业制度中的一些基本原则经过变革也能够运用到学校制度之中。

现代企业制度是指以市场经济为基础，以完善的企业法人制度为主体，以有限责任制度为核心，以公司企业为主要形式，以产权清晰、权责明确、政企分开、管理科学为条件的新型企业制度，其主要内容包括：企业法人制度、企业自负盈亏制度、出资者有限责任制度、科学的领导体制与组织管理制度。现代企业制度是企业永续发展的保障。一个优秀企业要实现永续发展，就要使企业管理者的岗位上永远屹立着优秀的管理者，这就要靠制度。从企业来讲，这个制度就是现代企业制度、现代产权制度，它的核心是资产结构，或者叫产权结构。解决了制度问题，创新精神、经营管理变革等就会随之而来；有了好的制度，企业管理者的岗位上就可以永远屹立着优秀的管理者。要使企业真正建立起以产权结构优化为核心的现代企业制度，既需要改善企业内部环境，也需要改善企业外部环境。第一，应在企业中形成一个合理的制度，营造一个使企业管理者能够与时俱进、因事而变的内部环境。第二，应为企业创造一个靠市场机制选择管理者的外部环境。

作为两类基本社会组织形态，学校和企业有着共同的价值追求：注重效率。这是改革开放之后，经济社会对教育系统提出的新要求。无论是社会的哪个领域，都急需大批量的人才，势必要求教育系统能够紧跟“效率社会”的脚步。现代企业在组织的目标化、管理的科学化和资源配置的高效率等方面都形成了一定科学有效的制度体系，这些都可称为现代学校变革的借鉴点。但是，企业与学校毕竟是不同性质的社会组织，二者在相同之中又有着本质上的不同。企业中的东西不能直接拿到学校中来用，现代学校制度并不是现代企业制度移植到教育领域中的产物。

1. 二者所面向的对象不同

教育的对象是人，因此，现代学校制度需要更加关注的人的可持续发展，以人为本也就成为其主要的价值追求。现代企业直接面向的对象是物，现代企业制度也注重以人为本，但追求的终极目标是利润最大化。同样是以人为本，前者是目的，后者是手段。学校不能等同于工厂，学生也不是产品，建立现代学校制度并不是把学校办成机关和企业，而是把学校建成真正的学校，把学校还给学校。建立现代学校制度最根本的目的是促进学校健康持续的发展，促进学生的全面发展。

2. 二者的价值追求不同

企业是营利性组织，学校是非营利性组织，这一本质特性决定了他们的价值追求不同。现代企业制度追求效率最大化，现代学校制度除了追求效率之外，更多的是追求公平。教育是公平优先还是效率优先是建立现代学校制度无法回避的一个问题，现代企业制度强调效率，但即使在比较完善和发达的市场经济国家，完全注重效率的教育也并不一定能够被接受，更多的国家会把公平的教育作为首要的选择。效率追求是现代学校制度的重要目标，但是以单位投入产出比为基础的效率概念，已无法包容现代学校制度的全部追求。将个人价值与组织价值、教育价值与社会价值、存在的价值与发展价值，融汇到学校管理制度与学校管理活动之中，实现效率与主体精神的协调平衡，这应该是现代学校制度建设的基本价值取向。

第二节　建立现代学校制度的意义

一、建立现代学校制度的必然性

（一）国际背景下的必然

1. 世界范围内教育改革的必然趋势

20 世纪 80 年代以后，以英国、美国为代表的资本主义国家掀起了一场以教育市场化为主要内容的教育体制改革浪潮。这场改革浪潮一经掀起，便几乎席卷全球。公立教育的办学效率低下、办学质量不高等弊端引起了公众的关注，将市场经济的手段引入教育管理领域逐渐成为了改革的趋势。随着新公共管理理论和新公共服务理论的兴起，追求高效的服务质量成为了重要的行政价值追求。为此，政府的职能逐步被要求回归到服务性的“掌舵”而不是事事亲为的“划桨”。

教育领域也不例外。追求教育质量已经成为当前世界范围教育改革的重要主张。各国的教育都已经逐步从追求量化的阶段发展到追求教育质量的提升，“内涵化”的教育时代已经到来。可以说，我国顺势提出的构建现代学校制度正是在这一大的世界潮流中提出的。围绕现代学校制度开展的种种实践，如办学形式多样化、办学主体多元化、权力下移，推行校本管理、“教育券”的试行等的最终目的都是为了提高教育水平和教育质量。

2. 市场机制逐步引入教育领域的必然变革

20 世纪中叶之后，市场机制逐步引入教育领域，由此带来了一系列的变化。政府方面——随着教育管理环境的变化，政府面对的管理问题日益感到无力，开始主动下放权力，借助市场手段进行公共事业方面的改革。同时，政府的管理手段逐步从强制性的“控制”转向指导性的“服务”，由“外控”向“内控”转变。

学校方面——随着政府下放权力的力度不断扩大，学校在增强自主办学能力方面也引入了一些市场化元素，如学校管理权力下放、学校后勤社会化、教师绩效工资制度等，为提升学校办学质量和办学效率提供新的思路和借鉴。社会方面——市场经济的深入发展，使得学校以更加开放的眼光对待教育，向社会寻求支持和帮助也成为一种必然；同时，社会中介组织为了保持自身在教育市场中的地位，也加强与学校的联系。学校与社会的关系日益密切。

3. 教育分权制改革的必然发展

20 世纪 80 年代中期，世界各国不同程度地出现了教育分权化的趋势，提倡政府把教育管理权力下放到地方和学校，进行教育管理体制和学校管理机制创新，以优化教育资源，提高教育质量，从而实现学校的自主发展。纵向上，在公共教育权力体制内部由中央政府向地方政府、下级组织机构和学校下放权力；横向上，则是由公共教育权力体制内部向体制外部的社会领域和市场领域转移权力；在学校内部治理方面，主要体现在学校管理权由学校管理者向教师、家长、学生以及社区下放，学校管理者致力于吸引更多的关注教育事业、有利于促进学校发展的人参与到学校管理中来，校内外互动。在这一国际背景下提出的现代学校制度，要求政府转变教育职能，借助市场手段管理教育事业，下放权力，以建立新型的政校关系。同时，在学校层面，实行校本管理，向教师、家长和社区下放权力，着重学校的自主管理和自主发展。

（二）国内背景下的必然

1. 传统学校制度的弊端日益暴露

在知识经济时代，教育从社会的边缘走向了社会的中心。然而教育受关注程度的不断增强并不意味着其生存与发展状态的同步改善。就目前来说，我国学校管理制度方面出现了一些问题：教育行政机关仍遵循“管制行政”的思维，对学校管得过多、统得过死，学校的办学自主权并没有真正落实到学校管理实践中；学校法人地位没有得到真正落实，主体地位不明确；学校相对封闭，与家长和社会缺乏沟通、交流与合作；学校发展不均衡，办学效率不高，而且同质化现象非常明显，缺乏特色和活力；学校内部的法人治理结构不健全，经验化、非制度化现象严重；学校承担的责任不明确，问责制度不健全；部分校长专业化水平不高，达不到现代学校制度建设的要求，等等。这一切，都与传统学校制度的相对落后、现代学校制度尚未系统建立有一定的关系，制度障碍已经成为我国基础教育阶段现代学校建设与发展的较大的障碍之一。

2. 教育行政力量的逐步推动

近些年来，现代学校制度始终是各级各类政府关注的焦点。通过出台各种宏观指导性质的政策文件，教育行政部门对现代学校制度的规定越来越具有系统性和可操作性，这在一定程度上推动了我国教育系统进行现代学校制度改革。以《国家中长期教育改革和发展规划纲要（2010－2020年）》为例，其中的第十三章（三十八到四十一条）对于构建我国现代学校制度体系的理论和实践都进行了系统性地描述，对于指导实践具有重要的参考价值。如：

（三十八）推进政校分开、管办分离。适应中国国情和时代要求，建设依法办学、自主管理、民主监督、社会参与的现代学校制度，构建政府、学校、社会之间新型关系。适应国家行政管理体制改革要求，明确政府管理权限和职责，明确各级各类学校办学权利和责任。探索适应不同类型教育和人才成长的学校管理体制与办学模式，避免千校一面。完善学校目标管理和绩效管理机制。健全校务公开制度，接受师生员工和社会的监督。随着国家事业单位分类改革推进，探索建立符合学校特点的管理制度和配套政策，克服行政化倾向，取消实际存在的行政级别和行政化管理模式。

（三十九）落实和扩大学校办学自主权。政府及其部门要树立服务意识，改进管理方式，完善监管机制，减少和规范对学校的行政审批事项，依法保障学校充分行使办学自主权和承担相应责任。高等学校按照国家法律法规和宏观政策，自主开展教学活动、科学研究、技术开发和社会服务，自主设置和调整学科、专业，自主制定学校规划并组织实施，自主设置教学、科研、行政管理机构，自主确定内部收入分配，自主管理和使用人才，自主管理和使用学校财产和经费。扩大普通高中及中等职业学校在办学模式、育人方式、资源配置、人事管理、合作办学、社区服务等方面的自主权。

（四十）完善中国特色现代大学制度。完善治理结构。公办高等学校要坚持和完善党委领导下的校长负责制。健全议事规则与决策程序，依法落实党委、校长职权。完善大学校长选拔任用办法。充分发挥学术委员会在学科建设、学术评价、学术发展中的重要作用。探索教授治学的有效途径，充分发挥教授在教学、学术研究和学校管理中的作用。加强教职工代表大会、学生代表大会建设，发挥群众团体的作用。

加强章程建设。各类高校应依法制定章程，依照章程规定管理学校。尊重学术自由，营造宽松的学术环境。全面实行聘任制度和岗位管理制度。确立科学的考核评价和激励机制。

扩大社会合作。探索建立高等学校理事会或董事会，健全社会支持和监督学校发展的长效机制。探索高等学校与行业、企业密切合作共建的模式，推进高等学校与科研院所、社会团体的资源共享，形成协调合作的有效机制，提高服务经济建设和社会发展的能力。推进高校后勤社会化改革。

推进专业评价。鼓励专门机构和社会中介机构对高等学校学科、专业、课程等水平和质量进行评估。建立科学、规范的评估制度。探索与国际高水平教育评价机构合作，形成中国特色学校评价模式。建立高等学校质量年度报告发布制度。

（四十一）完善中小学学校管理制度。完善普通中小学和中等职业学校校长负责制。完善校长任职条件和任用办法。实行校务会议等管理制度，建立健全教职工代表大会制度，不断完善科学民主决策机制。扩大中等职业学校专业设置自主权。建立中小学家长委员会。引导社区和有关专业人士参与学校管理和监督。发挥企业参与中等职业学校发展的作用。建立中等职业学校与行业、企业合作机制。

3. 实践探索涌现出典型经验

建设现代学校制度是在椒江“教育股份制”探索的实践基础上提出的，而现代学校制度理论研究的发展也与典型案例的发现和成功经验的提炼紧密相连。目前，我国探索建立现代学校制度的具体实践形式呈现出多元化的趋势，如椒江的教育股份制实验；长兴县进行的“教育券”和调动民间资本支持基础教育的实验；辽宁省沈阳市部分学校和北京市十一所学校进行的学校“转制”实验；天津市和平区岳阳道小学进行的建立开放式校本管理和学校、家庭、社会三结合教育实验；浙江省宁波市万里教育集团进行的现代学校管理体系实验；江苏省无锡市金桥双语实验小学引进的 ISO9000 质量体系认证，等等。

案例 1

椒江“教育股份制”

“教育股份制”在椒江有两种含义，一是仅指“书生教育实业有限公司”“书生中学”的运作模式，是为狭义的“教育股份制”，据我们目前所掌握的材料，此类“教育股份制”不但在椒江、在整个台州地区，而且在全国也仅此一例。它的组织特征是一个双法人结构模式：以办学为目的的股份公司法人投资和由股份公司投资设立的学校法人。“教育股份制”在椒江还有第二种含义，在许多场合，人们也泛指一切以股份或合伙形式筹措教育经费的办学模式，是为广义的“教育股份制”。它的组织特征表现为“由多个投资人以股份形式联合出资设立的学校”。比较以上两种办学模式不难发现，广义的“教育股份制”其实就是目前除了捐资型、独资型之外，其他多数非公立学校的资金筹措模式。1996 年 10 月，椒江区教育局提出“教育股份制”构想，并对组建“书生教育实业有限责任公司”和“书生中学”开展方案可行性论证。1996 年 12 月，“书生教育实业有限责任公司”成立，同时开始筹建“书生中学”。1997 年 9 月，以我国著名教育改革家魏书生为校长的“书生中学”开学，迎来了她的第一届学生。

案例 2

长兴县的教育券制度

“教育券”（Education Voucher），又译教育凭证，源自美国经济学家弗里德曼的主张，是指政府把教育经费折算成一定数额的可以用作抵充学杂费的有价证券。2000 年 11 月，长兴县教育局局长熊全龙等人在美国加利福尼亚州进行教育考察时发现，这里对公立学校和私立学校一视同仁，公共财政中的教育补贴不是拨给学校，而是通过教育券直接发到学生手中。这种拨款体制的好处是：一方面政府承担了义务教育的责任；另一方面作为教育“消费者”的学生及其家长有权进行择校，公办学校和民办学校通过教育券，有同等的机会获得政府的教育补贴。2001 年夏天，长兴教育局正式出台了《长兴县教育局关于教育券使用办法的通知》，2002 年又进一步拓展了教育券的功能，将教育券由原来的扶持民办教育、职业教育的功能扩展到扶持贫困学生，出台了《长兴县贫困学生助学互助会经费补助实施细则》。长兴县下一步的设想是：在基本完成高中教育布局调整后，在非义务教育的高中阶段全面实施教育券制度。考虑到区域间、学校间发展不平衡等现实状况的制约，这一设想将分两步实行：从 2003 年 9 月到 2005 年 7 月为试行阶段，主要补助和扶持薄弱学校；2005 年 9 月后，在学校发展趋于均衡的条件下，全面实施教育经费拨款机制的重大改革，以激励学校提高办学水平和教育质量。

二、建立现代学校制度的必要性

（一）推进依法治教、依法治校的需要

“法治化”是近些年来教育领域所坚持的重要价值追求。我国《宪法》第 5 条规定“中华人民共和国实行依法治国，建设社会主义法治国家。”为了贯彻“依法治国”的方针，教育系统提出了依法治教、依法治校的要求，以实现“各项工作的法制化、规范化”。2010 年颁布实施的《国家中长期教育改革和发展规划纲要（2010—2020 年）》，从教育改革和发展全局的高度，对推进依法治教、依法治校、建设现代学校制度做出了全面部署。现代学校制度的核心内容之一就包括依法治教、依法治校。因为，现代学校制度是顺应知识经济时代而出现的，

只有实行依法治教、依法治校，才能逐步克服学校管理中的“人治”弊端，各项工作才能够走上规范化的道路，才能最终实现民主管理和常规管理的制度化。坚持和实行依法治校必然要求有章必依，有令必行，有禁必止，树立法规和学校规章制度的权威。这些都是构建现代学校制度的应有之义，也是完善的现代学校制度的必然组成部分。

（二）落实学校办学自主权的要求

扩大学校自主权是构建现代学校制度体系的核心内容。在计划经济体制下，政府和学校的关系比较混乱，政府通过直接性的行政手段直接“干预”学校的管理事项，学校完全处于被动的地位，缺乏自主办学、自主管理的权力。但是，随着我国市场经济体制的深入开展，为适应新的教育管理环境，教育行政逐步从“管制行政”走向“服务行政”，“政校分开”从理念层面走向了实践层面，并开始发挥积极作用。教育行政部门的管理从原来的事无巨细转变为依据教育法规、教育规章和学校章程进行宏观指导和监督管理。政府、学校都在逐步探寻自身的合理权限，以克服过去的以政代法，以权代法和管理的主观随意性。学校的独立法人地位依赖于教育行政部门的简政放权，但教育行政部门的简政放权又是以学校的自我约束机制的建立为前提的。而且相关政策规定已经确立了现代学校制度的法律地位，它正逐步成为政府、学校和社会明确各自权责的基本依据。构建现代学校制度体系有助于最终实现法治化治校，这是建立自我约束机制的重要途径。

（三）构建现代学校管理体制和运行机制的保障

现代学校制度的构建是学校管理民主化、科学化的需要，有利于克服管理的随意性。学校管理民主化、科学化是教育发展的客观要求和规律。只有通过制定学校章程，将学校校长的权利与义务、学校举办者与学校之间的权利与义务、学校组织机构的设置及职能分工、学校重大事务的决策程序、群众参与管理的具体形式和途径等重大事项加以规定，才能确保学校管理的民主化和科学化，所以，要求学校依据科学系统的规章制度进行管理。现代学校制度中既包括对于政府、学校、社会各自职责的确定，也有助于三者之间最终形成良性支撑的循环系统。因此，从某种程度上来说，现代学校制度是整个教育系统最终实现良性循环的重要支撑，是学校提升教育质量的重要保障。

（四）形成人民满意的教育的有效途径

现代学校活动的公益性，决定了它必然与体现社会公共利益的国家发生各种关系，国家会通过各种方式和途径来管理和监督教育活动。国家不仅对学校进行宏观管理，还要对其进行微观干预。现代学校制度不仅包括学校内部治理结构的构建，也包含政府力量、社会力量在教育系统中的积极力量发挥。教育的必然发展趋势之一就是全社会越来越关注教育，也越来越要求加入到教育管理之中。全社会参与教育有助于教育形成更加开放、多元的局面，满足不同社会人员的教育需求，不断提升社会的教育满意度，这是十八大对教育提出的新要求，也是建设现代学校制度的应有之义。通过构建现代学校制度，广大的社会力量被容纳到教育领域之中，广泛的社会资源被合理有效地应用到教育发展之中。因此，构建现代学校制度是形成人民满意的教育的有效途径。

第三节　现代学校制度的基本特征

一、开放性

现代学校体制下，学校不再是一个围墙内的组织实体，要求彻底改变以往的“关门办学”思维，以开放的姿态重构学校管理体制。学校的开放性不仅仅体现在更新教育观念、明确教育目标和改革教学模式等方面，还体现在面向学生的“现实世界”和“可能世界”的开放，最终实现教育向多元化人才培养模式回归。具体而言，开放性体现在如下方面。

（一）教育系统内外各种关系的“开放”

作为一个开放的系统，学校教育涉及校内和校外两个方面。就内部而言，现代学校制度要构建科学的内部治理结构，主要包括校长负责制的改革、教师代表会议的重建、学生代表机制的建立以及校长与教师的关系、教师和教师的关系、教师和学生的关系以及教师与行政人员的关系等。就外部而言，现代学校制度要逐步构建起包含学校、政府和社会力量在内的大教育制度体系。其中对于各种教育利益相关者，包括学校、政府、社区、家长等之间的权利和职责划分、管理机制、沟通机制、监督机制、相互关系等都要有明确的规定。

（二）教育资源共享

教育资源包括人力、物力、财力、时间、信息等方面，它们构成了教育可持续发展的基础。对学校而言，教育资源是极其重要的。从目前我国教育发展现状来说，当前教育投入总量仍显不足，人力资源方面，如优质教师和专业化的管理人员总量仍需要持续增长。为此，在构建现代学校制度的过程中必须加强资源总量的投入，以及已有资源的合理配置。现代学校制度本身的开放性主要体现在如下方面：（1）教育投入总量逐步增加，保证东中西各部有相互交流的基础；（2）教育资源的共享，通过建立起不同区域、不同组织之间的交流机制，保证教育资源能实现合理流动，相互共享；（3）教育资源与社会资源之间的相互开放。要想少花钱多办事甚至不花钱也办事，就必须充分利用现有的可用于教育的各种资源。学校资源应该首先向所在社区开放，社区中的可用于教育的资源应对学校开放；其次学校与校外各社会组织之间的资源也应广泛地相互开放；（4）国内教育与国外教育的相互开放。随着多媒体技术的广泛应用，学校在师资、生源、教学科研等方面将日益呈现出国际化、跨国化的发展趋势。

（三）学校评估机制的逐步开放

之所以提到评估机制的开放，是因为随着各种教育资源的共享机制构建，以往由政府作为唯一评估机构的评估体制必须进行变革，才能够承担起跨学校、跨区域甚至跨国别的教育评估。为此，首先需要教育行政部门之间能够建立起评估方面的交流和合作，整合教育行政力量，使各地的教育信息能够流动起来，以便于比较、借鉴、总结全国范围内的教育发展；其次需要完善校内监督机制，切实发挥其教师代表、家长代表和学生代表组织的作用，保证学校内部的评估能够客观、真实和开放、透明；最后需要引入各种社会力量参与到教育评估之中，如社区资源、社会中介组织等。目前，部分地区已开始进行开放性教育评价的实验，引入社会中介组织力量，对学校的教育教学进行评价实验。如天津市河西区在上述方面已经取得了一些成果；江苏省通过逐步向社会公布学校综合质量排行榜，推动学校的发展。

二、人本性

如今，以人为本已经成为处理各种社会问题的首要原则和出发点。以人为本，是科学发展观的核心，是中国共产党人坚持全心全意为人民服务的党的根本宗旨的体现。在我国古书中最早明确提出“以人为本”的是春秋时期齐国名相管仲，他在《管子》一书“霸言”篇中中提到：“夫霸王之所始也，以人为本。本理则国固，本乱则国危。”意为霸王的事业之所以有良好的开端，也是以人民为根本的；这个本理顺了国家才能巩固，这个本搞乱了国家势必危亡。管仲所说的以人为本，就是以人民为本。以人为本思想是我们党摒弃了旧哲学人本思想中地主阶级、资产阶级的阶级局限和历史唯心主义的理论缺陷，借鉴国际经验教训，针对当前我国发展中存在的突出问题和实际工作中存在的一种片面的、不科学的发展观而提出来的。这种片面的、不科学的发展观认为，发展就是经济的快速运行，就是国内生产总值（GDP）的高速增长，它忽视甚至损害人民群众的需要和利益。这种发展观“见物不见人”，其实质是一种“以物为本”的思想，它和以人为本所代表的是两种不同的发展观。

具体到教育领域，传统学校与现代学校的本质区分体现在对人的力量的关注方面。教育必须培养学生运用所学的知识终身达到确凿目的的能力，还必须使他们能够与具有极大不同的传统价值的人一起工作。教育必须使学生有能力评定自己行为的结果，不仅获得知识，而且使用知识，从而促进对社会有益的短期和长期目标。这可以看作是对教育的人本性的具体解释。教育中的“人”涉及所有与学校有某种利益关系的所有的人，包括学生、教职工、校长、学生家长、学校所在社区中的人、与学校有关的党政机关的人等，包括所有与学校教育有直接或间接关系的人或组织，其中最基本的是学生和教职工。20 世纪 50 年代以来，学校被逐步看作是一个非常复杂的社会系统，包括学生、教师、家长、社区成员等诸多人，因此，不能像管理工厂一样仅仅通过制度和规矩来管理学校，教育所面对的是有生命活力、有情感需要、有思想、有发展潜能的学生及有关人群。因此，现代学校制度的设计和实施必须从只重视“物”转向对“人”的关注，思考如何促进人的发展。当今世界改革的趋势也逐步走向“以人为本”。现代学校制度的人本性体现出对教育系统中的全部“人”的关注，鉴于教育最终培养人的目标，我们将论述的重点放在学校内部的教师和学生方面，其中，学生作为最重要的教育对象，在现代学校制度设计和实施方面占据首要的位置。

从人本性出发，现代学校制度应该首先保证学生和教师的生命权。现代学校制度设计中应把尊重和保护人的生命权作为基本原则，将学生生命安全和学校安全管理放在最重要的位置。其次，现代学校制度设计中应体现出对学生多元发展需要的重视。人本主义的教育是以尊重学生的主体性和主动精神，注重发掘人的智慧潜能，注重培养人的健全个性为特征的教育。要建立适应学生主动发展的教学模式，必须把创设良好的学习情境、激发学生强烈的探索兴趣、促进学生学会学习作为目标，构建起适应学生潜能需求的教学模式。再次，现代学校制度及其实施要能够体现出对学生整体发展需要的重视。应试教育与人文主义教育观的根本冲突是什么？升学率和学生个性发展是否是根本对立的一对矛盾？面对社会多元化发展对教育的冲击和由此产生的负面影响，面对应试教育所存在的偏颇，我们进行了深入的思考。人文主义教育的核心是要以人为本，最大限度地发掘学生发展的潜能，“使人合理、熟练、高尚地履行各种职责”。从这个意义上讲，注重全面素质的培养与提高升学率并不矛盾。因为学生的个性发展得越充分，自信心就越强，自觉性也就越强，也就越能充分发挥自身的潜能。而建立什么样的教学体系，选择什么样的教学模式，是直接影响实施人文教育的关键。因此，实施以人为本的教育必须把真功夫花在优化教学体系、教学模式和教学关系上。第四，现代学校制度的人本性不仅仅体现在对学生的发展关注方面，还应体现出对教师专业化发展的关注。教育是以人为本的事业。要有以学生为本的教育理念，必须有一支高素质的教师队伍。教师的言行无时无刻不在影响着学生。循规蹈矩、毫无个性的教师，不可能容忍有个性的学生，更谈不上培养学生的个性；相反，他们只会扼杀学生的个性。因此，要以学生的个性发展为本，必须促进教师的个性发展，为教师的专业化成长创设条件，鼓励他们通过自我学习、实践经验总结等方式不断发展。

三、民主性

马克思在《新莱茵报·政治经济评论》中指出，“全部问题在于确定民主的真正意义。”我们现在所使用的民主概念是怎么来的？追根溯源，“民主”一词是由希腊语的“人民”和“统治或权威”等词演变而来，最初的意思是“人民的统治”。希腊历史学家希罗多德在《历史》一书中首次使用这一概念，用来指希腊城邦国家雅典的政治制度和政治实践。由此看，“民主”从一开始就是一个政治概念。作为一种政治制度，雅典的民主是一种公民自治的体制：公民大会拥有无上权力，权力范围包括城邦的所有公共事务；全体公民直接参与立法与司法活动；官员通过直接选举、抽签和轮流等多种方法产生；官员与普通公民一样不享有任何特权等。对民主是什么，现在人们有不同的理解。有的认为民主就是自由发表意见，有的认为民主就是人民当家做主，有的认为民主是票决，有的认为民主是选举，还有的认为民主就是三权分立，更有甚者认为民主就是两党制、多党制，等等，不一而足。那么，民主到底是什么？从最一般的意义上讲，民主是一种国家制度，是统治阶级为实现其当家做主的权力而采取的管理国家的制度、形式。民主有内容与形式之分。就其内容来说，有作为国家权力的民主，有作为国家制度形态的民主，有作为公民权利的民主，但民主的核心内容是保证人民的权利如何实现、国家的权力如何健康运行。民主的形式，则是为贯彻民主而采用的制度、体制、措施与做法。像我们常说的选举、协商、表达、监督、政党制度（一党制、两党制或多党制）等都是常见的民主形式。

从理论层面而言，学校民主，既是一种管理方式，也是一种生活方式。作为一种管理方式，强调的是对学校里的人的尊重、信任和接纳，强调民主参与和交流沟通，强调公平竞争和共享教育成果等。作为一种生活方式，指的是学校成员在民主的氛围中最终建立起的团结互助、尊重理解、体谅宽容和公平竞争的社会关系。此外，学校的民主还具有深刻的道德意义。许多教育家都提到过，民主问题最终体现了个人尊严与价值的道德问题。如果教育中不实施民主，是不道德的，只有民主的学校才可能通过尊重人、体谅人、关心人，最终实现人的价值体现和全面发展。具体来看，学校的民主首先体现在对人的尊重上，包括对有组织的学校中的人，包括学生、教职员工等，还包括教育系统外部的人，包括家长、社区人员、社会组织人员等。其次，体现在学校决策、管理的民主性。通过设计学校民主制度，保证与教育相关的人员能拥有相应的民主权利，比如，知情权、建议权、决策权、表达权等。最后，还体现在学校法治管理体系的民主权。通过建立起完整的法律法规，最终实现依法治校和依法治教，克服人治的偏颇性。

从实践角度而言，学校民主管理必将是学校管理中的重要形式之一。民主的学校管理，必须符合教育本身的规律和教育工作的特点，不能简单套用一般组织的管理办法，其立足点必须放在充分发挥人的潜能，激发工作的主动性、积极性和创造性。民主管理要突出两个重点：一是监督，围绕学校改革决策抓校务公开，使校务公开和民主决策融为一体；二是参与，抓好教职工关心的热点、难点问题，如工资资金、福利待遇、聘任制度、财务收支等，增强凝聚力，调动教职工的积极性。民主管理要发挥两个作用：一是工会的作用，强化教职工的民主监督意识；二是教代会的作用，强化教代会的民主管理作用。民主管理要做到两个落实：一是制度落实，“权在校长，实在教师”，就是校长把管理权实实在在交到教代会手里，让教师自己管理自己，自己完善自己，校长成为教师现实利益、长远利益的代表者、操作者、服务者；二是工作落实，服务到家，服务到心，才能凝聚师心，才能使校长与教职工形成真实的权利义务关系。第一，自觉树立全心全意依靠教职工办学的思想。认真贯彻落实党的全心全意依靠教职工办学的指导思想，充分调动广大教职工的积极性和创造性。学校发展规划的制度，要突出“以人为本”的思想，把全心全意依靠教职工办学列为学校发展的指导思想之一。第二，重视民主管理工作的制度化、规范化建设。（1）教代会制度。要将教代会的召开列入学校年度工作计划。凡涉及学校发展规划、重大改革方案和教职工切身利益的问题，都要按规定提交教职工代表大会审议和表决。（2）工会制度。一要健全组织，要有专门的工会委员会，有专职主席，以便更好地发挥广大教职工的主人翁积极性。二要健全制度，制定工会委员会职责、工会组长职责、工会工作职责。三要发挥桥梁与纽带作用。学校工会工作要围绕党组织和学校的中心工作，从关心和维护教职工的根本利益出发，协助党组织做好深入细致的思想工作，引导教职工正确处理各种矛盾和利益关系。（3）校务公开制度。学校要以教代会为基本载体推进校务公开，并按规定成立“校务公开领导小组”、“校务公开监督小组”。通过教代会、党政联席会、全校大会、公开栏、校长信箱、简讯、校刊校报及校园网等形式，从而有效拓宽教职工知情参政的渠道。校务公开要坚持政治性、合法性、实践性、渐进性的原则，突出重点、实事求是、及时全面、方便群众。形成教代会、校务会、行政会、教职工大会、学生、家长座谈会等议事制度。第三，增强教职工参政议政的责任感，发挥聪明才智。（1）建立校长谈话日、校长信箱和校长家访制度。校长能随时随地听取教职工意见，自觉接受群众监督；（2）开好各种类型会议，充分发扬民主，讨论重大问题，集思广益，防止和减少失误；（3）设立合理化建议奖励制度，为教职工发表意见和建议创造条件、提供机会；（4）聘任责任心强、能力强的教师兼任各种管理职务，使教师既不脱离教学一线又能够发挥特长，协助校长分担管理工作。实践证明，只有让教职工参与管理、决策，才能提高他们的主人意识、法制意识，增强参政议政的责任感，才能更好地发挥他们的聪明才智，为学校的发展做贡献。

四、和谐性

自古至今，众多专家学者从不同的研究角度对和谐进行了阐释，如古代的“中庸”“中和”“和合”“和实生物”“相成相济”“以和为贵”“无过无不及”等。简单来说，和谐是一种相对理想的状态，即同一事物不同方面，或不同事物之间的和合相配、协调统一，是事物存在、发展的相对稳定、均衡和理想的状态。

和谐是对立事物之间在一定的条件下，具体、动态、相对、辩证的统一，是不同事物之间相同相成、相辅相成、相反相成、互助合作、互利互惠、互促互补、共同发展的关系。这是辩证唯物主义和谐观的基本观点。和谐是中国特色社会主义的本质属性，是国家富强、民族振兴、人民幸福的重要保证。构建社会主义和谐社会，是我们党以马克思列宁主义、毛泽东思想、邓小平理论和“三个代表”重要思想为指导，全面贯彻落实科学发展观，从中国特色社会主义事业总体布局和全面建设小康社会全局出发提出的重大战略任务，反映了建设富强民主文明和谐的社会主义现代化国家的内在要求，体现了全党全国各族人民的共同愿望。

具体到教育领域而言，现代学校制度的要构建起和谐的教育关系，具体而言就是人与人的利益的和谐，核心是建立协调和谐的教育利益关系，是“人们相对于目前现实存在的教育需求与教育供给不均衡而提出的教育发展的美好理想”，是“权利、机会、规则和分配”的有机统一，而且是“权利、机会、规则和分配、收益”的有机统一，是人与人的获得教育利益的和谐。和谐教育的标准体现在“教育权利平等、教育机会均等、教育规则公正、教育分配合理、教育收益公平”的和谐统一。权利、机会、分配和收益是基本的内容，规则是形成和确立现代学校制度的基本要素和基本保障。

现代学校制度的和谐性主要体现在教育的均衡发展方面。教育的均衡发展就是责任政府科学配置和使用教育资源，实现教育和谐，进而实现社会和谐和人类全面发展。它是将教育和谐、教育公平的思想可操作化、可实践化，是“在平等原则的支配下教育机构、受教育者在教育活动中平等待遇的实现，其最基本的要求就是在正常的教育群体之间平等地分配教育资源和份额，达到教育需求与教育供给的相对均衡，并最终落实在人们对教育资源的支配和使用上”；是“政府通过一定的法律、法规、政策确保给公民或未来公民以同等受教育的权利和义务，通过政策的调整及资源的调配而提供相对均等的教育机会与条件”。

宏观上讲，现代学校制度的和谐性主要体现在：各级各类教育协调发展，包括普通教育与职业技术教育和成人教育协调发展，基础教育与高等教育协调发展，公办教育与民办教育协调发展，实现各级各类教育结构、规模与质量的和谐统一；区域教育协调发展，主要包括东西部地区之间、经济发达地区与贫困地区之间教育均衡发展；城乡教育均衡发展，通过贯彻工业反哺农业、城市支持农村的方针，加大对农村特别是贫困地区农村教育的扶持，从人力、物力和财力等方面予以倾斜，不断缩小城乡教育差距；校际办学水平均衡发展，积极改造薄弱学校，合理配置教育资源，调整优化学校布局，推进规范化学校建设，缩小学校之间办学条件和教育质量的差距，促进学校和谐发展。

微观来看，现代学校制度的和谐性主要体现在：正确的学生观，它包含两个内容：（1）确信学生的学习潜力；（2）尊重学生人格，承认学生在学习活动中的主体地位。创设和谐的情境、和谐的物理环境和和谐的人际关系。坚持以教学为中心。教师从学生的基本职责与学生某些行为之间的不和谐出发，从学生的学习基础与教材要求的不和谐出发，通过教学活动使之实现和谐。使学生得到全面和谐发展。首先使学生在德智体诸方面都得到生动、活泼、主动的发展；其次是使学生在全面发展基础上具有特长。因为，全面和谐发展的学生，是具有适应市场经济广泛需要的学生，既可经短期培训上岗，也可根据需要继续深造。

五、发展性

发展意味着一切积极的、向上的变化。科学发展观中提出必须坚持全面协调可持续发展。要按照中国特色社会主义事业总体布局，全面推进经济建设、政治建设、文化建设、社会建设，促进现代化建设各个环节、各个方面相协调，促进生产关系与生产力、上层建筑与经济基础相协调。对学校来说，发展一方面意味着“量”的增加，比如办学规模的扩大、教学投入的增加、入学率的提高、教师队伍的扩大、管理人员的增加等；另一方面意味着“质”的提升。如教学质量的提升、教育资源的均衡、办学水平的提高、学生素质的全面提升等。发展性是衡量现代学校制度的重要标准之一。

现代学校制度的设计和实施应该有助于提升人的发展。马克思主义从分析现实的人和现实的生产关系入手，指出了人的全面发展的条件、手段和途径。所谓人的全面发展，即人的体力和智力的充分、自由、和谐的发展。“人的全面发展”首先是指人的“完整发展”，即人的各种最基本或最基础的素质必须得到完整的发展，我们通常所说的“人的全面发展”，是把人的基本素质分解为诸多要素，即培养受教育者在德、智、体、美等方面获得完整发展。在现代学校制度的设计中，不仅要突出对学生全面发展的重视，还应该有助于促进教师的专业化持续提升、校长的专业化成长、家长的发展和社区成员的发展。学生的发展主要学会做人、学会求知、学会劳动、学会生活、学会健体、学会审美等方面，培养学生鲜明的社会责任感、健全的人格、创新精神和实践能力、终身学习的愿望和能力、良好的信息素养和环境意识等，使学生得到全面和谐的发展。教师的专业发展主要体现在专业思想、专业知识、专业能力等方面的不断发展和完善，逐步向专家型教师成长的过程。具体而言，包括专业知识结构的持续完善、专业精神的培育、专业人格的养成、专业智慧的形成等方面。校长的专业成长主要指校长在学校管理实践中逐步成长为专家型校长的过程。具体而言，包括校长教育管理观念的更新；专业教育管理知识的增加；教育管理能力的提升；专业态度和动机的养成等。总之，校长的专业化实际上就是通过积极有效的行动策略，以实现校长的专业性结构不断改善，专业能力和专业化水平不断提升的生命成长与发展的过程。此外，家长和社区成员也能够在现代学校制度的框架和营造的环境中得到发展，成为学校的合作伙伴。具体包括教育观念的改变，参与教育管理的能力、养成民主的教育行为等，并最终成长为教育行家。

现代学校制度的设计和实施应有助于相关组织的发展，具体包括学校的发展、家庭的发展和社区的发展。学校的发展成果表现为学生的进展与变化、教师的专业发展和学校声誉的提高。学校发展的关键就是在追求理想和现实之间，创设持续发展的环境、创新发展的措施。具体而言包括：树立“以人为本”的教育理念，把学生和教师的利益放在首位；形成精细化的管理机制，积极探索适合学校自身发展内部管理体制和运行机制；建立规范的制度体系，细化、优化学校在行政、教育、教师、学生、后勤管理等方面的规章制度，逐步建立健全事事有章可循、人人有章可依的制度体系；提高执行效率，努力营造科学性和人文性协调发展的管理文化，提高管理效益。此外，学校的发展中还包括提升家庭和社区组织在教育理念、教育参与方式、培养人才模式等方面的创新，促进家庭和社区的和谐发展。

第四节　现代学校制度的类型

类型是指通过对各特殊的事物或现象抽出来共通点，并根据一定的标准将具有共同特征的事物分类所形成的种类。分类的价值就体现在对于共同特征的把握过程中能够更加深入地对整体的本质有所把握，对于更加深入的研究提供思路。现代学校制度的类型，就是依据现代学校制度本身所体现出来的不同性质、功能、结构及内外部条件等，按照一定的标准进行分类，将现代学校制度细化为不同的类别和型式。简单来说，就是将“现代学校制度”进行分解的过程，以更加清晰地了解其内部的构成。

以我国的教育管理体制为出发点，参考现代学校制度在我国的发展历程和发展特色，对于现代学校制度的分类具有重要意义。我国一直实行以中央集权为主的教育管理体制。中央教育行政机构与地方教育行政机构之间表现为一种命令与服从的隶属关系，教育行政事务的决策权或最终决定权集中在上级机关，下级机关职能根据上级机关的决定、命令和指示行使管理职能，并向上级机关负责。教育行政部门与学校的关系也类似于“管理者”与“被管理者”的关系，教育行政部门是教育的举办者和管理者，学校依赖教育行政部门的政策规定进行学校管理。但是，随着教育改革的深入推进，我国的教育管理体制在以中央集权为主的基础上体现出“逐级分权”的性质，中央教育行政部门逐步放权，由地方教育行政部门主要负责地方教育的举办。中央政府主要通过间接性的服务手段，如制定政策法规、提供信息服务、进行监督指导等，进行宏观的把握。属于地方教育的特色管理事务主要由地方负责。同时，教育行政部门也逐步向学校放权，在

“服务型政府”的构建过程中，教育行政部门也逐步向服务型转变，放手过多过细的学校事务，推动学校进行自主创新。学校内部的事务主要由学校自己承担起管理的职责。此外，社会力量也在不断地介入到教育管理中，学校变得越来越开放，越来越多元，由此导致现代学校制度的各具特色。

随着现代学校制度的理论和实践研究的深入，国家在全国性、宏观性的政策中都将其作为重要的组成部门进行了集中的规定。仔细分析这些内容，也会为我国进行划分有重要的帮助。梳理我国教育方面的重大规定性文件，其中《2004－2007年教育振兴行动计划》和《国家中长期教育改革和发展规划纲要（2010－2020年）》中都用大量的笔墨着重提出现代学校制度建设的有关计划的要求。如《2004－2007年教育振兴行动计划》中第34条集中从“学校内部管理体制”的角度探索建立现代学校制度的建设。其中提到：高等学校要坚持和完善党委领导下的校长负责制，推进依法办学、民主治校、科学决策，健全学校的领导管理体制和民主监督机制。中小学要实行校长负责、党组织发挥政治核心作用、教代会参与管理与监督的制度。职业学校可建立由行业、企业代表组成的理（董）事会制度。积极推动社区、学生及家长对学校管理的参与和监督。遵循“从严治教，规范管理”的原则，加强学校制度建设，逐步形成“自主管理、自主发展、自我约束、社会监督”的机制。建设“精简、高效”的学校管理机构，完善校务公开制度，深化人事制度和分配制度改革。而《国家中长期教育改革和发展规划纲要（2010－2020年）》除了关注学校内部管理体制方面，还规定了不同的教育参与者应该扮演的角色，如其中提到：适应中国国情和时代要求，建设依法办学、自主管理、民主监督、社会参与的现代学校制度，构建政府、学校、社会之间新型关系。适应国家行政管理体制改革要求，明确政府管理权限和职责，明确各级各类学校办学权利和责任。探索适应不同类型教育和人才成长的学校管理体制与办学模式，避免千校一面。完善学校目标管理和绩效管理机制。健全校务公开制度，接受师生员工和社会的监督。随着国家事业单位分类改革推进，探索建立符合学校特点的管理制度和配套政策，克服行政化倾向，取消实际存在的行政级别和行政化管理模式。

根据相关课题和学者的研究，我们依据不同的划分标准和学校管理特色，主要从公共教育政策取向的不同、建设过程中主导者身份的不同、学校内部治理结构的不同三个方面，将现代学校制度预测性地划分为不同类型。

一、以“学校内部治理结构”为参考依据

学校内部治理结构主要规定了学校内部领导力量的地位、作用、权责划分及其彼此关系，规定学校工作由谁来领导，以什么方式进行领导以及学校内部各种组织的地位、作用和相互关系。学校内部治理结构的构建涉及教育系统内外部众多的利益关系，它们之间的不同直接影响着学校制度的不同，导致现代学校制度呈现出不同的特点。

（一）以“学校民主管理委员会（学校管理委员会、学校教职工自治管理委员会、校务委员会、校务会议）领导下的校长主持制”为主轴的现代学校制度的基本类型

学校民主管理委员会主要指由教职工、家长、社会人士、高中学生、教育行政机构的代表为主组成的，对学校事务进行民主决策、民主管理、民主监督和咨询的学校最高一级的自治性组织”。以四川成都市青羊区的“学校民主管理委员会”（简称为“民管会”）为例：“民管会”具有以下权利：（一）知情权。学校的办学理念、发展规划、资金运作、规章制度的建立以及组织运行机制建设等，都要向“民管会”通报并通过“民管会”决策。（二）参与权。学校校长将由学校“民管会”推选，报请青羊区教育局核准后聘任，学校所有教职员工的聘任，都将由校长提出人选，经“民管会”审查备案。（三）建议权。对学校的办学理念、发展规划、资金运作、规章制度的建立以及组织运行机制建设等，“民管会”成员有权就自己认为不妥之处提出质疑并提出相应的修改建议。（四）评议权。“民管会”成员有权对学校的教育教学质量、学校形象及教师的师德、业务水平乃至校长的工作予以评价。如果“民管会”对校长的工作不满意，可以提出异议和弹劾。（五）监督权。“民管会”成员有权对学校的教育教学工作、学校的管理工作、学校的财务工作等予以监督。“民管会”应履行以下义务：（一）仲裁义务。协调学生与学生之间，学生与教师之间，教师与教师之间，家庭与学校之间的矛盾。（二）宣传义务。“民管会”成员有义务承担学校教育理念、学校品牌形象的宣传工作。（三）智力支援。“民管会”成员有义务为学校的发展提供经济援助或相关信息。

由此看出，学校民主管理委员会，包括学校管理委员会、学校教职工自治管

理委员会、校务委员会、校务会议等不同的组织形式，是学校的最高决策、领导机构，校长只是负责主持学校的日常工作。校长的责任主要是在执行层面，在日常工作层面，而不是在重大事项的决策方面。校长的“主持”特点要浓于“领导”“负责”特点，故这里用“主持”二字而不用“负责”二字。校长由学校民主管理委员会任免，或者由学校民主管理委员会通过无记名投票选举通过后推荐给教育行政机构，由教育行政机构按照学校民主管理委员会的决议聘任。在学校民主管理委员会为学校的最高决策、领导机构的框架下，不应该使用“校长负责制”的表述方式。学校内部治理的最高领导权属于学校民主管理委员会，领导责任也应当由学校民主管理委员会承担。校长负责组织教职工去执行学校民主管理委员会对学校重大事项所作出的决策，对学校的日常一般事项作出决策并组织力量去执行，主持学校的日常工作。这种架构经进一步完善后，就可以形成以“学校民主管理委员会领导下的校长主持制”为主轴的现代学校制度的一种基本类型。

（二）以“校长负责制”为主轴的现代学校制度基本类型

校长负责处理学校的日常教学科研活动，完善学校的管理，校长全权代表学校并负责赋予校长决策权、指挥权、人事权和财务权，同时健全学校领导机构核心机制。当前关于校长负责制的概念有两种观点，一种是单一性概念，以华中师范大学萧宗六教授为代表，认为学校工作由校长统一领导和全面负责；另一种是结构性概念，以曲阜师范大学李保强教授和华东师范大学范国睿教授为代表，认为校长负责制的要素包括：校长全面负责；党组织的政治作用；教代会的民主参与管理；校务委员会的咨询审议作用。

目前，大量的公办中小学校长与教育行政机构签署了协议书，由教育行政机构授予校长相应的责、权、利，由校长在授权范围内全面负责学校工作。该类协议书实际上确认了以“校长负责制”为主轴的该类学校的内部治理结构的主框架。该种架构经进一步改革、完善后，就可以形成以“校长负责制”为主轴的现代学校制度的一种基本类型。目前这种类型主要分布在教育行政机构授权的一部分公办中小学。

（三）以“董事会（理事会）领导下的校长主持制”为主轴的现代学校制度基本类型

“董事会（理事会）领导下的校长主持制”主要被设有学校董事会且董事会为决策机构的民办学校所采用，在国有转制学校或混合制学校也有少数采用该种领导体制。关于学校设立董事会（理事会）的具体规定主要体现在《民办教育促进法》中，如其中第二十条规定：“学校理事会或者董事会由举办者或者其代表、校长、教职工代表等人员组成。其中三分之一以上理事或者董事应当具有五年以上教育教学经验。”“学校理事会或者董事会由五人以上组成，设理事长或者董事长一人。理事长、理事或者董事长、董事名单报审批机关备案。”第二十一条规定：“学校理事会或者董事会行使下列职权：（一）聘任和解聘校长；（二）修改学校章程和制定学校规章制度；（三）制定发展规划，批准年度工作计划；（四）筹集办学经费，审核预算、决算；（五）决定教职工的编制定额和工资标准；（六）决定学校的分立、合并、终止；（七）决定其他重大事项。”“其他形式决策机构的职权参照本条规定执行。”由此可见，董事会、理事会是学校的主要决策机构，其负责人是决策机构工作的组织者和主持者，对保证决策机构依法行使权力，维持决策机构的正常工作，形成高效、民主的决策机制有着重要作用。以“董事会（理事会）领导下的校长主持制”为主轴的现代学校制度基本类型呈现出如下特征：董事会为学校的最高领导机构和学校重大事项的决策机构。校长为董事会聘任的学校高层管理人员，属于高级雇员，是董事会重要决策的执行负责人和学校日常工作的主持人。此框架经进一步完善后，就会形成以“董事会（理事会）领导下的校长主持制”为主轴的现代学校制度的一种基本类型。

（四）以“教育集团、企业集团领导下的校长主持制”为主轴的现代学校制度基本类型

教育集团成立的目的是为了实现教育资源的优化配置，其本质上是一个经济组织形式，遵循市场规律运行，具体而言，就是通过一定的产权纽带和契约纽带，以学校教育经营为主营业务，至少有两个以上的学校法人和教育相关产业组织组成的教育经济联合体。在此基础与普通独立的学校相比，教育集团的五个基本特征：集团资源的规模性、集团管理的专业性、集团功能的多样性、资金来源

的广泛性、组织结构的层次性。教育集团层面上，设立集团董事会实现对教育管理公司的总经理（或执行相关作用的核心学校的总校长）的权力分立与制衡关系，然后由教育管理公司（核心学校）行使对成员学校董事会、再对学校校长的制衡。在此管理体制下，校长只是学校高层雇员之一，负责学校的日常工作。学校的领导权、重大事项的决策权属于教育集团、企业集团。此框架进一步完善后，就会形成以“教育集团、企业集团领导下的校长主持制”为主轴的现代学校制度的一种基本类型。

（五）以“党组织领导下的校长负责制”为主轴的现代学校制度基本类型

党组织领导下的校长负责制就是集体领导与个人分工负责相结合的一种科学的领导体制。集体领导与个人分工负责是既相区别又相依存的有机统一体。统一表现为：管理目标统一，决策思想统一，工作部署统一，工作步调统一；区别在于：集体领导主要是对重大问题的决策而言，重大问题的决策权属于党组织集体，个人分工负责主要是对集体决策的实施而言，集体决策的事项按照领导班子成员的责权范围，由个人负责实施。党组织在高校的领导核心地位，体现在党组织和行政的关系上。党组织统一领导学校的全面工作，校长在党组织的领导下，对学校的各项管理工作全面负责；党组织和校长，党组织和行政的关系是领导和被领导的关系。党组织对学校的统一领导，不仅是思想政治上的领导，而且是对学校改革发展全局上的领导，党组织负有对学校发展的战略性、全局性、根本性问题做出决策的重大职责；党组织的领导主要表现为把握学校的发展方向的领导权，对重大问题的决策权，以及对重大决议执行情况的监督权。党组织要把好方向、抓好大事、出好思路，只有这样学校党组织才能成为高校全局工作的领导核心。在党组织和行政的关系上，党组织要起主导作用：一方面，党组织要充分行使领导权，统揽全局，协调各方；另一方面，党组织又要充分调动校长和其他行政领导的积极性和创造性，大力支持校长（包括副校长团队）独立负责地行使职权。校长负责主要是负责贯彻执行党组织的决议，把党组织的决议化作具体的行政措施的行为。在权限功能上划分，党组织享有决策权，负有重大事项的决策责任；校长享有执行权，对党组织决议负有实施的责任。校长对党组织负责的另一个重要方面，就是在充分调研的基础上提出对有关重大事项决策的建议，为党组织决策提供重要依据，并积极主动参与党组织的集体决策。党组织一旦做出决议，校长要坚决贯彻执行，并要把执行的情况及时向党组织汇报和反馈，自觉接受党组织的领导和监督，自觉维护党组织的地位和权威。此框架进一步发展后，可能会形成以“党组织领导下的校长负责制”为主轴的现代学校制度的一种基本类型。该种类型所分布的中小学会非常少。在民族矛盾比较突出的少数民族地区或汉族与少数民族杂居地区的中小学，在部队或国防企业附属的中小学，可能有一部分学校会形成该种类型。该种类型是不是现代学校制度的一种类型，目前争议较大。

二、以“现代学校制度的主导建设者身份”为依据

在实际和实施现代学校制度时，存在着政府主导、市场主导和学术力量三种不同的主导力量，这三种力量分别对现代学校制度产生不同侧重点的影响，由此导致不同的现代学校制度类型。

（一）政府主导的现代学校制度的基本类型

在我国学校管理中，政府仍占据主导的地位。因此，政府主导的现代学校制度类型较为普及，主要分布在公办中小学，特别是公办中小学中的管理水平一般和较差的中小学。关于“政府主导”的含义有不同的说法。（1）政府旨在弥补市场力量的缺陷，促进公平和稳定；（2）从最广泛的定义上，政府主导包含了政府对契约自由的一切干预、调节政策；（3）政府主导即是通过经济计划化和采取财政金融等手段，对经济生活进行必要而合理的调节或管理，相对于市场机制这只“看不见的手”，把政府主导作为“看得见的手”。具体到教育领域，所谓政府主导，主要指政府以制度供给者的身份，设定学校教育发展的目标、基本路线和行为准则，政府利用所掌握的各种资源来推动学校的发展进程。在政府主导下的现代学校制度主要具有以下的特点，即在设计、建设现代学校制度的过程中，党政领导机关居主要领导地位，负有主导作用。如各种管理权力的下放、平移、上收，权力移动的方向、深度、时间（时机）、确立新型政校关系、建立学校内部治理结构、推动学校融入社区等方面，很大程度上都主要由党政领导机关做最终的决策。学校处于比较被动、不得不服从的位置上，扮演着“被管理者”和“执行者”的角色，没有太大的自主权。

（二）市场主导的现代学校制度的基本类型

随着我国教育市场的逐步完善，市场的力量逐步在教育中发挥作用。无论理论和实践都证明出：某种程度而言，教育是一种产业，应该进入市场。有教育产业就有教育市场。市场力量有助于教育资源得到合理配置，也是推动教育快速发展的重要力量之一。市场在教育中发挥主导作用还较多存在于民办教育领域。因此，市场主导型的现代学校制度主要分布在民办学校、国有办学体制改革实验校（国有转制学校）、混合所有制学校以及允许家长在一定程度上择校、按照在校学生人数获得公共教育经费的公有学校。所谓“市场主导”，意指在学校制度的设计上主要遵循市场规律，学校运行要在一定程度上符合价格规律、供求规律和竞争规律，学校、集体、个人及受教育者进行多元公平交换的关系地位，主要是受教育者提供一定的教育资源，学校负责提供教育服务。受教育者有权对服务质量作出评价以及选择。这种类型的现代学校制度，党政机构、学校的上级主管单位（教育集团、企业集团等）或学校自身，必须充分考虑教育市场特别是本市、本市辖区学校所在社区的“小教育市场”的各种因素，根据市场因素，根据同一地区同一学段的学校之间的竞争需要，来确定学校的教育理念、教育目标和中长期发展目标，确定学校内部的治理结构，形成学校的制度文化。

（三）专家和学术力量主导的现代学校制度的基本类型

专业化力量在教育发展中始终发挥着重要的作用。我国逐步提出教师专业队伍建设和专家型校长的培养，体现出在教育变革过程中，越来越需要专家型教育人员的参与。简单来说，“专家和学术力量主导”主要从教育系统内部来探索教育的持续发展。专家和学术力量主要体现了专业、声誉和名望。学术力量在一些学校中起主要影响作用，集中体现在价值取向、政策、制度、操作等方面。这些学校将能够得到专家和学术力量的认可作为教育是否成功的标志。教育的发展主要通过专家的力量作出评判，政府通过这些评估中的名次拨给学校相应的经费。这种类型主要是在一部分经费和一部分优惠政策方面需要政府的支持，而在学校发展规划、学校文化建设、学校的日常管理、教职工专业发展等方面，对政府的依附性相对较小。在学校中长期发展规划、学校文化建设、学校日常管理以及与上述各方面相对应的制度的设计方面，专家的力量、学术的力量发挥着主导作用。在设计、建设现代学校制度的过程中，专家的力量、学术的力量始终处于比较主动的位置上。想确定什么样的教育理念、教育目标，建立什么样的学校内部治理结构，形成什么样的学校制度文化，在较大程度上取决于学校自身的决定，取决于专家的力量、学术的力量。

三、以“公共教育政策取向”为依据

我国主要实行中央集中制的教育管理体制，这也决定了国家的公共教育价值取向会对现代学校制度的类型产生根本性的影响。随着教育行政管理体制的逐步变革，我国的公共教育政策也在不断地转型。公平与效率既是衡量教育发展的两个重要尺度，又是教育发展所追求的两大价值目标。公平是“公民能够自由平等分享当时当地公共教育资源的状态”。效率主要从经济学的角度来理解，就是教育资源的合理配置。大体来说，主要存在三种不同的公共教育价值取向，即公平优先、效率第二；效率优先、公平第二；兼顾公平和效率。与之相对应，也形成了三种不同类型的现代学校制度类型。

（一）公平优先、效率第二的现代学校制度基本类型

公平是国民教育的内在价值和首要属性，效率则是实现教育公平的重要手段。因此，公平优先于效率，放在第一位。具体而言，“公平优先”，就是配置教育资源、制定教育相关政策以及处理实际问题时，给予落后地区、薄弱学校以及弱势群体等更多的关注，尽快改变其不利地位并加快其发展，特别是在义务教育阶段，要做到每个人入学机会、教育过程和教育结果的平等；“兼顾效率”，就是在公平优先的前提下，努力培养出更多的优质学校，充分利用各种现有资源，创造出更多、更优的教育产出。社会主义和谐社会是国家政治经济稳定发展的时期，教育发展需要遵循“公平优先，兼顾效率”的价值取向。某一级政府按此取向建构该地区的基本的公共教育政策，则在该地区会形成以“公平优先、效率第二的现代学校制度基本类型”占主流的现代学校制度。

这种类型的现代学校制度主要分布在公共财政能力较强、民间资金支付能力相对于公共财政支付能力来说相对较弱的地区。这种类型比较注重区域性公共教育水平的均衡发展，能够在较大程度上照顾不同社会群体尤其是弱势群体的受教育权利实现。但是，这种类型的现代学校制度会加重公共财政负担，要求有较为完善的社会福利制度。而且其反对自由的教育选择，极易导致学校之间形成不公

平的竞争，造成许多学校发展僵化，教育效能低下。

（二）效率优先、兼顾公平的现代学校制度基本类型

“效率优先，兼顾公平”是中国改革开放后实行市场经济初期一种策略性的提法。具体而言，与公平问题相比，经济效益问题是最为重要的，是第一位的，要优先于公平问题；但是，公平问题也不是可有可无的，它属于“兼顾”范围的问题。义务教育领域的重点学校，示范性学校制度，高等教育领域里设置重点大学，重点学科，启动“211 工程”等都是在这个原则的指导下制定实施的。由于公平是基于一定物质基础上的公平，物质基础的实现要依靠效率。在教育资源匮乏的情况下，效率优先公平才能更好地实现公平，体现公平价值要求。一般来说，在社会教育资源有限，人才匮乏的情况下，效率无疑要优先于公平，目的是更好地实现公平，这和公平并不矛盾。因此，改革开放初期，我国在教育领域提出“效率优先，兼顾公平”是适应当时社会经济和人才状况的正确选择。

随着教育市场在我国的逐步完善和教育的开放程度越来越大，一部分人认为：教育应当更多地引入市场因素，让市场力量更多地介入教育。他们认为：公共财政支撑的公共教育体系虽然在教育机会的供给方面相对比较公平，但这是在“应试教育、平庸甚至是在较低水准上的公平”，是一种效率较低甚至是效率失灵、没有效率、不讲效率的基础上的公平。他们认为：在政府已无力把全部或大部分教育经费都承担下来的情况下，还强调政府的公共教育方面的经济责任和义务是没有意义的，必须面向市场，向市场开放教育领域，让现金资本和私人管理资本充分进入教育领域。应充分尊重学生和学生家长的择校权，当选择优质教育时，应当按照当地市场价格缴纳赞助费（或者叫择校费、学费，即“二次纳税”）。他们主张：能够民营化的公共教育事业应尽量民营化，以提高学校的竞争活力和教育资源的利用效率。他们中的少量人士甚至主张：政府只管办学（主要指建学校并承担一部分日常运转经费），让自然人或教育中介组织、社会性的教育管理公司来负责学校的日常管理。持此观点的人大部分为学者。

按此取向建构学校制度体系，则会形成以“效率优先、公平第二的现代学校制度基本类型”占主流的现代学校制度。主要分布在民间资本相对较雄厚或者公共财政能力相对于民间资本来说显得较弱的某些地区。在这种类型下，由于逐步形成了公开、透明、公平的竞争机制，有助于提高学校的竞争活力和教育资源的

利用效率；由于学校与社会构建起和谐的合作关系，有助于吸引民间资本，增加教育供给的总量；满足家长和学生的择校权，一定程度上提高了教育满意度；增加教育包括优质教育的供给总量。但是，这种类型由于放松了对政府应承担的公共责任，而且相关的法律体系还未完善，可能会出现政府匆忙推卸或借机逃避公共教育责任的情况，政府会把更多的应当用于教育的经费挪向其他领域，而把更重的教育责任甩给社会和家长；在教育机会的平等方面、弱势人群的教育权力无法得到保障。

（三）效率和公平同时兼顾的现代学校制度类型

公平和效率之间的关系是互相联系，相互渗透的。没有教育公平的效率不是真正的效率，既缺乏道德基础，也无法最终实现；没有效率的教育公平，本质上是平均主义，违背教育公平的本质。在教育政策实践中，由于认识上的偏差，存在过分强调对立而忽视或无视两者的统一的问题，结果使得公平与效率呈现此消彼长的恶性循环，当然不能实现两者的和谐。为实现教育政策公平与效率关系的和谐，在处理公平与效率关系时，统一是矛盾的主要方面，应在相互联系、相互促进的统一关系中解决对立的问题。因此，一些学者提出了兼顾公平和效率的各种教育主张和建议。如：政府必须加大教育投入的力度；在法制建设方面要能形成对政府的教育投入进行有效的监督、对政府的不作为或不充分作为予以问责和追究的机制；政府的财政投入应优先用于基础教育特别是基础教育中的义务教育；关注处境不利的人群，对弱势群体予以照顾；强化教育督导和社会对于教育的监督、评估；提高教师队伍整体素质，优化教师队伍，尽快提高校长和教师的“入口标准”，加强教师专业培训，在一定程度上打破“铁饭碗”；由政府确保公办学校教师的基本工资和相应的福利待遇按时、足额发放。在该级政府管理的行政区域内，无论是城市还是乡村，无论是政府财政收入较高的地区还是较低的地区，都应当实施校长、教职工工资、福利基本相等的政策；在校内，实施工资（或效益工资）与教师的业绩、成就挂钩的激励政策；鼓励自然人、民间组织和境外力量参与公共教育事业，并创造公开、公正、公平、有序的竞争环境；建立教育基金、“教育券”等制度，改革公共教育经费拨款体制，形成有利于学校之间公平竞争的公共教育经费拨款制度；允许学生、学生家长逐步地、有序地在一定范围内择校，把对教育服务的选择权逐步地、有序地还给学生和学生家长。持上述观点的人，不仅包括大批学者，也包括一些教育行政机构的公务员、学生家长、基层一线的校长和教师。某一级政府按此取向建构该地区的基本的公共教育政策，则在该地区会形成以“同等对待公平与效率的现代学校制度基本类型”占主流的现代学校制度。该种类型是比较理想的一种类型，分布的地区会比较广泛。

第五节　建设现代学校制度的价值取向

人们对任何事物的认可必须具有一定的自觉性和自愿性，这就涉及价值取向的问题。简单来说，价值取向就是价值选择，就是人们在进行价值定位是，确认有哪些价值，什么是核心价值等。价值往往是多元的，不同的人可能依据不同的判断依据倾向于不同的价值取向，但所谓的核心价值可能只有一个或几个，它们往往能够体现出事物的本质和事物正确的发展方向。因此，对一个事物的价值取向进行判断往往是寻找其核心价值。在教育领域，叙利亚教育哲学家阿基比鲁曾经提出：“对于任何一种教育制度来说，它若想成为有意义的和富有成效的教育制度，就必须以一种明确的、深思熟虑的、富于理性的哲学或世界观为基础，还必须依据这样一些方面的有关信条行事，即人性和全人类的本性、个人和社会的价值观念体系、被人们认为最值得掌握的知识体系。”因此，在研究现代学校制度时，有必要对现代学校制度的价值追求予以进一步的澄清和说明。如何建设、如何取舍等问题直接关系到现代学校制度本身的科学性和合理性，关系到现代学校制度的作用发挥和未来发展等。① 现代学校制度价值取向能够认识现代学校制度提供理论支撑和现实航向，在有效的教育资源条件下使学校的育人功能实现最大化。

一、“价值”、“价值取向”和“学校制度价值取向”

“价值”属于哲学范畴。马克思曾经说过：“价值是人们所利用的并表现了对人的需要关系的物的属性，实际上表示物为人所存在。”价值本身体现了物体

① 刘思. 论现代学校制度的价值取向［D］. 武汉：华中师范大学，2012.

的客体性与人的主观性之间的复杂关系，反映了物体满足人的需求的程度。关于价值，主要有以下几种观点：（1）属性说。这种观点认为，我们赖以生活的价值是天生的，像包括真、善、美在内的人类的古老价值，以及后来的愉快、正义和欢乐等价值，都是人类本性固有的，是人的生物性质的一部分，是本能的而非后天获得的；（2）需要说。这种观点认为价值是一种关系范畴，表示客体对主体的意义，客体满足主体需要的关系。然而，这种观点并没有解释“意义”或“需要”本身又是什么内涵，因此这种观点只能是两个名词之间的“同义反复”，没有多少实际意义；（3）关系说。这种观点认为价值是一种关系范畴，表示客体与主体之间的相互联系。文德尔班把价值当作是一种联系和关系，并认为是诸事物之间的联系和关系，而不是专指人类与客观世界的联系和关系，即任何有联系的事物之间都可能存在价值，这样，价值就成了联系和关系的代名词，从而混淆了主体与客体的本质区别；（4）“情感说”。这种观点认为，价值的源泉在于情感：当合理性遭遇它的限度，对开明的理性的求助不再帮助我们时，那么思维的对位型式即情感可以帮助。情感是通过我们的感觉释放的，它帮助我们感知世界和辨认价值。这里提及的价值是不能测量或计算的价值，只能通过感觉经验或感知领会；（5）“态度说”。这种观点认为价值是主体根据自己的需要自觉地、有意识地赋予客体的属性，它反映了主体对客体的态度。这种观点把价值与价值的主观反映混淆起来了。

“价值取向”首先表现了一种倾向性，即人们在进行价值选择时，依据一定的主观或客观需求，以一定的方式采取一定行动的价值倾向；其次，价值取向可以反映出人们在进行选择时的价值标准和行动取向。人往往依据客观事物及自己的需求和利益的认识水平来进行价值选择，同时，通过价值选择过程可以预测出人的行动方向。总体而言，就是当客观事物能够满足人们的某种主观需求时，就表明该事物对人们是“有价值”的；事物的价值往往是多元的，价值取向反映了人们在进行价值选择时候的主观意志的反映，是主体对客体产生主观印象的开端，为更加深入的了解事物奠定了基础。由此可见，价值取向对价值选择具有决定作用，能够制约人们的实践活动。

简单来说，现代学校制度的价值取向就是人们在设计和实施现代学校制度时，主张和提倡什么，禁止和限制什么等，是人们对于现代学校制度的价值观念的选择和反映，对于现实的制度规划设计起着规范和引导作用。学校制度的价值取向往往具有多元化，现代学校制度的本质价值体现在使教育回归到“实现人的全面发展”的本真追求中，使教育能够沿着更加合理、更加人性的方向发展，因此，现代学校制度的基本价值取向主要体现在“科学”和“人道”两个方面。

二、现代学校制度价值取向

（一）科学性

科学性主要从“现代学校制度要符合教育发展规律”的角度而言。《辞海》对“科学”的解释是：“运用范畴、定理、定律等思维形式反映现实世界各种现象的本质的规律的知识体系”。简单来说，科学是一套正确的知识体系，反映出按规律办事的准则。作为现代学校制度的价值取向，科学主要指在科学发展观的指导下，按照科学的教育发展规律，设计科学的制度体系，运用科学的教育管理方法来构建现代学校制度。也就是说，现代学校制度的内容、运行的过程及完整的体系都必须是科学的，要能够最终体现出培养人、发展人和创造人的终极教育追求。具体来说，实现现代学校制度科学化，就是要规范和优化教育秩序、凸显学校管理的有效性和促进有质量的教育公平。

1. 规范和优化教育秩序

“秩序”是指有条理地、有组织地安排各构成部分以求达到正常的运转或良好的外观的状态。从法理学角度来看，美国法学家博登海默认为，秩序意指在自然进程和社会进程中都存在着某种程序的一致性、连续性和确定性。一般而言，秩序可以分为自然秩序和社会秩序。自然秩序由自然规律所支配；社会秩序由社会规则所构建和维系，是指人们在长期社会交往过程中形成相对稳定的关系模式、结构和状态。教育秩序属于社会秩序的范畴。简单来说，教育秩序是一种“人为”形成的秩序，是在人类教育生活中形成的，教育主体之间相互作用、相互制约、遵循教育制度而形成的一个稳定的、连续的、有机的统一状态。教育秩序是进行有效教育活动的必要保证，是人类教育发展和人的全面而自由发展最基本的需要。当前我国教育领域存在基本的教育秩序，但在教育发展过程中还存在着一些“无序”的现象，如：乱收费、课外不正规的补课、教育资源不均衡、教师殴打学生、聚众冲击学校、学校安全事故频发等，在不同程度上干扰了教育的健康、可持续的发展，因此，在构建现代学校制度时，规范和优化教育秩序的价值必须得到彰显，这是完善的现代学校制度的最低要求。

2. 促进有效率的教育公平

“公平”和“效率”的较量始终存在于教育领域。两者之间既是相互对立的矛盾关系，又存在着相互统一的协调关系，因此，促进教育公平和提高教育效率始终是教育改革和发展过程中需要特别关注的问题。当前，我国教育已经逐步进入到“内涵”发展时期，关注教育质量已经成为了新时代的新命题，教育公平是提升教育质量的关键，但同时教育效率也不能被忽视。“教育公平”和“教育效率”应达到一种相对均衡的状态。具体而言，就是：既不过分强调效率，适当追求较高的效率；也不过分强调公平，要保障相对的社会公平。从应然的角度，公平与效率当然要两者兼顾。没有效率的公平只是乌托邦式的公平，低水平的公平，实质上是平均主义，违背了公平的本质要求，影响社会的发展；没有公平的效率，效率就缺乏道德基础，影响社会和政治的稳定，效率也无法维系。从实然的角度，由于教育系统自身的复杂性，要实现绝对的“兼顾效率和公平”还无法完全实现，二者之间最终只能达到一种相对均衡的状态，在动态的发展过程中追求相对的和谐。

从教育发展阶段看来，我国当前的教育已经经历了扩大教育规模和扩大教育机会的“效率优先，兼顾公平”的“关注量”的阶段，逐步走向“兼顾公平和效率”的“关注质”的阶段。这是一种从低级阶段走向高级阶段的过程，是追求教育质量的新诉求。具体而言，在构建现代学校制度时，“兼顾公平和效率”就是在我国当前教育事业规模和数量发展的基础上，通过各种政策和制度的创新，以推进教育公平为取向，以提高教育质量为重点，合理调节公共教育资源的配置、供给，满足社会公众享有高质量教育的需求，促进社会和谐发展。目前，我国教育公平状况仍不容乐观，众多的不公平现象还时有发生。总体而言，当前我国存在着“五大”不公平：地区和城乡差距造成教育不公平；制度设计偏颇造成的教育不公平（包括就近入学问题、高考录取制度存在问题、高等教育资源的配置严重不均问题）；学生家庭收入过低造成的受教育不公平；政府规定执行不力造成的教育不公平；农民工的城市化政策缺失造成的教育不公平等。为解决这些不公平，必须对现有的学校制度进行全面的系统改革。兼顾教育发展的公平和效率应成为我们在探究现代学校制度时的价值选择。如果现代学校制度的构建过程中缺失了“教育质量”“教育公平”和“教育效率”等关键字，那么，现代学校制度的建设就无法顺利进行，其本身所持有的时代性、民主性和公平性等特点也无从体现。

3. 提高学校的效能

简单来说，学校效能是指学校教育的“有效性”。“有效”主要体现在现代学校制度对学生的全面发展和对学校的持续提升的积极影响，使学校教育能够发挥应有的效能。对于学校的有效性，以往较多关注的是一些零散的、单一角度的“有效”，如学校领导体制、组织机构构建、人员管理等方面，而现代学校管理制度则将关注的重点放在学校的整体的、系统性的有效上，即学校“能够使得学生实际的学习进步大于根据其起点水平做预测所应该获得的学习进步的学校。”关于学校效能的研究，源于20世纪60年代美国的科尔曼报告，该报告认为：“与家庭因素相比，学校因素对学生的影响甚微”随后，这一领域的研究引起了全球范围内的广泛关注，由此引发了对“学校效能”的理论和实证研究的热潮。

关于学校效能并没有统一的概念表述，但总结而言，主要有以下几个值得关注的方面：（1）对学校效能的比较要公平，要用增值的观点，即对学校达到学习目标程度的测量要考虑学生入学时的不同特征；（2）要对学校教学目标的长期社会效应和短期具体教学结果进行审议；（3）用不同的组织模式从多个视角看学校效能的概念；（4）学校效能研究不应该只关心基于增值评价的学校效能排位，更应该关注造成这些差异的学校组织因素和学校教学因素。不同的学者依据不同的目的和角度，得出有效的学校应具备不同的要素。如美国学者 R. Edmonds 提出，有效的学校需要具备五个要素，分别是：校长的强势教学领导；对教学的深入广泛的理解；学校对师生持有较高的期望；重视学生基础知识和基础技能的学习；安全有序的学校学习环境。颇可意和史密斯认为，有效能的学校不单是有较高的智育成绩之单一特征，而是具有普遍而共同的多元特性；学校效能应是由多元因素形成的，如校长的领导、学校组织气氛、课程与教学、学校文化与价值等方面。英国学者 Rutter 等人提出，有效的学校往往能够在巩固学生良好的行为和学习结果方面起到较为重要的作用。英国 Mortimore 研究通过实验得到十个有效学校的特征：学校有专业化的领导；学校领导团体；有协作性和工作目标；学校有较好的学习环境；学校工作以教师教学和学生学习为中心；有目的地进行教学；教师对学生有良好的期望；对学生有正的反馈；经常鼓励学生取得进步；学生有明确的权利和义务；家长参与学校的工作；有良好的学习组织。

现代学校制度作为一种改进的和向着未来的学校制度，“效能”对现代学校制度而言显得尤为重要。因此，必须通过系统的教育改革促进学校教育的“有效”发展。按照诺斯教授的理论，“有效”的制度至少应当有如下两个基本特征：第一，能够使每个社会成员从事生产性活动的成果得到有效的保护，从而使他们获得一种努力从事生产活动的激励。第二，能够给每个社会成员以发挥自己才能的最充分的自由，从而使整个社会的生产潜力得到最充分的发挥。通过现代学校制度的建设，最终能够使得学校成为有效的学校，实现学校组织在育人功能方面的全面发展。同时，逐步促使教育系统内外部的力量关注学校的有效性，并能够在现代学校制度构建中帮助学校成为有效的组织。

（二）道德性

“道德性”主要从“教育为人服务的基本诉求”的角度而言。“道德”是一种社会意识形态，是人们共同生活及其行为的准则与规范。道德往往代表着社会的正面价值取向，起判断行为正当与否的作用。道德一词，在汉语中可追溯先秦思想家老子所著《道德经》一书。在西方古代文化中，“道德”（Morality）一词起源于拉丁语的“Mores”，意为风俗和习惯。道德由一定社会的经济基础所决定，并为一定的社会经济基础服务。人类的道德观念是受到后天一定的生产关系和社会舆论的影响而逐渐形成的。不同的时代，不同的阶级往往具有不同的道德观念。不同的文化中，所重视的道德元素及其优先性、所持的道德标准也常常有所差异。纵观中国或西方的教育发展历程，“道德”始终作为重要的价值取向被教育领域所关注。如：我国的儒家教育思想始终指导着我国教育的发展。“仁爱”作为重要的核心，体现了对关心生命的人道精神。西方的教育中始终关注对于“人性”的追问，试图通过对人的本性的追求和探究，主张实现“人对自我的一种觉悟与责任”和对人的理性的关爱。总之，道德对人的成长有至关重要的作用，能帮助人们形成“更完善”的自我。作为一个育人系统，学校在运行与发展中通过道德关怀与道德教育可以实现学校良性发展。特别是随着现代信息化技术的发展与运用，新的道德领域不断开辟，通过道德方式对学校管理产生的有效调节越来越多，不断完善道德调节方式可以促进道德发展和校园文明的协调同步。毋庸置疑，在现代学校制度构建的过程中，将道德的价值取向与之联系起来是十分必要的。现代学校制度的建构必须把人作为价值的中心，倡导一种“人性之爱”的人道精神。①

1. 促进学生的全面发展

马克思主义关于人的全面发展的理论是我国社会主义教育方针和教育目标的理论基础和指导思想。所谓“全面发展”，就是使得学生在德智体美劳等各方面得到全面的发展，成为健全的、协调的、能够适应社会的全面发展的人。具体而言，学生的全面发展首先是相对于片面发展而言的，教育是有目的、有计划、有组织的培养人的活动，不应让学生像野花那样“自然成长”。其次，教育要促进学生的充分发展，使学生的潜能尽可能充分地转化为现实的能力。再次，教育应允许学生有差异的发展，承认学生在不同方面的不同发展潜能，以学生的个性为本，针对这些不同实行有差异的教学，使学生能够获得最大程度的充分发展。最后，随着知识经济的到来，知识更新的速度日新月异，获取知识的方式也多种多样，在这样的时代背景下，学生的全面发展被赋予了新的内涵，即教育应以培养学生的学习能力为主，促进学生终身学习的能力。就是说在学校教育中，应高度重视那些对学生终身有用的知识、技能和学习方法，使学生在学校就能获得终身发展所需要的主要知识、技能和学习方法，保持可持续发展的能力。

构建现代学校制度的终极价值就体现在对学生自身的关注上。当前的学校教育，应试教育还占据着一定的地位，在此指导下，学生的主体地位缺失，全面发展还仅仅停留在表面，应试能力的培养导致学生的发展单纯倾向于知识和技能的培养方面，忽视了学生的情感、道德等能力的提升。因此，现代学校制度必须将促进学生的全面发展作为基本价值追求。《国家中长期教育改革和发展规划纲要(2010－2020年)》终明确提出：“坚持全面发展。全面加强和改进德育、智育、体育、美育。促进德育、智育、体育、美育有机融合，提高学生综合素质，使学生成为德智体美全面发展的社会主义建设者和接班人。”我们要站在历史高度来认识学生德智体美全面发展这一问题。教育是民族振兴、社会进步的基石，是提高国民素质、促进人的全面发展的根本途径。我们的教育能否培养造就数以亿计的高素质劳动者、数以千万计的专门人才和一大批拔尖创新人才，关乎我们能否真正建设一个现代化的国家和中华民族伟大复兴的宏大事业能否实现这一重大战略问题。面向全体学生，促进学生全面发展，是实施全面素质教育的本质要求，

① 刘思. 论现代学校制度的价值取向［D］. 武汉：华中师范大学，2012.

是全面建设社会主义现代化强国的战略要求。

2. 促进个人发展和社会发展的统一

历史唯物主义认为，个人发展和社会发展是辩证统一的，二者既有一致性，又有矛盾性。江泽民同志指出："推进人的全面发展，同推进经济、文化的发展和改善人民物质文化生活，是互为前提和基础的。人越全面发展，社会的物质文化财富就会创造得越多，人民的生活就越能得到改善，而物质文化条件越充分，又越能推进人的全面发展。"[①] 反映出个人发展与社会发展的一致性。社会发展是个人发展的前提，个人发展又是社会发展的重要条件。"社会发展是个人发展的前提" 主要体现在：首先，社会发展为个人发展提供了物质条件。个人发展离不开一定的物质条件，而个人发展的物质条件是由社会提供的。社会为个人发展提供了教育条件。培养教育是个人发展的重要途径之一，对个人培养教育过程已经不再是某一个人或某一个家族的事情了，而是在社会化了的"学校"中进行的。其次，社会发展决定了个人的发展。社会发展决定个人发展的进程和趋势个人发展是一个具体的历史的过程。社会历史条件不同，个人发展的状况也就不同。社会形态发展得越高级，个人发展的程度也就越高。因此，个人发展归根到底是取决于社会发展，同时，一个人发展的趋势和方向也是由社会发展决定的。个人的理想、志趣、爱好都是根源于当时社会发展的状况，是对社会发展状况的反映。"个人是社会发展的前提" 三要体现在：首先，社会不是抽象意义的概念，而是由无数独特的个人组成的；离开了个人，社会就不复存在，当然也谈不上发展了。社会正是在无数个人有目的的活动中发展的，社会发展的规律也是在这样的活动中形成、展开和实现的。其次，个人的生产能力是最基本的生产力。社会发展最根本的是生产力的发展。个人的生产能力即"表现为个人特性的主观的生产力"将在物质财富的创造中发挥极大作用。马克思提出："真正的财富就是所有个人的发达的生产力"，而个人生产能力的发展有赖于个人的全面发展，因此"个人的充分发展又作为最大的生产力反作用于劳动生产力"。因此，人的个体发展与社会发展是互为条件、互为因果、互为目的的，人的价值与社会价值在发展方向上是一致的。

计划经济时代，我国的学校教育倾向于满足人才培养对于社会的需求，基本

---

① 陈卫平. 社会发展和个人发展的相互促进［J］. 探索与争鸣，2002（5）：7－11.

上是按照统一的社会需求模式、规格培养社会建设急需的人才。这对于建立我国的工业体系和国民经济体系，推动我国经济急速增长有重要的作用，显示着一定的合理性。但是，随着社会主义市场经济体系的逐步完善，个人的自主性地位得到凸显，过分强调“为社会培养人才”的教育体现出越来越多的弊端。因此，现代学校制度必须从单纯关注社会发展转向关注人的价值的发挥，促进个人发展与社会发展的有机统一。在建设现代学校制度的过程中，应以发展的观点选择现阶段的价值取向，避免片面极端化的做法，努力实现教育的全面发展，促进人与社会的整合发展。为此，要尽快为青少年提供充分的、平等的、有秩序的、优质的服务，要为社会大众获得这种教育服务创造平等的制度条件，最终促进社会的全面、和谐、持续的发展。

第二章 ‖ 建设现代学校制度相关法律关系

第一节 学校的法律地位

学校是指学制系统内专门实施教育教学活动的机构。我国学制系统内的基本教育阶段分为幼儿教育、初等教育、中等教育和高等教育。每一教育阶段根据教育对象和培养目标的不同而设立不同类型的学校，由国务院教育行政部门规定各教育阶段内学校的修业年限、招生对象、培养目标等。学校具有公益性质，其主要任务是贯彻党的教育方针，进行教育和教学活动。学校是教育目标和教育成果的直接体现者，是最基本的教育机构。

学制系统外从事教育教学活动的机构，可称为其它教育机构。

学校及其他教育机构分为公办、民办两种。

公办学校及其他教育机构，是指国家机关、国有企业事业组织、集体企业事业组织、村民委员会举办的教育机构。民办学校及其他教育机构，是指除国家机关、国有企业事业组织、集体企业事业组织和村民委员会以外的各种具有法人资格的社会组织或者个人自筹资金举办的教育机构。

《教育法》第31条规定："学校及其他教育机构具备法人条件的，自批准设立或登记注册之日起取得法人资格。"这一规定明确了学校的法律地位。根据《中华人民共和国民法通则》，法人是指：（1）依法成立；（2）有必要的财产或者经费；（3）有自己的名称，组织机构和场所；（4）能够独立承担民事责任。学校及其他教育机构只有具备上述四个条件，才能取得法人资格。

学校行政部门依照有关规定对学校及其他教育机构的设置进行审查和登记，对具备法人条件的，应在办学许可证上注明已取得法人资格，因而无须像企业那样，在主管部门批准设立后，还要到企业法人登记机关办理专门的企业法人登记手续。学校及其他教育机构取得法人资格后，可以依法享有民事权利，独立承担民事责任，即具有民法通则规定的民事权利能力和民事行为能力，依法享有民事权利和承担民事义务。作为学校的某个系，某个班级，或者隶属于某个单位的培训部门等是所属法人的组成部门，享有有限的民事权利，如享有名称权、名誉权、荣誉权以及学校及其他教育机构交由其管理的财产享有使用权、管理权，不能对外签订合同，不享有债权等，同样，也不能独立承担民事责任。因为学校的系、班及隶属于某单位的培训部门不具备法人条件。

确认学校及其他教育机构的法律地位具有重要意义。学校及其他教育机构是组织教育活动的实体，是教育法律关系中最重要的主体之一。明确学校及其他教育机构的法律地位，是规划办学行为，处理学校及其他教育机构与社会关系，维护学校及其他教育机构自主管理、自我约束，正常运行的前提，有利于明确学校及其他教育机构享有的广泛的民事权利，保证学校充分地参与民事活动，促进学校适应社会发展，依法自主办学，完成学校的目标和任务，也有利于理顺举办者与学校的财产关系，有效维护学校及其他教育机构的合法权益。

全面理解学校的这种法律地位，应当注意以下几点。

一、办学自主性

自主办学是学校依法享有的，为实现办学宗旨、独立自主地进行教育教学管理，实施教育教学活动的资格和能力，使学校及其他教育机构真正成为办学实体，按照教育教学工作的特点和规律去做好各方面的工作。如依法制定发展规划和具体的管理规章；建立、完善自己的管理系统；以独立的民事主体资格参与各种社会关系等，不受其他任何组织或个人的非法干涉。但这并不意味着学校及其他教育机构完全摆脱政府及主管部门的监督和调控，而是在政府简政放权的改革中赋予学校及其他教育机构更多的自主管理，自我发展的权利。因此，要分清学校及其他机构的自主办学和学校主管部门对学校管理的权限。学校主管部门不能超越权限干涉内部事务，学校也不得借口自己享有办学自主权而拒绝或阻挠主管部门依法进行的监督、检查、评估和指导。

二、财产独立性

学校及其他教育机构享有独立的财产和经费，是学校办学自主权的物质基础和保障。学校财产是保证教学、科研、活动顺利进行和师生员工学习、工作、生活的物质条件。学校资产和举办者、捐赠者的财产相分离；在平等的法律关系主体间所产生的债权、债务关系，学校及其他教育机构以其资产独立承担民事责任，举办者不承担连带责任；在学校及其他教育机构存续期间，除用于正常的运行外，任何人不能损害学校及其他教育机构的资产等，这些充分显示学校财产独立性的特点。

按照我国宪法的规定，国家是学校财产的唯一和统一的所有人，但是国家各级行政机关对其所辖范围内的学校财产，一般并不直接经营，而是根据国家财产管理上的需要，将其管辖的财产分别交由各个学校及其他教育机构进行经营管理，国家通过计划的、经济的、行政的和法律手段对学校进行宏观管理、检查、指导和调节。学校及其他教育机构则在国家授权范围内行使占有、使用和处分权，因此，学校对国家财产的占有、使用权是从属于国家所有权的一种相对独立的权利。学校财产的独立性受法律保护，对于侵占校园土地，破坏校舍及其他财产行为，对于挪用、克扣教育经费的行为，对于违反国家有关规定向学校乱摊派，乱收费的行为等，法律规定了相应的法律责任。

三、机构公益性

学校及其他教育机构的主要任务是贯彻国家教育方针，进行教育教学活动，培养人才。教育事业是公益事业的性质决定学校具有公益性质。教育是社会主义物质文明和精神文明建设极为重要的基础工程。教育的社会性质和教育事业的培养目标需要学校及其他教育机构的活动必须符合国家和社会公共利益，也就是对国家和人民负责，而不是对个人或小团体负责。学校的教育教学活动不得损害国家、人民的利益和社会公共利益。机构的公益性是学校办学活动的性质、宗旨所必然产生的对学校及其他教育机构的义务性要求。

办学自主性、财产独立性和机构公益性是学校及其他教育机构法律地位的主要特点，明确其特点有助于学校及其他教育机构进一步解放思想、转变观念，依法维护合法权益和自觉履行法定义务；有利于进一步推进依法治教和依法治校；有利于教育改革深化和教育事业的发展。

第二节　学校的权利

根据《教育法》第28条的规定，学校及其他教育机构行使下列权利。

一、自主管理权

学校有权按照章程自主管理。章程是指为保证学校教育教学活动的正常运行，主要就办学宗旨、学校内部管理体制、财产管理与处置等重大的、基本的问题作出全面规范而形成的自律性的基本文件。章程是学校自主管理的基本依据，由学校及其他教育机构自行拟定。学校及其他教育机构根据本校章程确立的办学目的、管理体制及各项重大原则，制定发展规划和具体的管理规章，自主地做出管理决策，并建立、完善自身的管理系统，组织实施管理活动。按照章程自主管理的权利，是学校法人地位的重要体现，也是落实学校法律地位的重要保障。法律规定，根据各类学校的设置管理规定，具有办学章程是申请举办学校及其他教育机构的必备条件之一，但在《中华人民共和国教育法》颁布实施前已存在大量没有章程的学校，作为一种过渡性措施，国家教委《关于实施中华人民共和国教育法若干问题的意见》要求，“《教育法》实施前依法设立的学校及其他教育机构，凡未制定章程的，应当逐步和完善学校的章程，报主管教育行政部门核准。”

二、实施教育教学活动权

组织实施教育教学活动，这是学校及其他教育机构的基本权利。学校及其他教育机构的主要任务是实施教育教学活动，学校有权根据国家主管部门有关教学计划、教学大纲、课程标准，专业设置等方面的规定，根据自己的办学宗旨和任务，自行决定和实施本机构的教学计划，决定具体课程、专业设置、决定选用何种教材、决定具体课时和教学进度，组织集体备课，对学生进行考试，考核和教学评比等。自主开展教学活动、生产劳动、科技活动、发展体、智力，贯彻国家教育方针，促进从应试教育向素质教育转变，全面提高教育质量，抵制社会上对学校教育教学活动的干扰。

三、招生权

根据国家规定招收学生或其他受教育者，对于各类学校的招生工作，国家均制定相应的规定和办法。学校及其他教育机构有权根据自己的办学宗旨，培养目标和任务以及办学条件和能力，依据国家有关招生法规、规章和主管部门的招生管理规定，制定本机构招生办法，发布招生广告，决定招生的具体数量和人员，确定招生的范围和来源。招生权是教育机构的基本权利，赋于学校这一权利有助于深化招生体制改革；在促进主管部门在简政放权的同时，加强对招生的宏观管理，也有利于学校自主办学。任何其他组织和个人都不能非法进行干预。学校依法行使招生权时，教育行政部门不能随意干预学校的招生事宜，更不能侵害学校的招生权，不能“递条子”“走后门”，对此学校完全有权抵制和拒绝。同时，法律也要求学校在行使招生权时要遵守国家有关招生的规定。

四、奖励或处分权

对受教育者进行学籍管理，实施奖励或处分。学校及其他教育机构为保证教育教学活动正常开展，有权对其招收的受教育者进行学籍管理。学校可以根据主管部门的学籍管理规定，制定具体办法；同时，可以根据国家有关学生奖励、处分的规定，结合本校的实际，制定具体的奖励办法并可以根据这些管理办法，对受教育者进行具体的管理活动。学籍管理是根据有关规定对学生的入学资格、在校学习情况及毕业资格进行考核、记载、控制和处理的活动，是教务行政管理的重要组成部分，是建立正常教学秩序的保证。目的在于督促管理学生，保证学校的正常教学秩序，提高教学质量。学籍档案能够全面反映学校教育教学活动的真实情况，为学校不断深入开展教学研究活动提供依据，认真做好学籍档案管理工作，将大量有参考价值的资料收集整理并保存，有助于学校总结经验，改进教学，提高管理水平和教学质量。学籍管理一般包括：入学注册、成绩考核，对升级、留级、转学、休学、复学、退学的处理，鉴定、考勤、纪律教育，奖励、处分以及对学生毕业资格的审查等。被学校及其他教育机构录取的新生，应当对学生进行学业和操行两个方面的考核。成绩考核分为考试和考查，其结果作为确定学生升、留级的依据。由于某种特殊原因，学生在学习期间可以提出转学或转专业、休学及复学要求，学校按照有关规定审查，符合规定的应当予以批准。学生被授予奖励或被纪律处分的应将有关材料存人学生的档案。

“奖励”，指教育机构对受教育者在德、智、体等方面的表现给予精神的、物质的一些奖励。“处分”，指教育机构对违反校纪校规的给予校内的处分。对受教育者进行学籍管理和实施奖励或处分，是学校及其他教育机构的一项基本权利，赋予学校的这项权利，有助于其实现对受教育者的教育管理职能，维护教学秩序，促进办学质量的提高。非教师、学生提出申诉，教育行政部门一般不能插手学校内部管理事务。

五、颁发证书权

向受教育者颁发相应的学业证书是学校及其他教育机构自主实施教育教学活动而必然产生的权利。学校根据自己办学宗旨、培养目标和教育教学任务要求，根据国家有关学业证书的管理规定，对经考核，成绩合格的受教育者，按其类别颁发毕业证书、结业证书、肄业证书等相应的学业证书，这是学校的权利。从保护受教育者合法权益来说，这又是学校的义务。学校及其他教育机构向受教育者颁发相应的学业证书，要遵循公开、公正的原则。教育行政部门既要保护这项权利，同时又要进行监督，防止学校滥用这项权利。学校及其他教育机构受主管机关和学生的监督。

六、聘任权

学校及其他教育机构有权聘任符合教育教学活动需要的教师及其他职工。根据我国教师法的有关规定，学校所聘用的教师应当具有相应的教师资格。学校及其他教育机构根据国家有关教师和其他教职工管理的法规、规章和主管部门的规定，从本校的办学条件、办学能力和实际编制的情况出发，有权自主决定聘任、解聘有关教职员工，制定本校教师及其他职工聘任办法，签订和解除聘任合同。聘任合同应明确规定双方的权利和义务。教师及其他职工在教育教学、培养人才、科学研究、教学改革、学校建设、社会服务、勤工俭学等方面成绩优异的，学校及其他教育机构应当予以表彰、奖励。教师及其他职工故意不完成教育教学工作或其他本职工作给学校造成损失；体罚学生，经教育不改的，品行不良、侮辱学生、影响恶劣的或违反学校其他有关规定后果严重的，学校及其他教育机构有权对其进行处分。学校在聘任、奖励、处分教师和其他职工时，应根据教师和其他职工的职责要求，重点考虑本人的表现及业绩。学校的这项权利有利于其自主选用优秀人才从教，建立和完善奖勤罚懒、奖优罚劣的激励机制，加强师资队伍建设，从而提高教育和办学效益。合法的聘任、奖励和处分属学校内部管理行为，教育行政部门不能随意干预。

七、管理财产权

学校及其他教育机构拥有的教育教学经费和设施是学校开展教学活动的基本物质保障，学校有权自主管理和使用。学校及其他教育机构对其占有的场地、教室、教学设备等设施，办学经费及其他有关财产，享有财产管理和使用权，必要时可以对其占有的财产进行处理或获得一定的效益。学校行使这项权利时，应遵守国家有关国有资产的管理，教育经费投入以及学校财务管理活动的规定，符合国家和社会公共利益，有利于实现学校的办学宗旨和学校发展，不得妨碍正常的教育和管理活动，不得侵害举办者、投资者等有关权利人的财产权利，防止学校资产的流失和浪费，并接受教育行政部门的监督，教育行政部门也不得以挪用、借用、报销等方式侵害学校的正当财产权益。学校的这项权利对其落实自主办学的法律地位、改善办学条件，提高办学质量和效益都具有重要意义。

八、拒绝干涉权

这是为维护学校及其他教育机构正常的教育教学秩序，抵制非法干涉而确立的一项重要权利。学校有权拒绝或抵制来自行政机关、企业事业组织、社会团体和个人等任何方面的违背法律、法规和有关规定做出不利于教育和教学活动的行为，如干涉招生和分配，强行占用教室、场地，随意要求学校停课，随意冲进教室抓人或以行政命令要求学校向学生家长催粮要款等。对于这类影响正常教育教学活动的非法行为，学校及其他教育机构有权坚决抵制，并可通过教育行政部门会同当地纠风办、纪检、监察等有关部门予以治理，保护学校的合法权益。

九、其他权

除上述权利外，学校及其他教育机构还享有现行法律，行政法规以及地方性法规赋予的其他权利，同时还包括将来制定的法律，法规确定的有关权利。法律的这项规定有利于学校及其他教育机构办学自主权的进一步完善和学校及其他教育机构合法权益的神圣不可侵犯。

第三节　学校的义务

根据《教育法》第29条规定，学校应当履行下列义务。

一、守法义务

这是法律要求一般法人必须履行的基本义务。学校作为培养人的事业单位当然也不能例外，遵守法律、法规是指遵守宪法，国家权力机关制定的法律、国务院制定的行政法规、地方性法规和规章，特别是教育法律、法规和规章中为学校及其他教育机构确立与实施的教育教学活动，实现办学宗旨有密切联系的特别意义上的义务。遵守国家法律和法规是一切国家、社会团体、企事业单位和个人的法律义务。在中华人民共和国境内成立的学校及其他教育机构必须遵守中国境内的法律和法规。

二、贯彻教育方针义务

教育是为社会主义现代化建设服务的，能否为社会主义事业培养合格人才，关系到我国教育事业的成败。只有贯彻国家教育方针，执行国家教育教学标准，才能保证教育的质量。教育方针是一个国家教育工作发展的总方向，是教育基本政策的总概括。关于教育方针，党和国家领导人曾经有过很多表述。《中华人民共和国教育法》中提出的教育方针是在反复论证的基础上综合了《中国教育改革和发展纲要》和党的十四届四中全会的《决定》，并参考了《义务教育法》《未成年人保护法》中有关规定形成的，这是我国第一次通过立法的形式，将教育方针法律化，这一规定是比较科学和完善的。现在的教育方针的内容包括了教育的性质、目的和实现教育目的的途径。我国教育事业的性质是为社会主义现代化建设服务，是为社会主义事业培养建设者和接班人。我国教育事业的目的是培养品德、智力、体质等方面全面发展的社会主义事业建设者和接班人。实现教育目的的途径是教育必须和生产劳动相结合。国家教育教学标准，是指国家对各级各类教育的教育内容、教育教学质量及办学条件等规定的必须达到的一般标准。它是国家评估和指导教育活动的基本依据，是一个国家教育水平的集中反映。它由国家组织编订或者经国家审定批准，由各级各类教育机构具体实施。确立这项义务，有利于保证教育的社会主义方向，促使学校努力培养社会主义现代化建设需要的德、智、体、美全面发展的各类人才，克服和纠正“片面追求升学率”等不良倾向。

三、维护合法权益义务

学校及其他教育机构是开展教育教学活动的组织，对内行使行政管理权，对外处理和协调本单位同社会的各种关系。在对内关系上，应当尊重受教育者，教师及其他职工的合法权益，如减轻学生的学习负担，禁止乱收费，乱摊派，公正评价学生的成绩和品行，依法发给学业证书、学位证书等。对外作为一级组织在全社会维护受教育者、教师和其他职工的合法权益，如在社会上宣传教师所作出的贡献，提高教师地位；为教师争取更大范围的生活和工作条件的改善，提高其工资和福利待遇等。规定这项义务，一方面要求学校及其他教育机构自身不得侵犯受教育者、教师及其他职工的合法权益，如不得克扣、拖欠教师工资，不得拒绝合乎入学标准的受教育者入学等；另一方面其他社会组织和个人侵犯了在校受教育者、教师及其他职工的合法权益时，学校自觉履行这一义务，不仅有助于保护受教育者、教师及其他职工的合法权益，而且有助于形成一种学校爱护教师和学生，学生和教师关心、爱护学校的良好教育教学关系，保持学校的正常学习、工作和生活秩序乃至稳定社会秩序。

四、告知义务

以适当方式为受教育者及其监护人了解受教育者的学业成绩及其他有关情况提供便利。学校及其他教育机构有责任建立适当的渠道使受教育者及其监护人了解受教育者的学业成绩及其他情况。学校可通过设立家长接待日、家长会议，组织教师家庭访问，找学生个别谈心或邮寄通知等合法、正当的方式，提供便利条件，使受教育者及其监护人能够了解学生学业成绩、对学生在学校的评价等情况。保障家长（或监护人）、学生本人的知情权。应当防止采取可能对受教育者自尊心造成损害的方式，如张榜公布成绩，排列名次，公布学生档案等不适当的方式，这些方式可能对受教育者或者监护人造成极大的心理压力，不符合教育规律。在提供便利条件，保障知情权的同时，注意不得侵犯受教育者的隐私权、名誉权等合法权益。

五、按规定收费义务

乱收费问题是当前社会反映的较大问题之一，有的中小学擅自增加收费项目，随意提高收费标准；有的学校未经批准，自设收费项目；一些学校未经批准代保险、报刊书籍发行部门办理业务收取费用。社会上一些单位向学校乱摊派，学校无力承受，则把这些费用转嫁给学生。乱收费同教育事业的性质和任务极不相称是部门和行业的不正之风的表现。法律规定学校及其他教育机构按照国家有关规定收取费用，并公开费用项目是十分必要的。学校及其他教育机构必须严格执行国家有关规定，各类收费项目和标准必须按规定及时报批，及时公布，自觉接受社会和群众的监督。根据我国现行关于学校收费的法规、政策文件的基本精神，国家举办的实施义务教育的公立学校，不得收取学费、杂费。非义务教育的学校可以适当收取学费。

六、接受监督义务

学校及其他教育机构应当依法接受国家行政机关的监督。除接受教育行政部门对其教育教学活动的监督之外，还要接受财政、审计、税务、物价、卫生和体育等部门的依法监督。对国家行政机关的监督，学校及其他教育机构应当积极配合，不得拒绝，更不得妨碍检查、监督工作的正常进行。学校及其他教育机构自觉履行基本义务，对规范自身行为，组织好实施教育教学活动，提高教育质量，实现办学宗旨具有十分重要的意义。如果不履行法律、法规规定的各项义务，要承担相应的法律责任。

第四节　学校的教育法律责任

一、学校的教育法律责任概述

（一）学校法律责任含义和种类

1. 学校教育法律责任含义

学校教育法律责任是指学校因实施了违反教育法的行为，依照有关法律、法规的规定应当承担的否定性法律后果。所谓否定性的法律后果法学上又称“第二性义务”，即加于违法的法律关系主体的直接强制性义务，包括受制裁、强制和给予补救。这是国家运用法律制裁的方式对规避教育法定义务、超越教育法定权利界限或滥用权利的违法行为所做的法律上的否定性评价和谴责，是国家强制矫正违法者的违法行为，从而补救被侵害者合法权益，恢复被破坏的教育法律关系和教育法律秩序的手段，是“违法必究”原则的具体体现。

2. 学校教育法律责任的种类

学校实施违法行为是其承担法律责任的前提，但并不是各种违法行为都承担相同的法律后果。教育法根据学校及其他教育机构法律地位和违法行为的性质，规定了承担教育法律责任的主要方式：（1）违反教育法的行政法律责任。行政法律责任是指行政法律关系主体由于违反行政法律规范，构成行政违法而应当承担的否定性法律后果。根据《教育法》、《义务教育法》及其实施细则等法律法规的规定，违反教育法的行政法律责任的承担方式主要是行政处罚和行政处分；（2）违反教育法的民事法律责任。民事法律责任是指行为人由于民事违法行为而应承担的法律后果。学校违反教育法律、法规，破坏平等主体之间正常的财产关系或人身关系，依照法律规定应承担的民事法律责任，是一种以财产为主要内容的责任。我国《教育法》《义务教育法》及其实施细则规定对违法行为承担民事责任。《民法通则》对承担民事法律责任的 15 种主要方式作了规定。（3）违反教育法的刑事法律责任。刑事法律责任是指行为人实施刑事法律禁止的行为所必须承担的法律后果。教育法的刑事法律责任是指行为人实施的违反教育法的行为，同时触犯了刑法，达到犯罪的程度时，所必须承担的法律后果。《教育法》《义务教育法》及其实施细则对某些违法行为追究刑事责任做了规定。追究刑事法律责任往往表现为给予行为人以刑事制裁，即人民法院依法对犯罪人运用的刑罚。

对于某一违反教育法律、法规的行为，追究法律责任的方式并不限于一种，可以在追究行政法律责任的同时，追究民事法律责任或者刑事法律责任，甚至三种形式可以并处。此外，如果当事人违反经济合同的法律责任，则还应承担经济法律责任。

（二）学校承担教育法律责任的归责方式

学校承担的教育法律责任的形式主要有：通报批评、整顿（含领导班子的整顿），勒令停办、停招、取缔，取消学校发放毕业证书和其他学业证书资格，宣布考试无效或取消举办考试资格，没收违法所得等。对国家设立的普通全日制学校，一般不采取罚款或取缔的处罚形式，因为对这类学校的处罚不能影响其完成国家教育任务及义务教育制度的实施，也不能由于学校或者几个人的过错而做的处罚，影响学生受教育的权利。

学校校长承担的法律责任形式，可依违法的性质和程度给予相应的行政、民事乃至刑事处罚。其承担形式有：撤销行政职务行政处分、罚款、刑事制裁等。《教育法》第 77 条规定，“在招收学生工作中徇私舞弊的，由教育行政部门责令退回招收的人员；对直接负责的主管人员和其他直接责任人员，依法给予行政处分”，这是行政法律责任。同法第 81 条规定“对侵犯教师、学生合法权益，造成损失的，应依法承担民事法律责任。”同法第 73 条规定“明知校舍或者教育教学设施有危险，而不采取措施造成人员伤亡或重大财产损失的，对直接负责的主管人员或其他直接责任人员，依法追究刑事责任”。这是对包括校长在内的有关人员给予刑事制裁性法律责任。

二、学校教育法律责任的认定

教育法律责任的认定，就是认定哪些是违反教育法的行为和由谁来追究这些违法的法律责任。在我国，违法者的刑事责任和民事责任的认定权属于人民法院，行政责任认定依其性质和内容分属于公安、工商、税务、教育等有特定职权的国家行政机关，违宪责任的认定权属于全国人民代表大会及常委会。

（一）《中华人民共和国教育法》关于学校法律责任的认定

1. 违反国家财政制度、财务制度，挪用、克扣教育经费的法律责任

此类违法行为在客观构成要件上，主要表现为利用管理、经手或其他职务上的便利，挪用教育经费归个人或集体进行其他活动或非法活动等，克扣教育经费私分或归个人所有等。其中，利用职务上的便利，侵占、克扣教育经费私分或为个人非法占有的，是贪污行为；违反有关规定，将教育经费挪作他用，无论是公用还是私用，都属于挪用行为。挪用教育经费数额较大不退还的，是贪污罪。

学校的负责人以及其他经手、管理教育经费的人员，具有上述行为，则根据具体情节，分别作如下处理：（1）由上级机关责令限期归还被挪用、克扣的教

育经费；（2）对直接负责的主管人员和其他直接责任人员，由有关部门和单位依法给予行政处分；（3）构成犯罪的根据《刑法》和全国人大常委会《关于惩治贪污罪贿赂罪的补充规定》，对行为人追究刑事责任。

2. 使用危险教育设施造成人员伤亡或死亡重大财产损失的法律责任

使用危险房屋进行教育教学活动，既违反了《教育法》也违反了《未成年人保护法》。《学生伤害事故处理办法》中规定：明知校舍或者教育教学设施有危险，而不采取措施，造成人员伤亡或重大财产损失的，属于犯罪行为，按玩忽职守罪论处。犯罪的主观方面，是明知有危险，却放任或者轻信能够避免危险后果发生。犯罪的客观方面，是责任主体的行为，一般表现为不负责任，不履行或不正确履行职责，即不采取任何措施，听之任之，漠不关心，或者认为可以侥幸避免危险。

学校的负责人或其他责任人明知校舍或者教育设施有危险，而不采取措施，造成人员伤亡或者重大财产损失，由人民法院对其追究刑事责任。司法实践中，造成人员伤亡或者重大财产损失，一般是指：死亡一人以上或者重伤三人以上的；直接经济损失 5 万元以上的情形。

3. 违反国家规定举办学校的法律责任

非法举办学校行为主要有：（1）不经批准或登记注册擅自举办教育机构，并且经教育主管部门责令限期改正而逾期不予改正的；（2）不符合国家规定的设置标准，弄虚作假，骗取主管机关批准或登记注册的；（3）实施了以营利为目的的办学行为。

属上述行为的：（1）由教育行政部门对非法举办的学校予以撤销。（2）由教育行政部门或政府授权的其他行政机关对有违法所得的没收违法所得。（3）由主管部门追究直接负责的主管人员和其他直接责任人员的行政责任、依法给予行政处分。

4. 非法举办国家教育考试的法律责任

非法举办国家教育考试，指未经国家教育考试管理机构的批准或授权，擅自举办各种国家教育考试，或设立国家教育考试考点，或与境外组织合作举办属于国家教育考试范围的考试项目，或虽经批准有承办资格，但在考试的种类设置与内容上与国家有关规定不符。

对上述行为，将根据具体情况，承担下列责任：（1）由教育行政部门宣布考试无效；（2）对有违法所得的，教育行政部门没收其违法所得；（3）对直接负责的主管人员和直接责任人员，教育行政部门或其主管部门依法给予行政处分。

5. 违法颁发学业、学位证书的法律责任

违法颁发学位证书、学历证书或其他学业证书的主要情形有：（1）不具有颁发学业证书和学位证书资格而发放学业证书、学位证书；（2）在颁发学业证书、学位证书中弄虚作假、徇私舞弊；（3）伪造、编造、买卖学业证书、学位证书；（4）对不符合规定条件的受教育者和其他人员颁发学业证书、学位证书；（5）滥发学业证书、学位证书从中牟利。

上述行为，应根据具体情节给予以下处理：（1）由教育行政部门宣布证书无效，责令收回或者予以没收。教育行政部门对违反规定颁发的学业证书，可采取下达通知、公告等方式不予承认其效力，责令违法颁发证书的机构收回已颁发的证书或者由教育行政部门直接予以没收；（2）对学校及其他教育机构等，在违法颁发证书过程中有违法所得，由教育行政部门或授权的其他国家机关没收违法所得；（3）对情节严重的，由教育行政部门取消其颁发学业证书的资格。

6. 学校违法向学生收费的法律责任

学校及其他教育机构违反国家有关规定的收费范围、收费项目、收费标准以及有关收费事宜的审批、核准、备案以及收费的减免等方面的规定，自立收费项目或超过收费标准，非法或不合理向受教育者收取费用。这种行为不仅给受教育者财产权益带来损害，有时也给其受教育权益带来损害，是《教育法》明令禁止的行为。

上述行为应承担的责任是由主管的教育行政部门责令其退还所收费用，并对直接负责的主管人员和其他直接责任人员，依法追究行政法律责任，给予行政处分。

7. 招生工作中徇私舞弊的法律责任

主管、直接从事和参与学校及其他教育机构统一招生工作人员，违反招生管理的有关规定和要求，利用职权或工作之便，为达到使考生或其他人员被学校及其他教育机构招收录取等个人目的，故意采取隐瞒、虚构、篡改、毁灭、泄露、提示、协助考生作弊等手段，在招生考试、考核、体检、保送生推荐等各个环节上实施歪曲事实、掩盖真相、以假乱真等枉法渎职行为，使不应该招收录取的考生及其他人员被招收录取，或使符合招收录取条件的考生及其他人员未被招收录取的均属徇私舞弊。

上述行为应承担的责任是根据其情节及后果轻重，决定适用行政制裁或刑事制裁，分别给予以下处理：（1）由教育行政部门责令退回招收人员；（2）由教育行政部门或主管部门对直接负责的主管人员和其他直接责任人员，依法给予行政处分；（3）由人民法院对构成犯罪的依法追究刑事责任。

8. 在国家教育考试中作弊的法律责任

学校及其他教育机构在考试活动中欺骗、蒙混行为，或者指使、纵容、授意放松考试纪律，致使考试纪律混乱的行为。

上述行为应承担的责任是：（1）由教育行政部门宣布考试无效；（2）由教育行政部门或主管部门对直接负责的主管人员和其他直接责任人员，依法给予行政处分。

（二）《中华人民共和国义务教育法》关于学校法律责任的认定

1. 因工作失职未能实现义务教育实施规划目标，或未能如期达到规定办学条件要求的法律责任

实施义务教育是中小学校的法定职责，因工作失职而影响义务教育规划的如期完成或未达到办学条件标准的，是违反《义务教育法》的行为。

上述违法行为，往往是同违反《义务教育法》的其他行为交织、结合在一起的，如截留、挪用义务教育经费，既违反了《义务教育法》的规定，同时又妨碍了义务教育规划的如期完成和未达到办学条件的要求。据此，由地方人民政府或者有关部门按照管理权限对有关责任人员给予相应的行政处分。

2. 接受义务教育的适龄儿童、少年就学方面存在违法行为的法律责任

在这一方面的违法行为主要包括：（1）拒绝接收具有接受普通教育能力的残疾适龄儿童、少年随班就读；（2）分设重点班和非重点班；（3）违反《义务教育法》规定开除学生；（4）选用未经审定的教科书；（5）实施特殊教育的学校，不对视力残疾、听力语言残疾和智力残疾的适龄儿童、少年实施义务教育。

对上述行为由县级人民政府教育行政部门责令限期改正；情节严重的，对直接负责的主管人员和其他直接责任人员依法给予处分。

3. 学校乱收费的法律责任

对此类违法行为的认定有两方面，一是学校违反国家规定收取费用；二是学校以向学生推销或者变相推销商品、服务等方式谋取利益。

对于上述行为的处理：前者由县级人民政府教育行政部门责令退还所收费用；对直接负责的主管人员和其他直接责任人员依法给予处分。后者由县级人民政府教育行政部门给予通报批评；有违法所得的，没收违法所得；对直接负责的主管人员和其他直接责任人员依法给予处分。

4. 使用未经依法审定的教科书造成不良影响的法律责任

义务教育教科书要经国务院教育主管部门审定或授权省级教育主管部门审定，国家机关工作人员和教科书审查人员不得参与或者变相参与教科书编写。使用未经依法审定教科书造成不良影响，是指替代或妨碍审定教科书的使用，降低了教育质量，贻害青少年身心健康等。

出现上述情况，由县级以上人民政府或者其教育行政部门根据职责权限责令限期改正，依法给予行政处分；有违法所得的，没收违法所得。

5. 其他妨碍义务教育实施行为的法律责任

《义务教育法》实施细则明确规定，对其他妨碍义务教育的行为，由地方人民政府或者有关部门依照管理权限对有关责任人员予以行政处分。其所指的“行为”，包括法律、法规中虽没有具体规定，但在实践中可能出现的妨碍义务教育的行为。对这类违法行为认定，要查明违法行为是否造成了妨碍义务教育实施的事实或后果。要根据违法行为的具体情节和造成危害后果给予相应的行政处分、行政处罚和其他法律制裁。

侵占、克扣、挪用义务教育款项的；玩忽职守致使校舍倒塌，造成师生伤亡事故的；侵占或者破坏学校校舍、场地和设备的等违法行为，既违反了《义务教育法》，同时违反了《教育法》，其行为分析和处理意见在《教育法》法律责任的认定中已介绍。

（三）《中华人民共和国教师法》关于学校法律责任的认定

1. 打击报复教师的法律责任

对依法提出申诉、控告、检举的教师打击报复，是指行为人故意滥用自己的职权对申诉人、控告人、检举人实施报复陷害，致使他人的合法权益蒙受损害的违法行为。对打击报复教师的，由所在单位或上级机关责令其改正；情节严重的，由所在单位或上级机关根据具体情况给予行政处分，对国家工作人员打击报复教师所构成犯罪的，依照刑法规定，以报复陷害罪，处二年以下有期徒刑或者拘役；情节严重的，处二年以上七年以下有期徒刑。

2. 拖欠教师工资的法律责任

未按时、足额地支付教师的工资报酬，包括基础工资、岗位职务工资、奖金、津贴和其他各种政府补贴等，属“拖欠教师工资”的行为。

拖欠教师工资，是侵害教师合法权益的违法行为。不仅侵害了教师获得劳动报酬的基本权利，危及教师及其家庭的生计，还严重影响教师队伍的稳定和教育教学工作的正常进行，损害了党和政府的威信。违反本法规定的，由地方人民政府责令其限期改正；当地政府拖欠的，由上一级人民政府责令其限期改正。

3. 侮辱、殴打教师的法律责任

侮辱教师，指公然贬低教师的人格，破坏教师的名誉。包括行为侮辱、言词侮辱、图文侮辱等。侮辱、殴打教师是侵犯人身权利的违法行为。

侮辱、殴打教师的行为，也是《义务教育法》及其实施细则规定给予制裁的违法行为。对侮辱、殴打教师的，应根据不同情况，依法追究其相应的法律责任。

第五节　学校与相关部门的法律关系

学校与政府及教育行政机关，长期以来一直表现为行政管理关系。这不仅是基于教育体现公共利益，是为社会公益服务的，是国家和地方公共团体的事业，是国家行政的一部分，更深层的是与其经济、社会的发展相适应，即是与当时的教育关系和教育法律内容、范围的发展状况紧密相连的。20 世纪 50 年代以前，各国多由国家对教育进行管理和控制，学校与政府及教育主管部门之间实际上是一种领导与被领导的教育行政关系。这种关系至今仍占学校与教育行政机关关系的主要方面。但自 20 世纪 50 年代以后，随着生产力发展的要求各国对科技、教育的重视达到前所未有的程度，教育关系的内容和范围不断拓展，新的教育关系不断产生，表现在学校与政府及其教育行政部门之间的关系上，就不仅仅是单一的教育行政关系，它还包括着教育民事、教育经济等错综复杂的关系。下面着重分析有关的行政法律关系和民事法律关系。

一、行政法律关系

行政法律关系是教育法律法规中规定最多的教育法律关系，也是学校与教育行政关系的主要方面。这类关系的特征如下。

1. 限定当事人

学校与教育行政机关或政府之间存在着行政上的隶属关系，并且至少一方主体是国家行政机关或其授权单位，这是行政法律关系最本质的特征，其他法律关系都不存在限定当事人的问题。例如，在学校注册登记管理关系中，如果没有教育行政机关作为一方当事人，就不可能与申请登记的学校发生行政法律关系。在行政裁决和复议关系中，教育行政机关必须作为一方当事人才能与不服行政裁决的行政管理人（如学校）发生行政法律关系。在行政诉讼中，教育行政机关必须以被告者身份才能与原告（如学校）和法院发生行政诉讼法律关系等。

2. 法律地位不对等

在行政法律关系中学校与教育行政机关的法律地位是不对等的，而且在不同种类的法律关系中，其不对等的状态，也是不相同的，在行政实体法律关系中，作为行政法律关系一方当事人的教育行政机关，代表国家并以国家名义行使行政管理权，处在领导者和管理者的地位，他们发布的行政命令、决定和采取的各种行政措施等行政行为，对学校与政府关系的发生、变更、终止、强弱起着决定作用。尽管教育行政机关在实施某种管理行为时可以依法征询学校的意见，但学校同意与否并不影响教育行政机关实施行政行为，而且在学校因不同意见的行政行为而拒绝执行时，教育行政机关还可以采取措施强制执行。在行政程序法律关系和行政诉讼法律关系中，双方的地位则发生了倒错，学校享有更多的权利，而且行政机关则承担更多的义务，如学校对行政机关的行政裁决不同意时，可以向上级行政机关主管部门或同级人民政府提起行政复议或直接向人民法院提起行政诉讼，行政机关则负有对作出的具体行政行为进行举证的义务等。当然，将行政实体法律关系和行政程序法律关系作为一个整体来看，行政法律关系主体的权利义务还是对等的。

3. 行使行政职权

行政法律关系必须在教育行政机关行使行政职权过程中才能发生。在有些法律关系中，即使行政机关是其中一方当事人，但它并非行使行政职权，而是参与一般的民事活动，如与学校签订某项科研合同或人才培养合同等，这种法律关系不是行政法律关系，而是属于民事法律关系。

4. 权利义务法定

行政法律关系中的学校与政府的权利义务都是由教育法律法规预先规定的，双方当事人没有自由选择的余地。例如，在学校设置暂行规定中，学校设置应具备的规模、教师资格、专业、学生人数、校舍面积、图书资料等都是由法律事先规定好的，学校不能自由变动或选择，对规模、专业等也不能同教育行政机关讨价还价或协商变动。教育民事法律关系则不同，学校与政府的权利义务均无法律的限定性，他们可以在法律规定的范围内自由选择相对方，并可以自行商定双方的权利和义务。

二、民事法律关系

虽然学校与政府之间常常表现为教育行政法律关系，但随着我国社会主义市场经济体制的逐步建立与完善，教育领域的社会关系与管理范畴发生了重大变化。学校与教育行政机关，正在由单纯的隶属关系，转变为自主权与行政权相互制约的关系。教育关系的不断复杂化，使得学校与政府及教育行政机关间的教育民事法律关系也不断涌现，并在有关的教育法律法规中有所规定。民事法律关系的特征是双方当事人地位平等，它基于当事人的自愿而发生，并在一定程度上体现等价有偿。我们知道，学校与教育行政机关并非平等主体，但在某些情况下或某一具体教育项目上，形成特定的教育民事法律关系。例如，代表国家行使管理职能的教育行政机关与高等学校之间，在人才培养合同、智力成果转让、毕业生有偿分配等教育合同中，形成教育民事法律关系。在上述这些具体管理中，教育行政机关采取与学校签订委托合同的方式来完成，这样，在学校与教育行政机关之间就形成一种教育合同关系。在这种合同关系中，教育行政机关与学校的权利义务是平等的，教育行政机关应根据合同规定履行义务。类似于民事特征的教育法律关系还有诸如：学校土地、财产、人身及学校创收中所涉及的权益等。

由此可见，学校与教育行政机关的关系未必都是行政法律关系，教育行政机关也可以民事主体的身份出现，究竟是行政主体还是民事主体，要具体情况具体分析。有时教育行政机关兼有行政主体和民事主体的双重身份，例如 1988 年《国家教育委员会直属高等学校科学技术研究机构管理暂行办法》中规定，高校可以与产业部门、地方政府在自愿互利、共同发展的原则下合办研究机构，合办的研究机构必须对合办机构的目的、研究领域、近期任务和中长期目标、条件保障、期限、纠纷仲裁等进行充分协商，签订协议（合同），经公证机关公证，或报有关部门审批，合同双方都应严格履行合同规定，经费由对口部门提供，合办投资的产权归属应充分协商，并在合同中明确；合办机构到期，任务已经完成，任何一方未提出继续合办的建议时，即予以撤销等。在这里，教育行政部门有审批研究机构设置的权限，有对总体规划进行检查、评估等客观指导的权利；研究机构也有贯彻执行上级主管部门下达任务的义务，这对于双方是一种领导与被领导的关系。同时，上级主管部门在与学校研究机构订立的有偿合同中，双方又是按照民事法律关系的平等、有偿、协商的原则行使，双方处于权利义务关系对等的民事主体地位，且这种合同关系受我国有关法律法规的保护，否则，就失去有偿合同制的意义。因此，学校与教育行政机关双方又是一种民事法律关系。

综上，学校与教育行政机关的关系无论表现为教育行政关系还是表现为教育民事、教育经济关系，其本质都是围绕着发展教育事业，提高全民素质，促进社会主义物质文明和精神文明建设这个目标而进行的。因而，现代学校与政府及教育行政机关的关系，是既有领导与被领导，也有相互制约，即学校通过申诉、复议或诉讼渠道对政府监督，形成的是政府进行法律监督和业务监督，学校自主管理内部事务，尊重学校的办学自主权与加强引导和管理相结合的关系。

第三章 ‖ 建设现代学校制度的基本内容

第一节　学校章程制定

一、学校章程的内容

学校章程是指为保证学校正常运行，主要就办学宗旨、主要任务、内部管理体制及人事、财务活动等重大的、基本的问题，做出全面规范而形成的自律性基本文件。俗称“校内宪法”。制定学校章程，是教育法的要求，也是民法和其他相关法律法规的要求，更是建立现代学校制度的需要。但目前，我国尚无法律对学校章程的一般内容作出规定，参照《高等教育法》对高等学校章程的规定，以及借鉴国外的经验，一般来讲，学校章程应规定如下内容。

（一）学校名称、校址

学校的名称要真实、准确，要反映学校的教育层次。学校的地址要具体、明确，要标明学校所在的行政区域及具体地点。

（二）办学宗旨

办学宗旨是学校办学目的、所实施教育的性质和培养目标的体现。学校的办学宗旨既要符合法律的规定如贯彻国家的教育方针，不以营利为目的等，又要反映学校自身的特点。为体现学校的办学宗旨，学校章程一般应对学校的办学目的、培养目标、学校教育的基本原则、学校的发展规划等作出规定。

（三）办学规模

学校章程应载明学校的编制数，现有教职工人数，班级、年级数，学生人数及正常的变动幅度，学校的预期规模等。

（四）主要任务

学校的主要任务是从事教育教学工作。因此，学校章程应对学校教育教学工作的主要内容、实施方式、基本要求等作出规定。围绕教育教学工作的开展及培养目标的实现，学校还要开展科研工作，总务后勤工作，卫生保健及安全工作，以及与家庭、社区建立广泛联系等，学校章程应对此作出规定。

（五）内部管理体制

学校内部管理体制是对学校内部设立的主要管理机构及其职能的总称。我国学校目前实行的内部管理体制有“校长负责制”“党委领导下的校长负责制”及“校董会领导下的校长负责制”等。学校章程要根据不同情况，对学校的内部管理体制作出明确规定。要具体规定校长的职责、权限及履行职责、权限的方式，党的基层组织在学校中的职责、权限及开展工作的方式，学校重大事项的决策程序和方式，教职工和学生参与学校民主管理监督的形式与途径。学校主要机构的设置及其职能分工，副校长及主要机构负责人等人员的职责权限等。实行“校董会领导下的校长负责制”的学校，其章程还要对校董会的职责、权限、议事规则等作出明确规定。

（六）教师、其他教育工作者和学生

学校章程要对教师和其他教育工作者的来源、聘任或者解聘、晋升、奖励或者处分等作出规定。要根据法律的规定明确和落实教职工在学校中的权利和义务。为体现以人为本的思想，不断提高办学质量和效益，学校章程还应载明学校加强教职工队伍建设的基本意见、目标和步骤等。学生是学校培养的对象，是学校的载体，学校章程应对学生入学及学籍管理、日常管理等作出规定，要在学校明确和落实法律规定的学生的权利和义务。

（七）经费来源、财产和财务制度

学校稳定的经费来源，是其设立及取得法人资格的基本条件。学校章程应明确学校日常办学经费的来源。根据我国现行教育经费投入体制，国家设立的学校以国家财政性教育经费为主，其他渠道筹措教育经费为辅。社会力量举办的学校的日常经费来源，一般主要靠收取学杂费和社会资助解决。学校章程在规定学校日常办学经费来源的同时，要对经费的使用和管理作出规定。章程中应载明学校经费的开支范围和审批支付程序，教职工福利待遇基本标准和分配原则，学校经费的管理机构、管理原则和主要人员的职责，以及校内财务检查、监督体制等。

（八）章程的修改程序

学校章程是学校全局性、纲领性的文件，是学校的“基本法”，是学校教职工及学校主管部门意志的体现，它对教职工及学校的发展有重大影响。学校章程

的这种性质和地位决定了其具有较大的稳定性，不能朝令夕改，因领导人的变更而随时变更。为维护这种稳定性，在学校章程中应对它的修改程序作出规范。

另外，在学校章程中，学校可根据自己的实际，规定一些有较强个性的内容，如学校的校训、校徽、校歌、成立纪念日等。

二、制定与修改学校章程的注意事项

制定与修改学校章程一般要把握以下几方面。

（一）依据合法

以《宪法》和《教育法》及其他法律法规确立的基本原则为依据，以邓小平建设有中国特色的社会主义理论中的民主法制思想为指导，以校情为基本出发点，以坚持社会主义办学方向，保证培养目标的实现，争取育人和社会最大效益为落脚点，真正用以凝聚人心，理顺学校纵横关系，协调运作，实现依法治校，从而避免以人治校和学校工作的盲目性。

（二）程序合法

制定学校章程，学校应设立学校章程起草小组，指定执笔人，初稿形成后要经学校校长、党支部、各处室、各民主党派充分讨论，发表意见，再由小组集中反复修改。最后由学校教代会讨论通过，经教育行政机关审核批准后才能公布实施。根据时代要求和情况变化，确有修改必要时，必须经法定程序才能修改。修改时只能修改个别条款，不能全盘否定，因为章程是充分反映学校历史沿革及优良传统的记录。

（三）结构合理

分为章、条、款、项、目：第一章，第二章等，章相隔而条不断，开头第一自然段就是第一条：每一内容为一条，同一条中并列关系的有几个自然段就是几款，款中又列（一）、（二）、（三）……的分别叫几项。项中再分出（1）、（2）、（3）……的每一个序号称为一目，一般学校的章程只写到项就足够了。

（四）语言准确

要简洁明了，准确无误，不得有任何歧义，必须言简意赅。一般不要求说理性叙述和论证，一定是不容置疑的语言，较多用“要”“应当”“必须”“实行”

“坚持”等。

（五）于法有据

每一规范性条款必须于法有据或符合上级明确规定，决不能与法相悖。权利与义务的设定要对等。特别是奖励与处分条款要有法律依据或符合上级的有关规定。

（六）体现原则

学校章程应体现原则性，又要有可操作性，但章程不是各项制度的集合。各项制度应做为配套内容附在章程之后，是保证章程得以贯彻的具体措施。

（七）体现特色

必须充分体现学校特色，可参考外校的，但不能照搬照抄。一所学校的章程拿到另一所学校不能完全成立。当然可有共同之处，但决不可能完全雷同。

总之，制定学校章程的过程，就是学校建立现代学校制度、推进依法治校的开端。有了章程，重在实施。要在实施中得到检验和进一步完善，确保章程的合法性、全面性，增强其可操作性。

第二节　现代学校的民主决策机制

完善学校民主管理运行机制是现代学校制度建设的重要组成部分，是推进学校民主建设和学校政治文明建设的重要保障。《2003－2007 教育正振兴动计划》提出“深化学校内部管理体制改革，探索建立现代学校制度”，要求加强现代学校制度建设，逐步形成“自主管理，自主发展，自我约束，社会监督”的机制。这一要求与发展学校民主政治，推进学校政治文明建设的要求是相辅相成的。按照党的十八大报告的要求，进一步健全决策机制和程序，发挥思想库作用，加强决策的论证、听证，不断提高科学决策、民主决策、依法决策水平，特别是要建立健全决策问责和纠错机制，凡是涉及群众切身利益的决策都要充分听取群众意见，凡是损害群众利益的做法都要坚决防止和纠正。由此可见，民主已经成为现代学校制度建立健全决策机制的重要指导原则。建立民主的教育决策机制关系到教育事业本身的决策成败，还会对一个国家的政治和经济发展，甚至对下一代的培养产生重大影响。因此说它是一项涉及全局性的，并且与国家和人民的盛衰安危密切相关的大事。

一、“民主”“决策”和“决策机制”

（一）民主

“民主”一词源于希腊字“demos”，意为人民。其定义为：在一定的阶级范围内，按照平等和少数服从多数原则来共同管理国家事务的国家制度。在民主体制下，人民拥有超越立法者和政府的最高主权。尽管世界各民主政体间存在细微差异，但民主政府有着区别于其他政府形式的特定原则和运作方式。民主是由全体公民——直接或通过他们自由选出的代表——行使权力和公民责任的政府。民主是保护人类自由的一系列原则和行为方式。

（二）决策

时至今日，对决策概念的界定不下上百种，决策的复杂性决定了不可能有统一的看法，诸多界定归纳起来，基本有以下三种理解：一是把决策看作是一个包括提出问题、确立目标、设计和选择方案的过程。这是广义的理解。二是把决策看作是从几种备选的行动方案中作出最终抉择，是决策者的拍板定案。这是狭义的理解。三是认为决策是对不确定条件下发生的偶发事件所做的处理决定。这类事件既无先例，又没有可遵循的规律，做出选择要冒一定的风险。也就是说，只有冒一定的风险的选择才是决策。这是对决策概念最狭义的理解。要科学地理解决策概念，有必要考察决策专家西蒙在决策理论中对决策内涵的看法。决策是指组织或个人为了实现某种目标而对未来一定时期内有关活动的方向、内容及方式的选择或调整过程。主体可以是组织也可以是个人。

（三）决策机制

“机制”一词最早源于希腊文，原指机器的构造和动作原理。后广泛用以表示有机体内发生生理或病理变化时，各器官之间相互联系、作用和调节的方式。作为社会学名词，机制主要指社会组织的结构及其运行机理。而决策机制主要指管理系统中决策形成过程中的各种结构关系等。其具体内容涉及：（1）权力结构。明确决策过程中的权力关系。其内容有两个方面：明确决策主体。决策过程所涉及的利益关系极其复杂，为增加决策的有效性，必须明确规定各种决策由谁为主体。权力均衡或称权力分散化，有助于保证决策的民主性。权力过分集中则不利于广大职工积极性、创造性的发挥；（2）责权利关系。决策者的行为由利益推动，由责任约束，由权力保证。为了保证决策行为合理化，要建立起与权力结构相适应的利益结构，正确处理责权利关系；（3）组织保证体系。决策主体要行使其职能，除了要有权力保证以外，还要依托组织保证，如智囊团、决策中心、信息系统等保证，为决策者出谋划策，作好方案评估、方案论证和决策宣传，提供及时、准确、适用的信息支援等。

综上所述，我们可以看到，现代学校的民主决策机制主要指学校所做的重大决策必须以民主作为基本的价值取向，保障学校师生及利益相关者全面参与决策过程，充分听取大众的意见，最终实现大众的根本利益目标。

二、现代学校实施民主决策的意义

（一）民主决策有助于形成科学的教育决策

西蒙认为，绝对理性原则下的决策及其最优化的要求，必须有三个前提：一是一个决策者要对可提供选择的方案及其未来后果无所不知；二是决策者要有无限的估计和预测能力；三是决策者要有无限的估算和预测能力。这些都体现出科学决策的复杂性，我们只能尽可能地追求合理的、最令人满意的决策。同样，要形成科学的教育决策，必须要能够对所面对的具体教育问题有全面清晰的了解，包括对教育问题的性质、特点、成因和发展规律及其多种发展可能性的认识；要尽可能多的掌握关于有待解决的教育问题的信息；要从多角度多层次提出众多的解决教育问题的方案；要做到从教育问题的本身和教育问题所处环境的实际出发。要尽量满足科学决策的条件，必须实施民主的决策程序，最大范围地吸收教育参与者的集体智慧、经验和信息，集思广益，广泛交流，以保证教育科学决策的有效实施，提高教育决策的水平和质量。

（二）民主决策有助于促进学校管理的法制化

民主与法制是对立统一的。一方面，发展民主必须健全法制，使民主法制化，法律化；法制必须以民主为基础；另一方面，民主与法制是相互制约的关系。民主和法制都不是绝对意义上的概念。法制不等于绝对的法律化；民主也不是完全的自由化。因此，必须坚持民主与法制的统一，做到：一是在法律面前人人平等，任何人都没有特权。二是加强法制，使民主制度化、法律化、为市场主体提供行为准则。三是坚持“有法可依，有法必依，执法必严，违法必究”的法则基本方针，人人享受公正的法律保护。四是坚持“一手抓民主建设，一手抓法制建设”，只有把社会主义民主和社会主义法制有机的结合起来，才能建设有中国特色的社会主义法制社会。在具体的教育领域，提到教育民主决策也必须以一定的制度和规范作为基础保证，用制度对教育民主决策的目的、要求、程序、途径和方法等加以科学的规定，并严格执行。在某种程度上，教育民主决策的水平取决于实施决策过程中的制度和规范的建设和执行的水平，从这个意义上讲，实施教育民主决策必然要求实施教育依法决策，二者必须协调发展。教育民主决策能够促进教育依法决策，二者互动共进，使教育决策的水平和质量得以提高。①

（三）民主决策有助于形成学习型教育组织

学习型组织（Learning Organization），美国学者彼得·圣吉在《第五项修炼》（*The Fifth Discipline*）一书中提出此管理观念，在学习型组织中，每个人都要参与识别和解决问题，使组织能够进行不断地尝试，改善和提高它的能力。学习型组织的基本价值在于解决问题，与之相对的传统组织设计的着眼点是效率。在学习型组织内，所有的组织成员都有权参加问题解决的过程，提出自己的建议，共享决策信息和决策成果。可以说，民主参与既是学习型组织自身具有的特质，也是形成学习型组织的重要方法。学校作为特殊的教育人的场所，其更加强调“学习”自身的价值，更加需要参与的相关人员都具有可持续学习的能力。通过实施教育民主决策，有助于教育参与人员共同参与问题的研讨，共同分享经验、智慧和信息，相互争鸣、相互启迪、形成共识、解决问题、增长智慧。在此过程中有助于促进教育组织和组织成员的持续发展与自我超越；有助于改善教育组织的群体和个体的心智模式；有助于建立教育组织的共同愿景，形成共同追求的目标、价值观和使命感；有助于组织的开放与合作，形成团队精神和团队学习文化氛围；有助于全面掌握信息，系统整体地认识问题和解决问题，使教育组织不断的

---

① 张安生. 论教育民主决策的价值［J］. 陕西教育学院学报，2005（2）：6－8.

学习化，成为学习型的组织。[①]

三、现代学校民主决策机制的构建

（一）明确民主决策参与的主体

民主参与首要的事务就是要保障相关利益人的参与权利。在教育决策过程中，主要涉及以下几类主要的参与者，他们的参与权在现实教育情境中或充分或缺乏，在现代学校制度的建设中，必须明确他们的参与权利，采用多种制度创新保障他们的参与权。

第一，教育专家学者是决策的智囊团。现代学校制度建设面临着深化学校内部治理结构改革的重任，如校内人事分配制度改革，师资队伍的建设，教学改革、课程改革等众多问题，单靠学校组织内部的人员，还不足以对这些问题做出适时、正确、有效的决策，这时，就需积极引入专家、学者的智慧，让专家、学者对方案进行可行性论证并提出各种方案供领导参考、选择。第二，广大教职工是决策的一支重要力量。教职工分布在学校的各个岗位，在日常的工作、学习、生活中定会遇到许多的困难、矛盾。这些困难和矛盾可能被大量的假象所掩盖，不容易为管理者及时察觉，同时任何一项决策都必然关系着他们的切身利益，因此，他们的主体意识强，参政、议政的欲望高。学校领导应通过各种渠道，使决策体现群众的愿望和要求。第三，学生是参与民主决策不可忽视的群体。学生既是管理的对象，更是管理的主体，而且学校的许多决策也关系着学生的利益。让学生参与学校民主决策，一是能培养他们的参政议政意识；二是能使学生更好地了解校情、校务，培养他们对学校的情感。因此广大管理者应倾听和吸纳广大学生的意见。第四，社会力量是民主决策的特殊主体。在社会主义市场经济条件下，随着学校办学自主权的扩大，学校与社会的距离越来越近，社会力量（如家长、教育中介组织等）也越来越要求参与到学校管理中。在这种背景下，学校只有充分考虑其他投资主体和利益群体的意见才能使学校内部的管理与决策真正实现民主与科学。[②]

---

① 张安生. 论教育民主决策的价值［J］. 陕西教育学院学报，2005（2）：6－8.

② 彭辉，禹旭才. 论高校民主决策机制的构建［J］. 呼和浩特：内蒙古师范大学学报（教育科学版），2008（5）：136－139.

（二）完善民主参与的组织体系

《中共中央关于教育体制改革的决定》中提到，要建立和健全以教师为主体的教职工代表大会制度。可见，教职工代表大会是民主参与教育决策的重要形式。然而，在建设现代学校制度的过程中，涌现出一些新的民主参与组织机构，这些都可以为我们进一步完善现代学校制度提供借鉴意义。

1. 教职工代表大会

教职工代表大会（简称教代会）拥有的权利是宪法赋予的，是一种人民管理国家、社会事务的民主形式，体现了人民当家做主的意向。在学校范围内它有权利参与学校管理、对学校的具体事务发表自己的意见。简单来说，就是由全校教职工民主选举产生的教代会代表全校教职工的委托，对学校重大问题进行讨论、研究的机构。教代会的基本任务是：坚持党的基本路线，贯彻党的方针、政策，遵守国家法律、法规；正确处理国家、集体和教职工个人三者利益关系；维护教职工合法权益，保障教职工参与学校的民主管理和民主监督的权利；团结和动员教职工投身教育改革，完成教育教学、科研、管理、服务等各项任务，群策群力，办好学校。

2. 家长委员会

家长委员会主要由学校家长代表组成，民主参与学校教育、教学和管理工作，以全面提高学生素质为目的的家长团体。其一方面代表家长，反映家长和社会的要求，协助并参与学校的教育工作；另一方面，学校通过这一组织协助做好家长工作，对家长的子女教育工作进行帮助和指导。家长委员会的主要职责是：监督学校办学方向；配合学校教育学生；优化社会家庭教育环境；帮助学校改善办学条件；沟通班级、校区、集团之间的关系。

3. 学校董事会（理事会）

当前，我国的学校董事会（理事会）多存在于民办教育领域，但是，随着教育市场的逐步完善，其运行规律和组织建构对于现代学校的民主决策机制具有重要的借鉴意义。《民办教育促进法》规定："民办学校应当设立学校理事会、董事会或者其他形式的决策机构。"据此，"学校董事会（理事会）"，是指依照有关法律法规，按学校章程设立并由全体董事（理事）组成的学校最高决策机构。董事会（理事会）的成员主要由学校的校长、书记及主要学校管理负责人等组成，实行议事制，即根据党和国家的法律法规和政策方针，在听取各方面代表意见的基础上，协调学校的各项管理工作，对教育教学和行政工作进行决策和统一指挥，拥有重大决策的最终决定权。实施董事会（理事会）负责制度，有助于将分散的教育决策建议集中到董事会（理事会）层面，共同决策解决问题，沟通协商，避免了因管理半径增加而导致问题暴露延误的结构。

（三）建立民主的教育决策程序

现代教育政策学认为，一个国家的教育政策制定活动总是在一定的组织机构内进行，“民主国家中决策之达成，是经由一种政治的程序，使团体和成员在决策过程中均享有参与权”。程序化的决策制度是保证决策科学的条件。科学决策在某种意义上就是程序化决策。西蒙提出，决策程序主要包括：（1）确定决策目标。决策目标是指在一定外部环境和内部环境条件下，在市场调查和研究的基础上所预测达到的结果。决策目标是根据所要解决的问题来确定的，因此，必须把握住所要解决问题的要害。只有明确了决策目标，才能避免决策的失误；（2）拟订备选方案。决策目标确定以后，就应拟订达到目标的各种备选方案。拟订备选方案，第一步是分析和研究目标实现的外部因素和内部条件，积极因素和消极因素，以及决策事物未来的运动趋势和发展状况；第二步是在此基础上，将外部环境各不利因素和有利因素、内部业务活动的有利条件和不利条件等，同决策事物未来趋势和发展状况的各种估计进行排列组合，拟订出实现目标的方案；第三步是将这些方案同目标要求进行粗略的分析对比，权衡利弊，从中选择出若干个利多弊少的可行方案，供进一步评估和抉择；（3）评价备选方案。备选方案拟订以后，随之便是对备选方案进行评价，评价标准是看哪一个方案最有利于达到决策目标。评价的方法通常有三种：即经验判断法、数学分析法和试验法；（4）选择方案。选择方案就是对各种备选方案进行总体权衡后，由决策者挑选一个最好的方案；（5）执行方案。任何方案只有真切的得到实施后才有其实际的意义，执行方案是决策的落脚点；（6）回馈评估方案。通过对决策的追踪，检查和评价，可以发现决策执行的偏差，以便采取措施对决策进行控制。

（四）完善相关民主参与制度建设

有关民主参与的制度多种多样，以下仅就一些具有代表性的制度做简单说明。

1. 民意反映制度

首先，要发挥大众传媒表达教育利益相关者表达意愿、交流社会信息、执行社会监督的功能。其次，要以法规的形式明确规定民意反映制度在决策形成过程中的重要作用，其在具体决策活动中的具体操作规程。再次，要改革和完善反映民意服务网络平台。最后，要逐步完善社情民意调查网络，不断整合社情民意的民间调查力量，为社会各阶层提供合法利益表达和有序政治参与的畅通渠道。

2. 重大事项公示制度和听证制度

听证制度是与重大事项社会公示制度相配合的一项制度。有很多重大事项进行公示后需要进行听证。一要尽快出台《听证制度实施规范》，明确听证制度实施的政府组织机构和中介实施机构、听证人员构成的原则；二要明确听证制度的议事规则；三要建立听证意见的反映与反馈机制，使听证会的建议能够得到实施。

3. 重大问题集体决策制度

一要明确党委决策的范围、形式和程序。对拟上会议研究的议题，事先要精心筛选，制定并严格执行审定制度，要将事关学校发展重大战略问题、关系教育参与人员切身利益的重大事项纳入重大决策范围，防止不分大事小事，眉毛胡子一把抓。同时要严格执行议事程序，严格遵守表决的有关规定。二要预测矛盾分歧。在决策重大问题前，要把个别协调、个别酝酿当作工作中的一件大事，用心想，认真抓，在个别酝酿中搞好矛盾分歧的预测。党委领导必须敢于正面接触矛盾，不回避、不掩盖，根据不同情况早做准备工作。对不同意见不仅要听，还要实事求是地分析。

4. 决策执行跟踪督导制度

建立重大决策执行领导小组，负责督促、指导、协调、建设等工作，确保决策执行顺利；实行进展情况定期通报制度。建立完善重大事项、重大决策向同级人大、政协通报制度，自觉接受人大的依法监督和政协的民主监督；完善决策督办制度重大决策事项承办部门“一把手”作为该事项督办第一责任人；坚持政务公开，要通过报纸、广播电视和政务公开栏进行公示，确保相关参与人员的知情权和建议权。

5. 决策责任追究制度

一是决策执行责任制。即对重大决策事项，明确各项工作的分管领导，主办、协办单位，工作目标和进度要求。对部门承担的工作，实行行政首长负责制和项目责任人制，按照目标进度要求限时完成。二是决策执行考核体系。即建立决策执行责任考核、评议、警示、奖罚体系，推行决策执行情况报告制度，按规定时间汇报工作进度，把重大决策执行情况作为考核各级各部门领导干部政绩和选拔任用的主要依据。三是决策失误追究。包括界定失误决策，是否由于决策者不遵循决策规律和决策制度，主观人为地决策造成重大损失；界定决策失误与失误主体之间的对应关系，使决策失误能够及时找到责任人；明确决策失误者所应承担的责任及处罚措施。

6. 决策咨询制度

世界各国、各地区的决策咨询机构一般具有以下共同点。(1) 咨询机构具有相对独立性，可以独立调研，自主提出咨询建议，基本上不受行政干预。至于中介咨询机构，其独立性则更高；(2) 咨询机构人员来源的广泛代表性。除了教育领域专家之外，还包括与教育有关的其他各界的专家、学者、知名人士、校长、教师和学生家长等；(3) 咨询机构定期公布研究成果，积极向政府和社会提交最终研究报告；(4) 咨询机构提出的改革建议是咨询性的，决策机构可以采纳，也可以保留意见；(5) 咨询机构和决策机构的良性互动关系。咨询机构做好自己的定位，坚持自己的辅佐原则，对公众议题具有较高的敏感度，对决策部门委托的项目主动开展咨询业务，以高质量咨询报告赢得信誉同时，决策机构高度重视咨询机构提出的咨询报告，并做出及时回应和理性采纳；(6) 法制化和透明化。比较健全的教育决策咨询制度都进入了法制化阶段，不仅将咨询当作决策的一个法定程序，而且还制定相关的法律，以此规范决策机构、咨询机构、公众等主体在教育政策产生过程中的行为。在运行程序方面，都注重透明化，建设相应的网络平台公开咨询机构的运行情况、发表的咨询报告、决策部门对咨询报告的反应倾向和决策部门的决策进程等。这样，咨询机构与公众能保持密切联系，能够独立进行广泛深入的调查而获得比较客观详实的信息，提出高质量的咨询报告，引起社会对教育问题的关注与讨论，从而影响政府决策，充分发挥教育咨询对教育改革的路径预测、方向指引、力量推动、行动设计等作用，真正展现出现代社会教育决策咨询的威力。

（五）创新民主参与方式

1. 民意测验

民意测验是指测量特定人群在某一问题上所持意见的分布情况的一种工具。又称舆论测验。通过它可以分析、揭示人群中持某种意见的强度及其产生的原因，从而测出人群在此问题上的态度和行为倾向，比较准确地分析和估计社会舆论。近些年来，民意测验在我国的学校管理中也得到了广泛的运用。学校管理者将该方法运用在制定办学规划、判断决策成败、了解教职工思想动态和发动群众参与学校民主管理等方面，特别是在发动教职工主动参与学校民主管理方面发挥了积极的作用。

2. 校长信箱

作为一个信息沟通的渠道和反映民意的工程，校长信箱可以为学校吸引校内外更多更广泛的关注，它不仅可以帮助学校了解、掌握和解决社会各界反映的各类问题，而且有利于宣传学校的优势和特色，增进社会对学校的全面了解，进而促进学校的整体发展。家长、社会人员可以通过这种形式表达自己的诉求，减少不必要的摩擦。同时，学校管理者在工作中也能够多渠道听取意见，实现开放式的决策和管理，形成民主的教育氛围。与校长信箱类似还有校长接待日和校长回访日等形式。

3. 申诉制度

教育申诉制度是指作为教育法律关系主体的公民，在其合法权益受到侵害时，向国家机关申诉理由，请求处理的制度。教育领域应该构建完善的申诉制度，使得教师、学生的合法权益受到伤害时，能够有畅通的渠道向主管的行政机关提出深入，保障自身的合法权益。教育申诉制度有助于增强教师、学生的法律意识，保障教育法律法规的全面落实，尊重教师、学生在学校的主体地位，从而推进学校依法治校工作的全面开展。《教师法》中规定的教师申诉的范围主要包括：教师认为学校或者其他教育机构侵犯《教师法》规定的合法权益的，可以提出申诉；教师对学校或者其他教育机构作出的处理决定不服的，可以提出申诉；教师认为当地人民政府的有关行政部门侵犯其《教师法》规定的合法权益的，可以提出申诉。

关于学生提出申诉的范围《教育法》第 42 条第四项规定：对学校给予的处

分不服向有关部门提出申诉，对学校、教师侵犯其人身权、财产权等合法权益，提出申诉或者依法提起诉讼。《普通高校学生管理规定》第 5 条第 5 款进一步完善了《教育法》关于学生申诉权的规定：对学校给予的处分或者处理有异议，向学校或者教育行政部门提出申诉；对学校、教职员工侵犯人身权、财产权等合法权益，提出申诉或者依法提起诉讼。

第三节　现代学校的组织结构

一、组织结构

人类群体为了实现某种目标就需要克服自身的种种生理的、心理的和社会的限制，发挥自身的优势进行有效的合作，这时就会产生组织。在组织中，人们必须清楚自己所扮演的角色和所起的作用。这种角色和作用越是明确，人们的工作就会越有效。

（一）组织和组织结构

“组织”一词兼有名词与动词的性质。作为名词，是指相对静止的一个集团内各种关系的系统总和。以学校为例，学校的教师与学生、教学设备和教学手段、学校环境和学校氛围等，所有这些都构成了一定的关系系统，形成了较为固定的模式，如年级组、教研组、班级、团队等。作为动词，是指一种活动或过程，是人们为了完成共同的目标而彼此分工合作、相互影响的活动系统。随着历史和社会环境的演变，组织会不断进行自动调整，以适应社会环境的变化。总之，组织并不是人或物的简单排列或组合，而是一个复杂的、永远处于活动状态又不断在自我调整和自我发展的综合系统。而组织结构主要指对组织成员分工协作而形成的结构体系。

组建合理的组织结构对于组织的存在具有重要的意义。（1）实现组织目标的条件。巴纳德曾经认为，组织有三大要素，即协作的意愿、共同的目标以及信息联系。组织存在的意义就是为了实现组织的目标；（2）调动组织成员的积极性。组织机构一方面要使组织中的每个成员都认识到自己的工作对实现组织目标的重要作用，从而鼓励和促进成员按时、按质、按量完成自己的任务，另一方面又要满足每个成员的物质和精神的合理需要，使他们在付出自己的才智和努力之后得到相应的回报；（3）增强成员的归属感。组织通过分工、建立权力等级等手段，使组织中每个成员清楚认识自己在组织中所处的地位、职责、权利和义务；（4）提高工作效率。一个有效的组织作为一个独立的系统，总是需要根据所处环境的变化及自身的发展需要，及时地调整机构设置和人员关系，有需要与外界其他系统进行沟通、协调，这样才能取得令人满意的效果。有效的组织有利于组织作用的发挥，提高组织的工作效率。

（二）组织机构的类型

1. 直线型组织

直线型组织，就是按照管理的纵向层次进行结构排列，由低到高，事权逐级集中，构成一个垂直分叉的金字塔形态线（见图 3－1）。

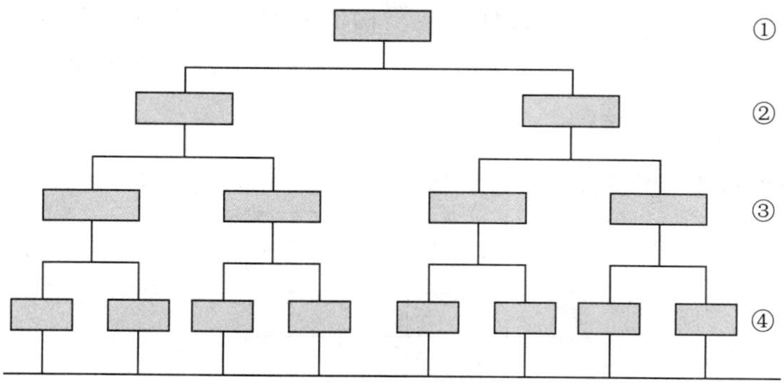

图 3－1　直线型组织

图 1 中的①代表组织的首长；②代表单位主管；③代表经办人员；④代表专业幕僚或行政管理单位。直线型组织结构的优点是指挥统一，容易迅速做出决策并贯彻到底，权责明确、便于控制、利于监督；缺点是一切依靠首长，主管与下属人员不能主动相处。这种形式适用于首长精明能干、经验丰富且规模较小的组织。

2. 功能型组织

功能型组织就是按照管理的专门职能进行横向结构排列（见图 3－2）。

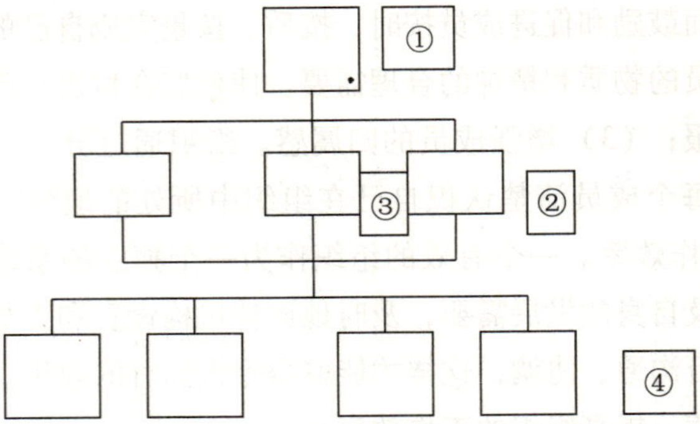

图 3－2　功能式组织

图 3－2 中①代表组织首长；②代表专业幕僚或行政管理单位；③代表直线或业务单位主管；④代表经办人员。其特点是在领导层下设立专门的职能机构，具体负责某些专门性工作，并有权在本职业务范围内向下级下达指令，下级必须执行。功能式组织的优点是分工明确，对各项业务工作能进行直接和具体的管理；缺点在于权力容易混淆，责任不清，指挥监督不易统一。这种组织适用于专业性较强的组织。

3. 直线及功能型组织

直线及功能型组织是直线型和功能型组织的结合（见图 3－3）。

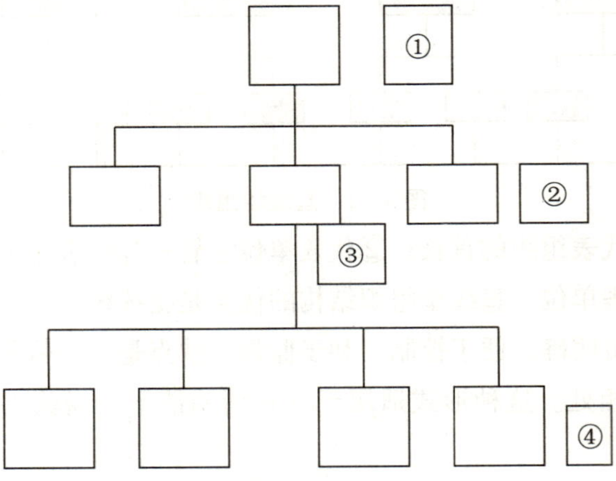

图 3－3　直线及功能式组织

图 3－3 中①代表组织首长；②代表专业幕僚或行政管理单位；③代表直线或业务单位主管；④代表直线或业务单位经办人员。各经办人员在工作上受直接主管的指挥监督，专业幕僚或行政单位主管不能直接指挥监督业务单位人员。这

一组织形式具有行动迅速和专业分工的优点，专业幕僚及行政管理单位的意见和建议，必须经过首长或单位主管而下达，以免违背统一指挥。专业分工强，可避免监督指挥的不统一；缺点在于组织结构较为复杂，各主管部门之间容易产生矛盾。这种形式适用于规模较大的组织，在其内部根据不同的工作特点设置不同形式的组织机构。

4. 委员会式组织

委员会式组织的特点是决议与执行分开，决议部分的组织由若干委员会组成，执行部分的组织则跟直线式组织相似。一经决议后，即由有关负责人代表委员会去全权执行（见图3－4）。

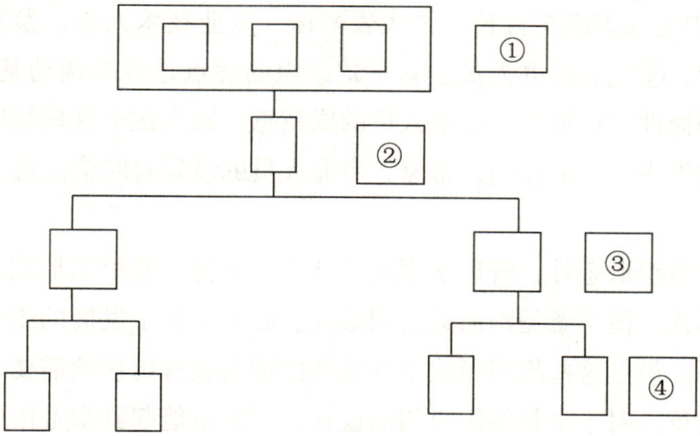

图3－4　委员会式组织

图3－4中①代表委员会本身；②代表执行委员会决议的负责人；③代表单位主管；④代表经办人员。委员会式组织的重大事项要由委员讨论决定，决议之后成为委员会的决定。委员会式组织的优点是能集合多数人的智慧，对问题做出明智的判断和决定，同时也能避免权力过于集中，有利于协调处理事务；缺点是有时不容易达成一致协议，造成人、财、物的浪费，而且由于所达成的决议往往是多方妥协的结果，所以不一定是最好的决议。如果决议发生偏差而须追究责任时，追究责任不明。

5. 扁平式组织

扁平式组织（见图3－5）的特点是结构扁平，组织内尽量扩大管理幅度以减少管理层次，鼓励幕僚人员与业务主管单位及其所属经办人，组织成员互相沟通，交换意见。

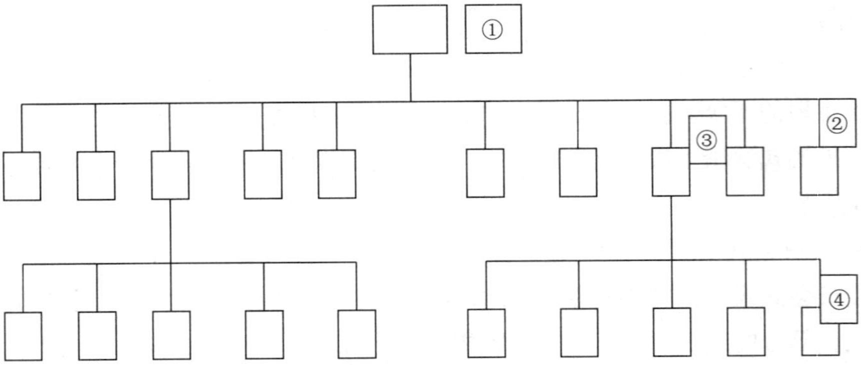

图 3－5 扁平式组织

图 3－5 中①代表组织首长；②代表幕僚、专业技术人员、参赞等；③代表业务单位主管；④代表经办人员。扁平式组织的优点是容易调动基层工作人员，提高其工作积极性，增加专业技术人员的成就感；缺点在于管理幅度容易超过应有的限度以致失去有效的控制，幕僚、专业人员的设置有时会泛滥，甚至产生冗员现象。

除了以上组织形态外，管理学家还总结出了其他一些组织形式，如扩大工作范围的组织形式、便于意见沟通的组织形式、有利于员工发展的组织形式、权变的组织形式等。虽然这些组织形式不一定都能适合教育组织的需要，但对于教育行政部门的改革，对于学校组织机构的设计，有时也能起到参考作用。

二、传统学校组织机构

学校组织是指依据国家的相关法律法规建立的领导和管理学校的一个有机整体。依据学校组织的活动性质不同，学校组织机构可分成两大类。一类是行政组织机构，这是为完成正常的教育教学任务、维持学校的正常运转而设立的；另一类是非行政组织机构，它们是为配合、监督、保证学校的各项活动而设立的。这两类组织作用不同但又互相联系，共同对学校的管理工作产生作用和影响。

（一）基础教育学校行政组织机构

1. 校长办公室

校长办公室是校长领导下的协助校长处理日常校务工作的具体办事机构。校长办公室的日常工作包括公共关系、文件收发、报表统计、信息反馈等，通常设主任和干事一到二人。

2. 教导处

教务处是学校教育教学的组织管理机构，负责领导各教研组、年级组的业务工作，同时兼管学校中与教学业务有关的科、室，如实验室、图书馆、文印室等。一般设主任、副主任若干人。

3. 政教处

政教处是管理学生思想工作、组织学校各种德育活动的机构，对各年级组的德育工作的展开负有领导、管理协调责任。通常设主任、副主任若干名。不是所有学校都设政教处的，相当一部分学校不设这一机构，其德育活动由教导处统一协调。

4. 总务处

总务处是组织和管理学校的后勤工作，包括安排经费的使用、学校的基建、校舍的维修、账目的支出和报销等。同时兼管学校的食堂、宿舍、校办工厂等。一般设主任、副主任和办事员若干人。

5. 教研组

教研组是学校的基层教学活动单位之一，负有组织本学科教学、开展教学研究活动、提高教师教学业务能力等的责任。通常设组长 1 人。

6. 年级组

作为向一年级的班主任和任课教师的集体组织，其任务是了解学生德、智、体发展情况，协调班主任与各科教师的关系，组织本年级师生开展各项文体活动、社会活动等。

拿年级组与教研组来说，一般学校是有的，但究竟以何者为行政实体，就要视学校情况而定。通常情况下，平行班级较多的学校以年级组为宜，当然也要兼顾到教研组的活动；而规模较小、平行班级较少的学校，可以将教研组设为行政实体。但也要使同年级的教师经常在一起开展一些活动，以便沟通信息，了解学生的思想和学习发展情况。

（二）基础教育学校非行政组织机构

1. 党支部

中小学一般规模较小，不设党委而设党支部或党总支。党支部除着重抓好学校师生的政治思想工作外，还对学校的教学、人事、财务管理等，负有监督和保证实施的作用，同时也参与学校重大问题的决策。

2. 工会、教代会

中小学大多没有工会组织和教代会组织，其性质属党政领导下的群众组织。它们是党政联系群众的桥梁，负有下情上达、向学校工作提出批评和建议、推动学校民主管理、依据有关教育法律或劳动法律维护教师的合法权益、组织教师开展休闲活动等责任。（视频：明确教职工代表大会职权）

3. 共青团、学生会、少先队

这些都是党领导下的群众组织，前者由青年教师、符合年龄要求的中学生组成，参加须具备一定条件。后者由学生构成，一般没有严格的加入要求。这三种组织主要围绕青年教师或青少年学生的特点开展活动，活动内容可涉及思想教育、教学、文体活动、社会活动等。

4. 研究性团体

一些学校成立了有关的研究性组织，如教学研究会、专家协会等。对于这些组织，学校行政应给予必要支持，使之对学校的工作起到积极的辅助作用。

学校机构的设立也不仅仅取决于学校的因素，在实际生活中，一些社会因素的变化也会影响到学校机构的设立。例如，目前在城市尤其是一些大城市，人口自然增长率下降，入学高峰已经从小学转移到初中甚至高中。在这种背景之下，小学招生数逐渐减少，越来越多的学校开始尝试小班化教学。小班化教学完全有可能导致“包班制”的出现，即一个教师将一个班级的主要课程都包下来，既教数学，又教语文，还教一些其他课程。这样一来，学校组织机构也会发生相应变化，年级组和教研组的定位将改变，每个教师甚至可能直接接受教导处或校方的领导和管辖，就像国外很多实施小班化教学的学校那样。再有，现在不少地方实行了学校合并，即将条件较好、质量较高的中学（重点校）与薄弱学校兼并、合并或联合办学，导致中学规模的扩大，这样一来，分部制的机构管理形式可能会越来越多。总而言之，总体稳定和局部改变相结合的学校组织机构建设格局，将会在我国中小学教育领域中长期存在下去。

三、现代学校组织机构的设置原则

（一）精简原则

现代学校的基本职能围绕着对学生的教育教学展开，最终目的是为了实现学生的全面发展，因此，学校组织机构设置必须服务于这一中心任务。学校机构的设置是因为工作需要而非因人而设。中小学应确保更多的人处于一线教育教学单位。机构设置过多，行政人员势必增多，既可能在学校内形成一个不必要的官僚阶层，同时也降低了一线教学力量，过多的机构和行政人员更可能因为职能部门的本能而导致多头指挥、人浮于事，造成内部管理的混乱。学校并非行政机构，内部交流事务相对不多，在设置机构时必须确保精简原则的贯彻，可设可不设的坚决不设置，职能较少的机构合并设置，可以兼职的尽量兼职，前提是确保学校内部管理的有效性。①

（二）效率原则

现代学校的特性之一就是要体现教育的效率性。学校组织在一定程度上的主要职能之一是执行学校领导的施政方针和学校决策，所以必须具备良好的执行能力。执行能力的重要方面是工作效率。内设机构必须充分考虑效率原则，科层不宜太多，结构要以扁平为好。内部职责应该明确到各个部门，在实施具体事务时不宜多头指挥。在机构职能无法避免交叉重叠时，要事先明确负责的牵头部门。在机构的内部人员配备上，也需考虑效率原则，尤其中层机构并非决策机构，人员应少而精。

（三）协调原则

在具体设置层面，现代学校的内部组织需要分块负责，统一于学校整体教育教学工作。但基于部门视野和机构的内在扩张本能，部门间的冲突和矛盾的产生具有客观必然性。在组织机构的设置上要充分考虑这一因素。在部门的设置和责权的划分上，要突出强调部门间的沟通协调机制，减少内耗。在校级领导较多的情况下，副校级领导应担负起部门间的协调责任，在没有校级领导分管的情况

---

① 胡平平. 关于建立相对独立的教育监督体系的建议［J］. 中小学管理，2009（11）：27－29.

下，应注意让第一级部门负责人负责部门间的协调。①

（四）平衡原则

现代学校组织机构职责各异，但在具体设置时，应确保同一层级的部门职责大致相等。部门间的职责等级差异过大，容易因职能不平衡引起内部矛盾，同时对于职权较少的部门无工作积极性，而职责较重的部门也可能因任务过重而履行职责不佳。学校内部的部门职能划分上，有必要贯彻平衡原则，中层同级部门应确保平衡，保证内部的和谐和效率，同时减少矛盾和冲突，做到人尽其才。②

（五）全面原则

现代学校组织机构设置应覆盖学校所有工作，不留空白。也即所有职能部门的职责相加等于学校全面工作，没有工作盲区。全面原则在部门内部同样重要，部门内部的人员分工也必须确保涉及部门全部职责，也即事事有人管，人人有事做。在学校的具体工作上，大至考试事务，小到一草一木的维护，都应有部门负责。在管理上切忌事务分工不清，在管理实践中多头管理等于无人管理。

（六）集权与分权相结合

当前教育改革具有分权的趋势，因此，在设置现代学校组织机构时应该重新考虑集权和分权的问题。具体而言，基础教育学校层面的权力越来越大，给校长越来越多的办学自主权是为了加强对学校工作的统一领导，统一指挥，提高工作的效率，但是权力过于集中，又容易造成校长个人专断，产生官僚主义，妨碍集体智慧的发挥。为了妥善处理这一对矛盾，最好的办法是集权与分权相结合。贯彻这条原则，最重要的是实行岗位责任制，各部门的职责是什么，各级管理干部的职责是什么，一般工作人员的职责是什么，都要明确，上下左右各司其职，各负其责，主动处理自己职权范围内的事。当然，校长也应该有一定的民主管理意识。

（七）信息联系渠道畅通

学校工作的范围很广，包括教学工作、思想政治工作、总务工作、体育卫生

---

① 周雄文. 简论加强高等学校的内部监督［J］. 中国高教研究，2005（4）：52－55.

② 黄锦成，等. 构建高等教育社会监督机制的研究［J］. 高教论坛，2008（1）：61－64.

工作、人事保卫工作、课外教育工作等。要对这些工作进行有效的管理，决策和指令必须准确、迅速地下达到执行人员；而执行情况和效果又能及时地反映上去，做到上情下达，下情上达，左右通气。为做到这一点，就需要在学校机构的设置上，既要考虑学校信息联系的特点以及信息联系的方式，又要考虑如何有效地运用现代化的信息手段于学校管理之中。

四、现代学校组织结构的变革

传统学校的组织结构设计更加关注行政性、权威性、层级性和规范性，其中行政管理力量占据较为重要的地位。传统学校因为过于关注行政领导的整齐划一而忽视了学校教育的特殊性，如忽视学校工作的专业性、人本性和专业自治性等，降低了学校管理的有效性。因此，现代学校结构将关注的重心转移到灵活性、专业性和民主性上面，更加强调教学、科研力量在教育管理中的地位，更加关注人的力量的发挥。就我国教育现实而言，现代学校制度的构建需要变革传统学校的组织结构、扁平化管理层级，实现团体合作、淡化组织边界、专业化的管理模式，这不仅仅是国际改革的发展趋势，也是实现我国学校从传统学校走向现代学校的必然路径。

（一）组织结构的扁平化

实现组织结构的扁平化有助于提高组织管理效率。具体来看，在现有学校中设计扁平化的组织结构需要打破现有组织的科层结构、减少组织管理的层级、扩大组织管理的横向幅度，并进行适度分权。扁平化组织的每个成员都有明确的分工、自主承担相应的职责，能够有效调动组织成员的积极性和创造性，使组织变得更加灵活有效。（1）实行理事会领导下的校长负责制。设置理事会的目的在于变现在的校长一人“专”权为理事会多人“共”权，增强决策层面的代表性。理事会成立之后，成为全校的最高决策机构，负责规划学校的整体发展，设计学校长久发展战略、整体发展规划、管理制度体系等事关学校可持续发展的重要框架；此外，承担学校重大事项的最终决定权，监督指导学校运行的规范化和法治化进程。理事会成员应主要包括学校党政领导班子，其中校长为理事长，党委书记为副理事长；（2）分“块”设置管理中心。一般而言，学校的工作主要包括：教学、科研、学生管理、校务、后勤和财务等，因此，理事会下设机构可打破现有的上下级别划分，按照学校工作的“块”来分解学校工作，保证各“块”的独立性，凸显出专业性和自主性。如在理事会下可分别设置校务管理中心、学生管理中心、教学管理中心、科研管理中心、后勤管理中心和财务管理中心，这些管理中心相互并列，互相支持，不存在上下级的附属关系，各自负责相对集中和专业的工作，主要实行分工协作的专业化管理模式，突出学校教育工作的重点，增强学校管理的专业化意识和能力；（3）整合现有行政性组织。传统的学校行政性组织部门主要包括校长办公室、教务处、教研室、政教处和总务处。其中，校长办公室主要负责处理日常校务，属于常规性的行政部门，可将其改为校务办公室，更加突出校务管理工作的地位；教务处负责学校的教学管理工作，教研室负责教学研究工作，这两者都属于教学管理部门，只是工作的侧重点不同，因此，可将其整合为教学管理部门；总务处负责学校的后勤管理工作，政教处主要负责学生管理工作，这两个部门的工作看似不同，其实存在很多交叉的地方，它们都是为了更好地为学生服务而成立的，因此可将其改变为生活服务部门和学生工作部门，分工更为清晰明确。这样，现代学校的行政性机构就主要包括：校务办公室（负责制定日常工作计划、建立各种管理制度、组织召开会议、起草相关文件等）；教学管理部门（负责教学计划管理、教学过程管理、教学质量管理、教学研究管理、教师管理等与教学有关的事务）；学生工作部门（负责学生道德教育、学生健康心理教育、学生生活习惯指导等与学生成长和发展有关的事务）；生活服务部门（负责学校硬件设施的维护、食堂、校车、宿舍等管理工作）；（4）管理中心逐渐下移。扁平化的学校组织将管理的重心放在学校的核心工作——教学和科研方面，将自主管理的权限下放至学科组和年级组为主的教学管理部门。实行改革之后，学科组成为学校基本的管理中心，负责学校课程改革的主要事务，如设计学校整体的教学改革方案、组织学科之间进行交流和合作、促进学校学科建设工作、提高教师的专业化水平等。年级组则主要扮演学科组的“后勤保障部门”，主要担负起教学发展的行政管理事务，为学科组的工作提供支持。

（二）组织结构的柔性化

柔性化的含义是指在组织中更加关注人的力量和对人的关怀，强调组织成员之间建立起互相信任、和谐、合作的关系。为此，在柔性化的组织中，授权和合作成了重要的关键字。(1) 构建不同主题的委员会，提倡团队性工作方式。如成立咨询委员会，负责对诸如国家教育方针政策落实、学校教育教学改革、学校重大事项决策、教师专业化建设等关系学校发展关键的事务提供咨询和建议，在综合把握学校发展方向的基础上，及时发现学校运行过程中的问题，提供改进建议，引导学校持续健康快速的前进；成立学术委员会，负责研究和决定学校教育教学改革、教师队伍建设和学科建设等事关教学发展方面的重大事务，突出教师在学校教育管理中的主体作用；成立家长委员会，吸引家长和社区力量参与学校发展，负责联系协调学校和家庭（社区）的协作关系、组织学生家长团体参与学校建设、为学校发展提供建议、为家长（社区）参与提供信息沟通渠道等；(2) 向不同代表群体授权。学校的发展需要依靠内外部不同的力量，其中主要包括校内的教职员工、校长、学生；校外的家长、社区以及更大范围的社会力量，这些力量通过成为不同委员会的代表力量而参与到学校管理之中，为了保证这些代表权力的缺失履行，需要学校向不同委员会下放属于其职责范围内的权力，保证代表的教育参与权和委员会的自主管理权。

（三）组织结构的网络化

现代学校管理的开放性不仅仅体现在引入更多的外部力量参与学校的发展，更体现在学校内部组织结构要实现网络化。网络化的组织结构有助于组织维持动态平衡，增强组织适应时刻变化的时代环境。现代学校面对的时代背景已经不同于传统学校，现有的时空概念已经有所改变，确切的组织边界已经被模糊化，现代学校组织结构走向网络化是必然之势。(1) 打破组织的内部等级制度。一方面，需要增加并列的工作部门，采用团队协作的工作方式，实现各部门在信息共享基础上的团结合作；另一方面，需要逐步下放权力，使并行的部门都拥有各自运行必须的自主权，有足够的空间发挥各自的智慧和能力；(2) 打破各个职能部门的界限。实现教学工作和教育活动中各个部门之间的协作，如学生工作部、教学管理部以及学科委员会等组织部门共同担负起学生的综合实践活动的设计和实施，为推动一项工作的开展，需要学校内部所有相关部门的团结协作，打破“各人自扫门前雪”的现状，推动网络化关系的构建。另一方面，实现教育活动中各个部门的合作；(3) 打破学校的外部边界。通过建立健全家长委员会制度，吸引家长和社区力量参与学校管理；通过引入教育中介组织的力量，吸引社会力量参与学校的管理和评估；（4）打破学校地域边界。通过学校与学校之间建立合作关系，实现不同地域教育资源的共享和流动。现在实践中较为普遍的做法是，将办学效果好的学校与办学效果较差的学校建立伙伴关系，由“好”学校充当指导者和研究者的角色，促进“差”学校的发展，值得继续推进。

第四节　现代学校的监督机制

一、教育监督机制

在管理学中，监督属于管理职能的重要组成部分，即对内部控制在一定时期内的运行质量进行评估的过程。具体而言，就是指组织在进行制度设计或组织运行过程中进行必要的监督检查，评价相关行动是否有效，发现其存在的问题和缺陷，并予以及时改进，从而达到完善组织的目标。

具体到教育领域而言，学校的监督机制主要包括两个方面：一是对学校相关工作进行检查指导的组织机构；二是相关组织机构开展监督工作的行动方式和运行规则。现代学校的顺利运行离不开监督机制。一方面，监督机制对学校的办学行为起到一定的制约作用，保障社会主义办学的正确方向，预防学校办学过程中的不规范行为；另一方面，通过监督可以为学校营造良好的监督环境，考虑教育的风险因素，寻找关键控制点，实施并持续不断地提供改进建议，确保学校的可持续性发展。

按照实施监督的主体不同，我们将学校监督分为教育行政监督、学校内部监督和来自社会的监督。现代学校制度的构建内容之一就是建立健全学校系统内外的监督机制，并能够沟通内外监督，使对学校教育的监督能够最终形成统一的整体，学校、政府和社会力量能够协调沟通，共同促进教育系统的优化。

二、教育行政监督

简单来说，当前我国对学校教育的监督力量最主要的来源是教育行政部门中的监督部门。它们主要代表国家的力量对国民教育进行最为权威性的检查和指导。可以说，自从1986年我国恢复督导制度以来，来自行政力量的教育督导在推进我国教育发展过程中起到了重要的作用。各级教育督导机构组织对各级各类学校进行督导评估，组织对教育领域的众多种类的工作，如校舍安全、教育经费落实、义务教育保障等，进行了专项的检查指导，有力地促进了我国学校教育的发展。尤其在推进“基本普及九年义务教育”过程中，督导部门对全国范围内的多个县级单位进行了督导和评估，积累了丰富的专业督导经验。2000年，我国成立了“国家教育督导团”，强化了我国教育督导的督政和督学职能。2012年，国家正式颁布了《教育督导条例》，其中对于督导的功能、督学的实施、督导人员的专业化建设等都给予了明确的规定，标志着我国教育督导工作逐步走向法治化和专业化。

尽管来自行政方面的监督对学校的发展起到重要的推动作用，但是随着现代学校制度的构建，其自身的弊端也不断地暴露出来。教育行政部门的督导机构仍然主要遵循“行政管制”的思维，对学校的监督工作也主要以“督政”为主，由此带来的一系列具体问题仍需要得到进一步改进。

（一）当前督导的弊病

1. 监督部门等同于行政部门，监督无力

国家承担着举办教育的职能，尤其在基础教育阶段。政府作为教育的主要举办人，同时也扮演着管理者和监督者的角色，教育督导机构往往属于教育行政部门的附属机构，必然会造成监督的力度小。即使真正发现学校办学中的问题，也可能会“关起门来自己协商解决”，这对于学校管理能力的提升和学校教育质量的提高没有很大的帮助。如：尽管我国的义务教育已经取得了巨大的成就，但当前教育资源分配不均衡、办学条件达不到基本标准、农村义务教育大班额现象、乱收费现象等，这些问题产生的原因可能是多种多样的，但是，教育监督体系与行政体系不分、外部监督力量不足，是重要的原因之一。在这种体制下，教育督导部门及其发布的督导报告的公信度和权威性难以得到社会认可。

2. 无法实现对教育行政部门的监督

作为主要的负责人，教育行政部门的教育职责越来越向宏观方面发展，如：保障教育经费的落实、为学校办学提供教育咨询和服务、创造良好的教育运行环境、通过倾斜性政策鼓励薄弱学校发展、促进教育均衡发展等。尽管这些职责的发挥看起来似乎是间接而“空洞”，但却都属于教育发展离不开的必要职责。这些工作是否切实做好，关系到教育是否能够有持续发展的基础和动力。以教育经费而言，《义务教育法》第八条规定：“人民政府教育督导机构对义务教育工作执行法律法规情况、教育教学质量以及义务教育均衡发展状况等进行督导，督导报告向社会公布”。据此，各级政府分担义务教育经费投人、资金管理的情况应当是教育督导工作的重中之重。然而，在教育经费管理上，财权事权相分离，教育经费管理严重混乱，大量经费难以落实，有些遭挪用或滞留。对于监督机构而言，缺乏具体监督的标准，只能仅仅依据数据说明问题，而无力对现状作出任何改变。而对教育行政部门的其他工作进行监督，更是缺乏客观的依据和判断的凭证，无法切实履行监督的职责。

3. 监督人员的专业化水平有待提高

一般而言，教育督导机构承担着“监督、指导、评估、反馈”等职能，工作量非常大，但是无论数量还是质量方面都存在着明显的不足。一方面，专业的教育督导人员严重短缺。一些县区级的教育督导部门只有几个工作人员，很难有效地开展工作；另一方面，教育督导工作越来越朝着专业化的水平发展，这就要求有一支较为专业的正式督导人员。就目前的情况而言，我国专门从事教育督导工作的人员多是从教育行政部门的行政管理人员中转变而来，缺乏督导的专业化水平；多数的督学属于兼职人员，无法保证督导工作的持续性。

（二）现代学校制度下的教育行政督导

1. 设置从国家到地方的教育督导系统，与教育行政部门并列

依附于教育行政体系不利于教育督导工作的开展，因此，在现代学校制度的构建过程中，必须充分认识到独立的教育督导体系的重要性，设立从国家到地方的“自成体系”的教育督导体系。具体来说，首先，在国家层面成立尝试成立与教育部并行的教育督导部门，保证督导工作的客观公正性；其次，将各级教育部门中的督导部门升格为“教育监督局”，使之成为当级政府而不是教育行政部门的下设机构，赋予其对同级政府部门及下级政府部门履行教育职责的监督评价权力，建立并完善督导体系；再次，各级教育督导部门按照国家对省、省对地市、地市对县“逐级督导”的原则开展督导工作，正确引导各级政府按照科学发展观和正确的政绩观，抓好教育工作。坚持并完善目前各地开展的对县级政府

教育工作的督导评估工作，以及对党政主要领导干部教育工作政绩考核，探索建立推进义务教育均衡发展的督导评估制度、地方政府推进素质教育实施的督导评估制度，并形成长效机制。

2. 组建专业化的教育督导队伍

教育督导工作的专业化对于教育督导人员的要求越来越高。纵观各国教育督导人员可以发现，国外在若干所学校共同设立一位专职教育督学。在现代学校制度的构建中可以参考这一国际惯例，在我国逐步建立起一支以专职督学为主、兼职督学为补充的教育督导队伍，并不断提高教育督导队伍的专业化水平。如尽快制定教育督学任职资格、工作办法等相关规定，各级政府确保督导机构所需要的编制和经费。切实督促各级政府和学校推进义务教育均衡发展，提高教育质量。

3. 建立综合性的监督评估体系

逐步探索建立适合我国教育发展特色的学校综合评价体系。研究制定包括学校布局、规划、发展等内容的监督方案；研究制定各级各类学校督导评估标准和实施方案，指导各地开展学校督导评估工作。

4. 建立教育质量监控体系

依据我国当前教育发展的具体情况尝试构建教育质量监控体系，如改革教育质量评价制度，减轻中小学生过重的课业负担，提高学生综合素质；建立用人单位对毕业生使用情况的反馈机制；建立学校绩效管理评估体系；建立教育经费落实情况评估体系等。通过对我国学校教育实行全面长期的监控，为国家制定和调整政策提供更加及时、科学、准确的依据。引导社会、学校树立正确的学习质量观，促进学校实施素质教育。

三、学校内部监督机制的构建

现代学校制度的核心内容之一是学校自主办学权的逐步扩大。随着学校自身拥有权力的扩大，更加需要内部监督机制。总结来说，学校内部监督机制主要包括党支部对学校的监督；教职工代表大会制度。此外，一些学校还成立了校务委员会、专家顾问委员会等，协助校长决策，提出咨询建议，参与审议监督，发挥了很好的作用。

（一）当前学校内部监督不力

1. 学校内设的监督部门难以监督到位

我国各级各类学校都设立专门的纪检监察部门，对学校的运行进行监督。当前我国中小学主要实施党委领导下的负责制，其中，党委主要负责监督的职责，对学校履行国家教育方针政策的执行情况、校长和教职工遵从社会主义方向办学行为进行监督。但是，学校内设的纪检部门往往与学校的行政部门存在“千丝万缕”的关系，纪检监察部门的工作，要取得党委和校行政的赞同和支持，甚至有些学校领导认为，学校的发展主要依赖教学和科研水平的提高，纪检监察部门只需虚设以应付上级的检查，投入过多的工作反而会影响学校的正常教学、科研工作，在这种情况下纪检监察部门要想进行有效监督就更难了。

2. 校内监督机构力量弱小

目前，我国许多学校的监督机构并没有因为学校自主权的扩大而得到加强，甚至有些监督机构只是简单拼凑起来应付相关政策规定，没有配备得力的干部，内部监督工作难以到位。因此，面对学校改进中涌现的众多新鲜事物、新的工作领域都无法做到有效监督，或难以进行深入监督。如招生问题、收费问题、资金使用和分配问题；后勤管理中的国有资产管理问题；基建项目招投标管理问题以及基建投资的管理问题，等等，往往因为监督领域狭窄监督人力不足和监督制度不全而难以开展监督。

3. 内部监督权力与行政权力相互交织

现行体制中的学校内部监督权力负责监督学校的全面工作，但其与学校的党委和行政部门也存在一种隶属的关系。监督干部的任免既要受制于同级党政的领导，又要求监督同级党政班子。“既治于人，又要治人”，客观上存在着对同级党政班子“不敢监督”“监督软弱无力”的现象，影响了监督的实际效果。加之现行监督体制下，监督机构根本无法对本单位的各种违纪问题和腐败现象进行核实，导致无法切实有效地开展监督工作。

4. 监督人员的专业素质不高

一些学校的监督人员的学历、职称有些偏低，缺乏专业化的监督知识结构和实践经验。有些监督人员是从行政部门中抽调出来的，缺乏系统的、专业的监督工作培训；有的人有责任心，但不具备开展有效监督的业务才能；有的人有一定业务能力却不肯深入到学校发展和改革实践中开展监督工作等，所有这些，都影响监督工作的效果。

（二）内部监督创新

内部监督机构在现代学校制度构建过程中具有特殊地位和责无旁贷的作用。要推进我国教育事业的健康稳步发展，需要创新健全监督机制，依法加强内部监督工作。

1. 创新内部监督领导机制

随着现代学校制度的构建，学校的监督体制必然需要做相应的调整和改革。其中最重要的工作就是逐步实现学校内部监督部门具有相对独立地行使监督职能的权力，使得内部监督部门能够尽可能地与行政管理体制“并行”，保障监督部门实施监督时无后顾之忧。鉴于目前我国的学校内部领导体制可能还未做到内部监督部门的完全独立，在此情况下可以逐步实行以监督部门的上级领导为主领导的体制，使其一定程度上脱离行政部门的领导，保持其相对独立性，增强其权威性。

2. 创新内部监督工作机制

为确保内部监督体制能够切实发挥作用，应对现行的内部监督体系的相互关系进行改革和调整，或将内部监督部门的地位确立为高于行政部门，接受学校党委、校长的直接领导，做好对学校行政事务的监督。此外，学校内部监督机构还应根据学校的规模和制度的完善不断扩充其职能，确定监督机构的具体职责范围，使监督部门内部的机构设置具体化、专业化。

3. 创新内部监督人员培养机制

从某种程度而言，监督工作也是教育人、培养人的工作，因此，要把监督工作隐含的教育功能切实发挥出来。学校内部监督工作是为学校发展保驾护航的重要工作，与学校的其他工作密切相关。一方面，内部教育监督人员要不断提升自身的专业化监督水平，在实践工作中总结经验，努力增强学习，逐步向专业的“督导专家”转变；学校也要逐步探索监督人员培养新机制，通过专门的培训工作提高监督人员的专业水平；另一方面，监督的教育意义还体现在对学校教育工作的推进方面，通过监督工作，发现学校运行过程中的问题，提供相应的改进建议，在这个过程中，监督部门应注重引入校内民主力量，发动广大教职工的参与积极性，逐步培养自身以及相关参与人员关心教育、改进教育管理等能力。

4. 逐步推行校务公开

实行校务公开是新形势下推进高校民主政治建设和领导班子建设的重大举措，有助于调动广大教职员工和方方面面的人士来参与学校管理和监督的积极性，畅通民主渠道，营造民主气氛。因此，凡是与学校管理、教育改革、加快发展密切相关的事项和涉及教职员工以及学生切身利益的事项，都应在一定范围内以适当的方式和程序予以公开，使相关管理部门、管理人员自然而然地接受教职员工和学生的监督，让治校权力在公开的程序和公众的参与中接受群众的监督和制约。当前，校务公开的内容大体分为三大类：一是重大决策公开。重大决策公开，目的是让广大教职员工参与讨论和决策，使决策更具有民主性和科学性，避免重大决策失误，同时也体现了全心全意依靠教职员工办学的方针，真正使教职员工在学校工作中有主人翁的地位和责任感。二是人、财、物等重要事务公开。包括：干部的选拔聘任、教职员工的调入调出、职称评聘、学生的录取等；各项财政预算、财政使用等管理制度；设备的购置和管理、校园资产、后勤剥离过程中校有固定资产的管理等。三是热点问题公开。如人民群众较为关注教育乱收费、择校费、校外补习、高考改革等方面情况应及时公开。

校务公开的形式可以是多种多样的，比较成熟的做法有教代会制度、家长委员会、群众代表议事制度等。学校还可以设置校务公开专用橱窗、公开电话、公开网站、设立征求意见箱等。

四、来自社会力量的监督

目前，我国教育领域对学校的监督主要以行政力量为主，社会力量的发挥还存在很大的局限性。然而，随着教育民主化和教育开放化的逐步扩大，社会与教育的距离在不断缩小，在学校监督中引入社会力量是必然也是必要的。作为公益性事业，我国的教育改革应该逐步扩大社会对教育领域的参与度，以人民的满意度作为评估教育发展的根本标准。因此，学校接受社会的监督是保持自身持续、健康、和谐发展的有效措施。不可否认，当前由于社会监督机制还没有在教育领域建立起来，人民民主监督的权利行使，还存在较大差距，社会监督的广度、力度和深度不够，也阻碍了教育的发展。

（一）存在的问题

1. 缺乏相应的社会监督法规

在我国相关的教育法律法规中，缺少关于社会监督的内容，即没有专门的法律规章对其进行系统性的规定，仅有的规定也只是分散于民办教育、社会力量办学等相关法律法规中；同时，相关法律规定较为空洞，没有具体的、可操作性的规定，并且法律保护不配套。这些都导致社会力量依法监督学校的法治基础不足。由于没有完善和严厉的监督措施，一些违反《教育法》的现象时有发生和难以根除。

2. 缺乏有效的监督机制

完整系统的社会监督机制并没有在我国形成。来自社会力量的监督主要是家长、社区和一些渐成规模的教育中介组织，但是这些力量并没有形成“合力”，它们都通过自身的“特有”渠道参与到教育监督之中，如家长主要以家长委员会作为中介进入教育监督领域。此外，这些社会力量所依赖的组织建设都不健全，无法切实在教育监督中发挥作用。此外，社会监督与司法监督、人大监督、行政监督缺乏有效的协调，有机结合的监督网络未形成。

3. 社会监督虚位

在我国，工会、共青团、妇联等组织都可称之为社会监督的载体，它们的监督虽然没有行政监督的强制力，却对学校办学有一定的约束力和威慑力。但由于它们的相对独立性较弱，更多地偏重与政府行为的一致性，其监督作用得不到应有的发挥。对于社会公众的监督，由于缺乏专门的公众监督组织，也使社会监督软弱甚至虚位。而新闻舆论监督制约因素过多，法律界定不明确，实行舆论监督也异常困难。

4. 公民参与力度不够

尽管当前我国民众对于教育的关注程度越来越高，但由于我国公民社会处于正在形成过程中，公民参与意识仍较为单薄，主动参与监督的能力和意愿仍不高，缺乏参与教育监督的积极性；此外，教育系统为社会监督提供的民意表达渠道不太畅通，主要是通过举报箱、举报电话、信访渠道来反映，但由于这些渠道的权力有限性与效率的低下，造成了公民参与意识淡漠。

5. 学校信息公开化程度不高

社会监督的前提条件是增加教育活动的透明度，保证公众参与权、知情权。

由于我国尚未建立起教育活动的社会公开制度，加之部分高校对此也不习惯，使社会监督难以进行。①

6. 社会监督的技术手段缺乏与落后

监督缺乏明确的程序和方法论，缺乏信息化、网络化监督管理方法，在遇到问题时，缺乏规范的科学的方法来处理。②

（二）现代学校的社会监督机制构建

1. 加快社会监督方面的立法

现代学校制度具有法治化的特征，这就决定了社会监督也必须实现依法监督。完备的立法是进行有效监督的前提，能为社会监督提供执行的依据、操作的程序、达到的目的以及遵守的准则。当前，我国在教育督导方面正式制定了《教育督导法》，但与其相配套的具体的、可操作性的法规、条例还未建立，还存在着重管理性立法轻监督性、权利性立法的情况，因此，应尽快完善教育督导方面的教育法律体系，真正做到在教育监督领域有法可依。此外，建议在各级人大专门设立组织机构，负责制定和落实教育督导方面的立法，监督各级教育督导部门的制度完善情况和实际落实情况。

2. 完善监督机构的建设

目前，我国在人大、政协已经设立了教育法律监督委员会，实现了对高等教育的监督，但是，缺乏社会公众监督机构。可充分发挥现有的各种工青妇组织、高等教育学会、研究会、社区及利益相关者组织等社会组织或团体的作用，通过各种咨询委员会、评估机构、董事会等形式参与高等教育决策和管理，发挥咨询和监督的作用，应成为高等教育运行机制的重要组成部分。社会组织或团体应本着对广大人民负责的态度，积极参与对教育教学依法管理的监督，及时向执法机关报告各种违规行为。③

3. 构建完善的社会监督机制

一个较为完善的社会监督机制应该至少包括以下几个部分：（1）参与机制。其主要是为了保障公民的参与权力能够得以实现，具体而言包括公民参与的机会是否公平和参与的渠道是否畅通；（2）民意表达机制。表达民意的基本形式主

---

①② 黄锦成等. 构建高等教育社会监督机制的研究［J］. 高教论坛，2008，2（1）：61－64.

③ 黄锦成等. 构建高等教育社会监督机制的研究［J］. 高教论坛，2008，2（1）：61－64.

要有批评、建议、申诉、检举和控告等。完善民意表达机制首先要在相关法律中明确公民表达建议的权利，其性质、职责、义务和工作规程等通过立法加以明确。同时，还应适度引入竞争机制，尤其在选举民意代表时，选拔出有奉献精神的能人充当民意代表，通过相应的监督平台表达民意。此外，要发挥舆论的力量，反映民众的心声，表达民众的意愿，并为国家发展教育或具体学校发展提供建议对策，促进教育的持续发展；（3）政府支持机制。由于我国公民社会尚不完善，社会监督力量的逐步壮大需要得到政府力量的支持，因此，在建立健全社会监督机制时必须要依赖政府力量的支持。必须要把党内监督、国家监督、社会监督结合起来，形成监督运行网络，相互配合和协调；（4）奖惩机制。目前，我国还没有形成主动参与的社会风气，其中一个重要的原因就是国家缺乏对主动积极的教育监督方面的提倡和鼓励，因此，通过建立奖惩制度，鼓励和奖励举报者、监督者，严厉制裁违法违纪者，将提高社会监督者的信心与勇气，进一步推动社会监督的有效性。

第四章 ‖ 现代学校系统的软件建设

教育改革中暴露的“推行难”困局，是一个不容忽视的突出问题。在与校长的访谈中，我们经常会听到如下的抱怨：“我们的制度是借鉴了许多优秀学校的制度，并且经过了充分考虑才制定出来的，相对来说是比较完善的，可是一推行就老出问题，推不下去”，“制度也是通过了大家的讨论、修改后才最后确定的，可是执行的时候总是有人不断违反”，“制度出来后大家都认真学习了，认为都比较合理，可是一出问题大家总会有这样那样的特殊原因”。

当代人们探讨“现代学校”建设，往往喜欢“从制度设计或者资源配置等硬件建设作为切入口”，然而在一系列政策推行的过程中我们却很遗憾地发现，许多本身具有众多亮点的制度理论，最终却成了一种摆设，始终停留在理论研究的层次而无法真正进入学校实践。当今国内教育界总是忙于创造和引介先进制度理念，却疏于对于其背后的社会意识支持和文化适切性的研究，这样照搬推演的后果往往会导致贪食不化。若我们仅仅局限于从制度本身来研究教育改革，相信是很难取得伟大的成功的。

如果说制度变革、资源配置是硬件建设，那么社会分析、文化分析则是软件建设①。它不像制度变革那么显而易见，但影响不可低估。借助社会或文化（比如符码理论②）这些理论视角，我们能够更好地分析和解释为什么某些教育政策难以在教育实践中真正地实现。同时，这些理论框架也为教育政策的制定与教育实践策略的选择提供了积极的参考和建议。

本章试图以政策、制度、社会及文化研究为中轴线，从社会意识参与人的行为互动，结合学科前沿方法（比如社会学的话语分析等），从文化传统和社会现实出发剖析制度建设背后的文化和社会学意蕴，以期能为我国现阶段的教育制度改革与教学实践提供一点借鉴。

---

① 如果说哲学视角对教育公平的研究是一种比较形而上、思辨的研究，统计学视角对教育制度、教育政策的研究主要是形而下、实证的研究的话，那么社会和文化学视角的研究则是一种补充甚至是超越，既不停留在物质层面，又不过于思辨。

② 与传统意义上的文化研究试图建构宏大叙事和普遍性理论不同，符码理论主要基于对学校的实际内容与实际过程进行微观剖析来解释学生学业失败的原因。这一理论认为，撇开学校教育的实际过程和课程内容去研究教育与社会学的关系，充其量不过是把学校教育作为一个“暗箱”，主张对学校微观内容进行研究，是一种微观社会学。

第一节 现代学校系统建设的价值追求

无论是国际经验，还是我国历次教育改革的实践，都证明了这一点：教育制度改革需要三大系统充分的、一致性的协调。这三大系统就是：一是规划与设计系统，主要涉及规章制度本身的规划与设计、与制度实施相配套的措施的规划与设计，以及制度改革推进的规划与设计，这一系统的主体是高级教育官员与教育专家；二是推广与落实系统，主要涉及理想的制度规划与设计如何得到理解、得到行动国家、地方、学校各个层级，以及与之有相关利益的人都需要清楚为什么要改革，改革做什么、怎么做，这一系统的主体包括基层教育官员、督学、研究员、学校领导层以及数量庞大的一线教师；三是支持与引领系统，即新制度的开放性、民主性、专业性决定了范式的推广与落实既不是“按图索骥”的行动，也不完全是“摸着石头过河”，而是需要在不同的层面、面对不同分工的人提供持续的专业支持和引领，这既是政策本身的性质所决定的，也是社会变革的性质所决定的，这一系统的主体包括学校后勤与保障系统、学校附近社区、以及所有的学生家长等。

一、现代学校系统的教育理念与价值追求

在大工业化的背景下，学校系统不可避免地受到政治、经济等多方面因素的影响。大工业所带来的“生产效率观”影响到整个社会，在教育中的表现是：教育即生产，学校即工厂。“统一化教学”的倡导者即认为“系统讲授最经济有效地面向全体学生传授系统知识的方法”。然而，生产的特点是整齐划一，而教育则同时关注独特性，这是教育和生产的区别。

随着社会进入后现代时期，“大工业化”机械生产论逐渐消散，教育的理念和价值追求也发生了一些变化。

（一）教育的公平化

这个世界上不存在完全的、不受任何限制的绝对公平。教育公平是一个历史范畴，在不同的国家地区和不同的历史阶段有着不同的内涵，必然受特定时期社

会生产力的发展水平和人们对教育公平观念的认知程度等的约束。总的来说，“确保人人都享有平等的受教育的权利和义务”是前提和基础，“提供相对平等的受教育的机会和条件”是进一步的要求，“教育成功机会和教育效果的相对均等”则是终极的价值追求。另外，要注意几点：（1）教育进入的均等不等于教育起点的平等（如“文化资本”“符码效应”）；（2）教育中人人平等不等于教育过程的平等（如“皮革马利翁效应”）；（3）如把教育机会均等理解为教育上的“平均主义”或“结果相等”，也会造成思想上的混乱。

（二）教育的终身化

教育应该贯穿于人的一生，而不是将人的一生截然划分为学习期和工作期两个阶段。课程、学习过程及学习目标均随社会知识的更新、对能力的重新要求而不断调适。社会、职业、生活的急剧变化，导致人们必须更新知识观念，以获得新的适应力。对于社会来说，终身教育的理想在于建立一个学习化的社会，提供适应不同能力与背景者所需要的教育型态，让社会上所有人有普遍接受教育的机会。任何需要学习的人，可以随时随地接受任何形式的教育。学习的时间、地点、内容、方式均由个人决定。人们可以根据自己的特点和需要选择最适合自己的学习。

（三）教育的全民化

全民教育与终身教育已经成为当代最具影响力的两个教育思潮。值得指出的是，全民教育更多侧重于普及教育，终身教育主要倾力于继续教育。所谓全民教育，就是教育对象全民化，亦即教育必须向所有人开放，人人都有接受教育的权力。普及教育，就要做到教育的公益性、免费性。国家建立义务教育经费保障机制，保证义务教育制度实施。另外，让适龄儿童、少年接受义务教育是学校、家长和社会的义务。谁违反这个义务就要受到法律的规范。家长不送学生上学，家长要承担责任；学校不接受适龄儿童、少年上学，学校要承担责任。

（四）教育的一体化

改变学校的封闭结构，形成开放的弹性的教育结构，使教育社会一体化。一方面使学校向社区开放，发挥学校的文化中心作用，另一方面，充分利用社会各种具有教育力量和教育价值的资源和设施，将文化会馆、图书馆、博物馆、活动中心等各种科学文化设施都纳入教育的范畴。建立家庭、社会、学校教育一体化的终身教育体系，使教育社会一体化。

（五）教育的民主化

教育民主化包括教育的民主和民主的教育两个方面。前者是把政治的民主扩展到教育领域，使教育成为公民的权利和义务；后者指进行民主的教育。教育的民主即把专制的、不民主的教育，改造成为适合现代民主社会需求的民主的教育。教育民主化除了指教育目的、内容、过程的民主化之外，还包括师生、学生关系的民主化，对学生主体性的尊重。民主的教育是指教育者在教育过程中对学生所进行的一系列有关民主精神价值的教育——平等、自由、法治以及权利与义务的教育等公民意识教育。

（六）教育的国际化

教育的国际化包括教育目标国际化、课程内容国际化以及教育渠道国际化。教育国际化的核心或者本质，说到底就是在经济全球化、贸易自由化的大背景下，“把国际的、跨文化的或全球层面的内容融入教学实施的过程”，形成国际的视野，抢占世界教育的制高点，培养出在国际上有竞争力的高素质的人才，为本国的最高利益服务。

（七）教育的个性化

个性化教育的实质是以受教育者的个性差异为重要依据，考虑个人的生理、心理、年龄特点，考虑个人的天赋、特长、兴趣、爱好，考虑个人的社会志向和职业选择，让每一个学生都找到自己个性才能发展的独特领域，以个性充分发展，人格健全为目标的教育。实现量身定制的自我成长、自我实现和自我超越的教育和培训系统。

（八）教育的信息化

教育信息化，一方面需要教育培养适应信息化社会的人才；另一方面，教育要把信息技术手段有效地应用到教学上，使教学方式现代化、教学手段科技化、知识传播网络化。

二、怎样从宏观与微观方面设计新时期的学校制度

（一）在教育系统的宏观方面：上层设计与下层创新相结合，制定合理教育政策取向

我们在推进教育制度创新的过程中应妥善处理公平与效率之争，要求在不同的教育阶段应该有所侧重——在义务教育阶段要遵循公平优先，兼顾效率，从重点制走向均衡制；在非义务教育阶段要遵循效率优先，兼顾公平，经过筛选、分流，着重考虑经济的合理性。

在义务教育阶段，国家要把义务教育作为一种公共产品和公共服务，免费的提供给适龄儿童，并在普及的基础上不断的改善教育质量。在中等教育阶段，要加强职业技术教育，使中等教育的机会多样化。在高等教育方面，要完善与高等教育收费制度相配套的奖、助、贷学金制度。对于处境不利的群体要采取积极差别对待的原则，大力发展特殊教育和补偿教育。从根本上来讲，要建构以学习化社会为背景的终身教育。

应加强对教育资源的优化调整配置，缩小城乡、区域差异。应改变当前地方负责分级管理的模式，做到义务教育经费的统筹配置，避免由于地区发展的差异，制造教育差距。同时坚持公共教育资源向农村、中西部地区、贫困地区倾斜，逐步缩小城乡、区域教育发展差距。在义务教育阶段尽快形成区域、城乡同标准、一体化。

要以教育信息化促进公平。以远程教育、教育信息化促进优质教育资源共享，在教育信息化进程中，各种教育信息、优秀师资、教育资源可以跨区域共享，从而延伸优秀师资和教学资源的作用范围。教育信息化是共享优质资源的最好载体，是促进教育公平成本较低、便捷高效的途径。

（二）在教育系统的微观方面：注重软件建设，关注弱势群体子女的文化弱势

资源配置是硬件建设、基础建设，我们应加强对教育资源的优化调整配置，以解决城乡、区域差异。而文化弱势则是软件建设，农村基础教育中暴露的文化弱势，是一个不容忽视的突出问题。文化弱势不像资源配置那么显而易见，但影响不可低估。由于农村儿童早期认知习得与社会经验和现代社会学校知识相差甚

远，这导致农村儿童处于一种先天的文化弱势，从而在相当大的程度上削弱了农村儿童取得学业成功的机会。

符码理论①从学校文化和社会化言语的关系视角出发，分析了学校教育不平等及下层阶级子女入学难的文化原因，从而很好地解释了为什么来自较低社会经济背景的儿童在学校一般都是差等生，为什么在课程内容、教师资源、硬件配置等方面得到极大改善后，劳工阶层子女依然在学校教育中处于不利地位。伯恩斯坦的研究让我们看到，实现教育公平不仅需要硬件设施的改善与师资力量的改良，更需要对来自于社会弱势群体的子女给予更多的关怀与照顾。

文化再生产理论②则强调“文化”在维持现存社会与经济结构上的重要性，揭示了隐藏在平等性幻想之下的社会不平等现象。布迪厄认为学校强加给学生优势阶级的文化，在良好家庭文化背景中长大的儿童被赋予了相应的文化资本。在学校教育场域中，阶级文化资本的回报表现为：那些彬彬有礼、落落大方、自信、敢于表现自己、衣着整洁、气质优雅的学生更容易受到老师和同学的青睐，更容易获得周围人对自己的肯定与赞美，因而在学校的学习生活中更容易获得成功。而那些来自社会底层家庭的学生可能更多是腼腆和自卑的，这状态很难使内含文化资本较差的学生获得老师的青睐与同学欢迎，因而在学校的学习生活中更

① 伯恩斯坦从语言技能的角度出发对教育的不平等现象作了深入剖析。他指出，来自不同家庭背景的孩子在早期生活中会发展出不同的符码，即不同的说话方式。其中，中产阶级孩子的语言中含有系统性、逻辑性、文学性的特征，称之为精致性符码，而工人阶级孩子的语言中则没有这些特征，称之为限制性符码。由于工人阶级子弟大多生活在亲密的家庭和邻里文化中，在这种文化氛围中，价值观和规范被认为是一种理所当然、无需通过语言表述的东西，意义通常是经由口语外的渠道来传达的，如手势、肢体或脸部表情。因此，限制性符码更适合实际经验的沟通，而不适宜抽象概念、过程及关系的探讨。另一方面，中产阶级子女却拥有一套“精致性符码”，精致性符码则概念清楚、结构复杂、有利于抽象思维的发展。这样，学校课程与家庭文化层次较高的学生之间就有了一定的文化相容关系（尽管精致性符码不一定具有更大的价值），而与家庭文化层次较低的学生之间存在冲突。对劳工阶层的儿童而言，从家庭到学校是一种改变，对中产阶层的孩子而言，由家庭到学校，是精致符码的发展而不是改变。劳工阶层的儿童必须改变原来的沟通方式，以适应新环境，然而这种改变往往令劳工阶层的孩子们难以适应，进而产生对学校的排斥感或造成他们的自卑感，而且这是劳工阶层的孩子在学校里失败的主要原因。

② 布迪厄的文化再生产理论认为，教育是受阶级利益、阶级关系制约的，学校的社会作用是维持强制性的社会制度并将这种不平等合法化。学校教育并不像信奉“教育民主化”的教育学家与社会学家们所鼓吹的那样，是一种能够彻底铲除社会不平等的社会制度。相反，它是一种以“遗传”的方式生产和再生产社会的不平等，并使这一不平等正当化和永久化的重要手段。由于再生产是通过将学术等级变为社会等级来实现的，因此社会等级的划分似乎建立在天赋与努力之上，从而使这一过程合法化了。即人们将自己的弱势地位归因于个人的失败，如天赋不高或努力不够，而不去考虑背后的社会和文化因素。

易处于不利的地位。文化资本被制度认可后变成了一种资格，如文凭。而文凭与职业、地位是密切相关的，并将人们安插到组成社会结构的不同序列位置上去，通过把学术差距转化为社会等级，完成从文化再生产到社会再生产的过程。中上阶级通过此确保了其子女的优势地位，实现了代际间的传递。

因此，我们在教育政策的制定上，应充分考虑并积极引入文化的因素。比如：在知识内容上，应在适当增加中下层弱势群体子女的符码内容（就像文言文之于白话文，精致性的符码未必优于限制性符码）；在课程的设置上，更多关注来自弱势群体学生语言能力较低这一现实，多一些能够提高其语言能力的内容与实践活动；教育内容中适当加入下层的语言、符码和思想，适当增加农村生物、地理的知识以平衡现代科技知识城市儿童占优的局面；要提高教师和教育管理人员的平等意识，注意对家庭背景、知识水平、教养程度不同的学生以平等的对待（避免标签效应与皮格马利翁效应），适时的给予弱势群体子女关怀与协助。

但是，我们认为，教育的均等仍然只是一种神话，我们持这种悲观看法的原因在于，教育的不平等受到历史、社会、经济等多方面因素的影响，在阶级、阶层存在的情况下，教育无法不受这些差别的影响，因此不可能仅仅从教育本身来维持平等。况且，教育本身也还在产生新的不平等，教育的选择功能本质上讲就是一种新的社会分化过程，想以教育的平等来达到社会的平等是不可能的。

三、基于文化学视角的学校软件建设：亚文化研究

（一）青年亚文化：抵抗的“反权力”和僭越

近些年来，底层民众在与精英阶层进行周旋的过程中，已经开始显现出抵抗的“反权力”和僭越的力量，在强势者所宰制的社会内部悄然进行着被艾柯称之为“符号学的游击战”的对抗行为。因此，近几年逐渐流行起来的“80后”或者“90后”文化决不是“娱乐致死”的浅薄的东西，它是“权力的一部分，它总是在宰制与被宰制之间、在权力以及对权力所进行的各种形式的抵抗或规避

之间，显露出持续斗争的痕迹”。[①]

在伯明翰学派亚文化理论[②]中，亚文化对主文化（主导文化、主流文化、主体文化）和霸权的抵抗是一个核心问题。亚文化代表着边缘群体和弱势群体如工人阶级、黑人、亚裔、女性的特殊抵抗方式，不仅不是颓废和道德堕落的表现，而且恰恰相反，亚文化表征了一种反霸权的意识形态。

由于青年亚文化代表的是处于边缘地位的青少年群体的利益，因而它对成年人社会秩序往往采取一种反叛、颠覆的态度。青年亚文化作为一种叛逆的对传统文化具有挑衅色彩与颠覆意图的非主流文化，是青少年们对社会主流文化与价值观的抵抗。亚文化是与权力和斗争的问题紧密联系在一起，是由于青年人试图在当时统治阶级领域内为自己赢得属于自己的一部分领地而产生的。

伯明翰学派提出了“抵抗”的观念，认为亚文化是一种特殊的抵抗方式。青年亚文化不仅不是颓废和道德堕落的表现，相反，他们用自己的方式对当前的社会进行了批判，亚文化本身有着积极、肯定性的价值。当然，主流意识形态不会对此坐视不管，必然会采用多种方式对其进行收编。这种收编首先表现为亚文化逐渐发展壮大并为社会所接纳从而形成一种主流文化，当然，也可以通过媒介等意识形态的规范强制其向主流文化转变或者加以消灭。以

“80 后”为例，主流媒体曾以“垮掉的一代”“最自私的一代”“最没责任心的一代”等倾向性十分明显的称谓对“80 后”群体加以评判，这不失为一种棒杀的收编形式。但是随着“80 后”群体的逐渐壮大，尤其是汶川地震及奥运期间“80 后”群体的表现，另外一种被称之为捧杀的收编形式随之而来，“80 后现象”“80 后作家”转而成为研究的热点，于是“80 后”又成了有爱心、热心社会活动、国际视野开阔的一群人。

“青年亚文化”总是以妄图颠覆正常社会的文化秩序为特征，它曾经是边缘的、批判的、激进的、愤怒的化身，而如今，其中的一部分已经显示出柔和、无

---

① 亚文化研究是伯明翰学派早期工作的重点，他们的研究对象是青年亚文化，尤其是工人阶级的青年亚文化，比如摩得族、光头党、嬉皮士。伯明翰学派抵抗英国主流学界的文化精英主义，将传统文化理论不屑一顾的一些文化表现领域如电视、大众文化纳入研究领域。在研究这些文化表现的同时，肯定其文化价值。

② 青年亚文化代表的是处于边缘地位的青少年群体的利益，它对成年人社会秩序往往采取一种颠覆的态度，其最突出的特点就是它的边缘性、颠覆性、批判性。它以反抗成年人文化即“父母文化”为特征，向父辈争夺话语权，突出了游戏、狂欢化特性，主要表现在新兴媒介的使用上。

害、狂欢、游戏的特点，青年们从街头、广场撤退到了键盘上、漫画上、服装上。“90 后”在政治和精英文化层面并没有诉求（甚至是漠不关心），他们诉求的是流行文化的话语权。

网络“恶搞”是网络亚文化的另一明显表现形态。由于未能掌控他们所需要的话语权。如今，“脑残的一代”“非主流”成为了 90 后青少年的代名词，“火星文”成为他们的标志，他们被贴上“自我”“叛逆”“另类”的标签。“火星文”是青年们标识个性独立的一种符码，他们给自己的语言编码、加密，为了不让成人社会读懂，并以此自娱自乐。

（二）“反学校”亚文化：不健康的学校亚文化该如何纠正

根据鲍尔斯的教育社会学理论，教育起模式维持功能，起社会关系再生产的作用。独裁国家多用权威教育体制，教师和学生之间多为权威依从关系，民主国家多用平等教育体制。威利斯同意鲍尔斯关于学校再生产资本主义生产关系的观点，但同时又认为这种观点过于机械。他发现学生并非完全顺从地完成社会化，尤其青少年文化的“反动”性格，常具有相当地批判性，这充分表现出反霸权的意识型态。

其实，在许多情况下，学校的确试图改善工人阶级子弟的工作机会，是这些青年拒绝了学校的帮助，而力图再生产自己的阶级位置，他们并不是教育体制的消极的牺牲品，而在这一过程中扮演着积极、主动的角色。威利斯称这些反抗者为小伙子（lads）。这些小伙子认为教师是专断的，为了反对权威，小伙子以很多方式来表示，如抽烟、喝酒、旷课、奇装异服、打架、参加暴力组织等等。在许多方面这些行为帮助了既定剥削模式的再生产，对抗的文化实际上配合了统治的文化。这是因为他们在学校学习期间创造出来的反学校的“亚文化”恰好和蓝领文化存在着许多相似之处。

在 90 年代以来，以“古惑仔”为代表的一批港台电影对青少年学生群体尤其是工人阶级子女的亚文化产生了极大的不良影响。在校园里，这些以“古惑仔”为自己偶像的学生秉持“社会充斥各种冷漠、势利、虚假、鸡鸣狗盗的伪君子，反而“帮派”里面讲义气、为兄弟两肋插刀”的思想，整日打架斗殴、拉帮结派。关键是秉持这种“亚文化”的学生不以为耻，反以为荣。不管是教育还是规训，对其都收效甚微。

当前我国校园暴力事件频发与学生群体中弥漫着不健康的亚文化有着很大的关系。青少年亚文化直接决定了这些文化秉持者对学校教育、教师和课程学习的态度。无论我们将学校的硬件设施改善的多么好、教师素质多么高、学校管理模式多么民主，秉持着这种“反学校”亚文化的学生从进人学校的第一天就在“积极主动地”努力把自己塑造成为一个学习上的失败者。

总之，青年亚文化是学生与其同辈团体之间自发形成的，有利于学生的情感交流、社会化等，但同辈亚文化也隐含着背离主流文化的危险，倘若不能加以正确引导，则会造成对学生的负面的影响。因为这种处于破坏、颠覆状态的亚文化容易使涉世未深的青少年产生错觉，从而将全部媒体上的青年亚文化内容当作主流文化来接受，把亚文化宣扬的价值观念当作主流的健康的价值观念来吸收。因此，全面地认识青年亚文化、深刻地了解青年亚文化、客观地对待“80（90）后”的行为，这对学生的成长和现代学校的发展显得尤为重要。教育管理者必须高度重视校园文化的建设，及时监控学生群体亚文化的变化发展，尤其是有针对性地改造青少年群体不健康的亚文化。否则，教育公平和学校发展就永远无法落到实处。

第二节　可持续发展的教师角色转型

当下研究教师专业化，我们应当注意到这样一个背景：随着我国基础教育由规模发展向内涵发展的转变，提升教育质量已成为基础教育发展的核心问题。而在社会变革和教育转型的背景下，以人为本的教育理念正在逐步深化。在这场深刻而又艰苦的教育转型中，一个普遍的共识是，要提高教育质量，关键在教师。教师质量既取决于教师教育的质量，也在很大程度上依赖于与教师相关的制度建设。

随着新课程运动在实践中的严重受挫，有人认为，新计划要求教师在课堂中扮演新的角色，而教师却未能作好准备。人们越来越发现中央课程开发机制的先天不足是导致新课程运动难于成功的主要原因，纷纷开始寻求其他的解决办法。主要的关注焦点开始从专家转向学校和教师。人们终于发现，如果要更好地满足广大课程使用者的需要，只有基层创新才有可能获得成功，即只有教师积极参与他们自己课程的开发，才能使所开发课程在学校真正扎下根来。

教师专业化发展是教师成长的必由之路，这个过程是动态的、持续的、乃至是终身的。这个“动态”的发展过程，既包含教师的专业成长过程，也指促进教师专业成长的教师教育过程，它需要一定的载体和形式。诸如“以人为本”的教育管理方式，以需求为导向的在职培训，以读书为习惯的学习态度，以教科研为指导的科学精神，以及现代教育技术的运用等一系列举措，都是有利于促进教师专业成长的。

一、当代教师群体的困局：教师权威的下降

马克斯.韦伯从经验分析出发，提出了三种纯粹的合法性权威类型，即传统型权威、法理型权威和个人魅力型权威。传统型权威的合法性主要建立在长期形成的传统风俗和习惯的基础上（接受它，因为我们自己的人从来都是这么做的）；法理型权威建立在一系列清晰而明确的规则和制度的基础上，法理型权威是理性的、合法的政治权威，是典型的权威形式（接受它，因为这是管理我们社会的法律规则所明确规定的）；个人魅力型权威的合法性建立在某个人的非凡个性和超凡感召力的基础上，个人魅力型权威是一种不规则、不定期出现的权威形态。十分有魅力的领袖具有把一些人吸引在其周围成为追随者、信徒的能力，本身就是合法性来源（例如希特勒，拿破仑之类）。韦伯还指出，除了最野蛮的支配形式外，所有的控制都是通过暴力（利用制度权力和个人威信进行的支配）和赞同（通过被支配者的自愿赞同进行的支配）的结合进行的。为了统治是带有一定程度的赞同基础，一个宪政国家的政府必须在被统治者心目中建立它的合法性。文化是保证统治的合法性方面的一个关键因素。

借助韦伯的理论，我们认为，教师权威的形成主要来源于以下四个层面，此四者的互动构成了教师的实际权威：法定的权威、传统的权威，这两者均源于教育制度；感召的权威、专业的权威，这两者均源于教师的个人因素。影响现代社会教师权威的下降主要因素有以下几个。

（一）素质教育和新课改环境下教师角色的模糊性和不适应性是教师权威弱化的主因

新课程改革和素质教育导致了人们对教学价值、教师素质、专业技能提出了

新的要求，而传统教师权威在实践中与新课程改革所追求的理念是相悖的。由于这种变化对现今很多教师而言来得太过于突然，超出了他们的短期调节能力，使得他们很难适应新的客观环境，不能调整自身的角色行为以符合新的社会期望的要求，这使得社会对教师的表现很失望，从而导致了教师权威的弱化。

（二）信息渠道的多元化对教师权威的影响

网络信息时代的到来，学校教育显然已经丧失了对文化传播垄断的能力，不再是文化社会化传递的唯一途径。学生可以通过各种媒介获得丰富的学习资源，教师不再拥有绝对的知识优势，这使得教师不再成为分配教育资源的唯一阶层，从而导致教师知识权威的消解。

（三）经济因素对教师权威的挑战

由于当前社会教师行业经济收入微薄，从而影响到教师从教的积极性和教师的自尊心，影响到教师职业对高素质人才的吸引力，进而影响到教师权威的树立。

（四）代际差异对教师权威的影响

教师和学生处于不同的社会地位，他们具有不同的文化、观念和价值取向，这就不可避免地发生冲突。不同的代际关系对教师权威有不同的影响，而当前社会处在前所未有的变革中，代际差异非常巨大。这种背景下，教师的权威地位开始动摇。

二、教师权威重塑之路：教师角色的转型

华勒的冲突理论偏向于从学校内部的社会关系，尤其是师生关系来探讨学校教育。他认为教室是一个暂时保持平衡的非民主组织，教师高高在上，由成人社会授以权威，学生只能顺从权威，接受指导，这是一种制度化的“支配一从属”关系，两者间存在潜在的对立情感，师生之间不断进行权力的斗争——为了维持权威，教师会采取命令、处罚、管束、生气和恳求等班级管理技术加强对学生的控制，以顺利从事教学活动；然而学生并非完全接受教师的意识，他们仍会采取消极或积极的策略，表达心理的不满，企图摆脱教师的控制。虽然有时候班级秩序会失去控制，但最后还是可以恢复平衡，因为教师在课堂的权威仍须凌驾学生

之上，而后教学始能进行。然而，随着民众群体意识的觉醒以及学校教育决策权的开放，传统教师角色已不再能胜任现代教师的任务。因此，教师必须体认到师生间权力的不平等与冲突，重新思索现代教师的任务，找到自己的定位，以因应时代的变迁。

（一）跳脱传统教师权威框架，成为具批判反省能力的知识建构者

教学转型的前提是教师角色的转变，教育改革成功的关键也是教师角色的转变。教师角色转变的深层问题是：在现代学校中，教学的实践者不仅包括教师也包括学生；教学的实践者同时又是课程的创造者和开发者。其中，教师的指导作用是一个值得深入探讨的问题。传统教学中，教师的指导明确指向学科体系的已有结论；而在现代学校制度中，教师的指导作用恰恰相反，教师切忌将学生的研究引向已有的结论，而是按照学生学习的实际需求，提供信息，启发思路，补充相关知识，引导学生对某些已有结论进行质疑，探究不同的结论，大胆创新。教师不再以传统的知识传授者和学术权威的形象出现，而是以平等的身份参与学生的学习活动，成为学生学习的促进者、组织者和指导者。教师没有必要担心学生理解不了教材内容，学生通过网络或书刊可以掌握大量的文献资料，并有可能接触到学界权威的研究成果，与相关专家对话。这些要比教师的教案和教学参考书丰富得多，深刻得多。我们可以这样来认识这种学习方式的益处：让专家来教学生，让学生与大师对话。

另外，在整个教学历程中，教师有既定的课程目标，学生也有自己的期望与需求，师生同时成为教室中的两大主体，进行权力的争夺与拉据。传统的师生关系已产生了剧烈的转变，学生不再被动的接受教师授予的知识，他们勇于提出自己的想法，关注社会时事的变化，甚至质疑教师传授的知识，导致教师传统权威受到考验。教师必须体认到学校教育的复杂性及强制性，了解教室中的教学充满了意识型态及权力的斗争，尤其是来自己于劳工阶级的学童更是处于文化不利的劣势。教师应勇于脱离传统权威角色的框架，将自己视为教室内的共同探索者，和学生一起从事学习活动，质疑知识的正当性，将批判与冲突的观念置于教学模式的中心，唤醒学生的意识，鼓励儿童提出质疑，并搜集相关资料作为佐证，重新建构适宜学童学习的课程，建立自己的专业能力，成为一个知识创造者、批判反省者、价值建构者。

（二）从“忠实执行者”到“反思性研究者”

作为终身学习者的教师，我们常常说教师要成为研究者，其实成为研究者的前提应该是成为学习者。近来，教师无学习背景所导致的恶果已逐渐出现。行动研究、校本研究将研究重心下移了，教师可以从事一系列教育教学的研究活动了，可以在教育教学实践中经由不断反思提升智慧形成个人化理论了，但相伴而生的问题是，教师如果没有理论知识的占有为先导，没有一定的理论基础作铺垫，研究常陷入低水平的循环和重复，既不能切实解决实际问题，一也无法真正提炼出经得起考验的教育智慧。“个人化”的理论最终成为无法走出个人狭小思维空间的只能为个人所知的经验。

“新的课程实施中更注重‘创生取向’而非“忠实取向”。以往教师较多将自己定位在实践者的角色上，也常常以“教书匠”自居。“教书匠”这个称呼，非常通俗，但很能反映教师原有的角色设计。“匠”是工匠，是按照他人的设计与谋划，按部就班地去进行操作，把别人的设想外化为现实，把自己的操作达到自动化、熟练化的程度，是工匠的典型特征。这类“匠”才，并不需要动用自己多少智慧，也不需要亲身去做深入探究，他要做的是操作，是实施，是具体化。

教师形象应由“教学技术人员”走向“反思性教学专家”，教师要成为课程教育教学的研究者，做反思型教师。教师是反思性实践者，在研究自身经验和改进教育教学行为的过程中实现专业发展。教师应该是教学研究的主体，现代学校建设的关键是学校的教师。教师不只是课程的实施者，更是课程的研究者、开发者与创造者。教学研究不能只是少数专职研究人员的专利，还应该是所有教师的权力和责任。只有当越来越多的一线教师以研究的态度来对待自己的教学实践和从事教学工作，并且在这个过程不断提高解决实际教学问题的能力的时候，学校教学质量的普遍提高才有真正的可能。让教师参与到学校课程的决策与开发过程，是教师专业成长的最重要的途径，是教师成长为教育专家的必由之路。

（三）由凌驾学生之上的“知识权威”转向为“平等中的首席”

当然，教师无疑是一个领导者，但仅仅是作为学习者团体中的一个平等成员。师生之间的平等从知的角度说，教师与学生只是先知和后知的关系，教师不应以知识的权威自居，二者并不存在尊卑关系；师生之间的平等从情的角度说，师生都是独立的个体，是具有独立人格价值的人，都有自己丰富的内心世界和情感表达方式。知与情的统一构成了师生双方各自完整的人格。

教师的权威仍须凌驾于学生之上，教学活动始得以进行，但这并非意味教室是教师独裁的场域。教师应适时的释放权力，与学生进行磋商，给予学生表达自己心声与处境的机会，采取理性的态度与学生对话，让学生分享决策的权力，以沟通讨论代替强迫与服从，邀请学生参与班级事务，引导学生自主性的发展。相信只要教师放下身段，重视学生的感受，学生妥善运用磋商策略，师生之间展开真诚的对话，一定可以改善传统的师生对立关系。

三、教师角色转型的根本所在：教师专业发展

对于教师专业发展，《教师教育课程标准》所确立的基本理念共有三条：

（一）“学生为本”

最初确立的第一条理念是“学生为本”。提出这一理念主要是针对当前教师教育课程过于强调教育学的系统知识，而缺少对关于学生的先备知识和自身身心发展水平的关注。

（二）“实践取向”

“实践取向”是教师教育课程的第二条基本理念。教师教育课程“实践取向”的一个主要表现是以校为本的“校本研修”被越来越多的人所接受。这一理念的提出，主要针对我国教师教育课程中存在着弱化教育实践环节、轻视教师自身实践经验、忽视基础教育改革实践等问题。教学的实践不是靠一般的技术原理的运用能够奏效的，教学的研究也不是靠抽取教学经验上升为一般化的技术原理所能奏效的。教师应该成为反思性实践者，在研究自身经验和改进教育教学行为的过程中实现专业发展。校本研修是对过去那种自上而下的教育改革形式的反动。“教师总是被看作是课程知识的消费者，而从未被认为具有创造或批判那种知识的技巧”。“学校本位”这个议题本身是内含着重大的权利转移、权力下放。

“校本”是一个复合概念，包括校本课程开发、校本管理、校本培训等，严格说来，校本研修也属校本范畴，它由“校本培训”发展而来，并丰富和完善了“校本”的思想和实践模式。校本研修强调教师是研修的主体，教师可以

依据自己的工作实际选择研修内容与方法，提倡教师将教育教学问题的解决过程与研修过程结合起来，在实践一反思一改进的过程中实现自我更新。“校本教师研修”，不是指单纯地灌输现成的理论教条，而是指激活教师的“实践性智慧”或是“实践性知识”；所谓确立“大学与中小学合作伙伴关系”，也不是指中小学教师一味听命于大学教授的“理论”，而是相互切磋、平等对话，然后择善而从。

（三）倡导“终身”的学习意识

教师专业发展具有未完成性，是一个不断完善的过程，需要终身地进行专业学习。新教师教育课程应突出培养教师具有自主学习的意愿与能力，体现职前学习与在职学习一体化，帮助教师形成“教育者必先受教育”的专业境界，不断学习，努力成为学习社会的促进者和终身学习的引导者。

上面的几个涉及教师专业发展的问题均反映出教师角色转型的价值与迫切性，以教师专业发展为前提的教师角色转型势在必行。当然，我们应审慎规划教师生涯全程的教师专业发展计划。毕竟，教师的生涯发展是不断地、长期地发展与成长，不论职前的师范教育还是在职的教育训练，均需要系统化的辅导与规划，如此才能有效辅导教师生涯全程的发展。我国教师专业发展与教师进修活动，经常是因某些突发的政策或议题来规划设计，欠缺以生涯全程的角度来规划，常使得教师专业发展活动无法连贯，或是蜻蜓点水般地办了几个讲座或研习，这些零散且无系统的教师进修活动不但耗费经费，而且也未必能达成教师专业发展的目的，对此应加以深思与检讨。

总之，任何教育制度与政策的改变，都必须谨慎而为，切勿莽撞行事，否则错误政策所造成的后遗症必然大过未改革前的缺失。美国虽然是高度自由与开放的国家，但对于教育改革却是如履薄冰、戒慎恐惧。因为他们了解到不当的改革将会影响学生、家长的权益，故在实施教改时也是一再地调整与沟通，或是先结合理念让相同的学生、家长与教师来进行小规模或区域性的实验，在改革过程中基层教育人员扮演主角。换言之，在教育改革的过程中，行政人员必须尊重基层人员的看法，改革者更要尊重不改革者的意见，通过持续的对话与沟通来渐渐取得共识，教改方能成功。

第三节　学生参与的可能性论证

有人把“学科教学”归结为“原理＋训练”。严酷的现实使得众多有识之士忧心忡忡：从这种应试制度训练出来的人，能够成为合格的共和国公民吗？从今日我国基础教育基本实现了“两基”的发展现实看，我们所缺的，已经不是教育资金，不是教育技术或是教育人员，缺的是教育思维方式的转变，特别是缺失“公民教育”的核心价值。“公民教育”应当提上议事日程了。

一、建立以“学生为中心”学习的可能性

（一）“人本主义”理论的启示

人本主义心理学视野中的教育以培养“自我实现者”为依归。这里所说的意义学习是指一种使个体的行为态度、个性以及价值观发生重大改变的学习，它关注学习内容与个人之间的关系，学习内容应对学习者有价值和意义。整体的人的学习即整个人都参与的学习，它是针对传统学习只涉及心智不涉及情感或个人意义，作茧自缚于“颈部以上”的学习而言的。罗杰斯认为，意义学习是使人整体地参与学习的最好办法。

人本主义学习理论认为人类具有学习的自然倾向或学习的内在潜能，学习是一种在教师帮助下的自我激发、自我促进、自我评价的过程。罗杰斯明确强调，只有学生自己选择学习方向、参与发现自己的学习资料、阐述自己的问题、决定自己的行动路线、自己承担选择的后果时，才能在最大限度上从事意义学习。在这种学习过程中学生不仅获得了知识，形成了学习方法，而且培养了健全的人格。只有当学生对与自己相关的知识感兴趣、并正确地了解所学内容的用处时，学习才成为最好的、最有效的学习。

在教学活动中，师生的关系应是“主体与主体”之间的关系，即师生之间要相互信任、相互认可、互相欣赏，满足学生心理安全和被尊重的需要，同时以平等的、朋友式的关系进行交往。教师的任务在于形成一种有意义学习的气氛，能促使学生实现自我的个人意义。

（二）“建构主义”思潮

一般而言，在教育界或心理界常将建构主义之起源归结于皮亚杰或是近年极力倡导建构主义思想的布鲁纳。事实上，建构主义可说是十九世纪末期迄今一个走向“人本”的知识论思潮，跨越哲学、心理学、社会等多个学术领碱。但若要给予建构主义一个明确的定义，却是一项困难的任务。如同潘世尊所言：“建构主义并不是体系统整的单一理论，在本质上只是一个包含不同领域理论成员，但却共享某些主张的理论家族”。

建构主义的教学设计通常称之为以学生为中心（也称“以学为主”）的教学设计。它包括两大部分：一部分是学习环境的设计（学习环境是促进学习的外部条件，是外因）；另一部分是自主学习策略的设计（自主学习策略是诱导学生自主学习、自主建构的内在因素，是内因）。建构主义的教学设计，就是要抓住内因和外因这两大部分。

关于教学过程中的主体客体问题，不论是“教师中心说”，还是“学生中心说”，都没有从系统整体来思考教学过程，难免走向片面。无论“学生主体说”、“教师主体说”还是“教师主导－学生主体说”，其本质是“主体哲学”。带有主体哲学的主客二元对立和控制取向。师生之间应该是两个平等主体之间的交流、对话与沟通。“人的主体性只有在主体间关系中才能获得‘人’的特性。教学系统是一个由教师、学生、教学媒介（包括教学内容，教学手段等）为基本要素组成的系统，教学过程是一个系统自组织演化过程。事实上，教师主导作用的发挥和学生主体地位的体现二者并不矛盾，它们完全可以在建构主义学习环境下统一起来。教师的主导作用如果发挥得越充分，学生的主体地位也就会体现得越充分；二者不但不会互相对立，而且相辅相成。这正是主导—主体相结合教育思想所要追求的理想境界。

（三）“对话教学”

告别独白与灌输，走向对话与研究，是我国教学改革的基本方向。因而“对话教学”成为近年来我国教育理论和实践的热点问题。这次课程改革强调改造“灌输式文化”，倡导“对话文化”。我们要共同寻求课程教学的这种革命性的转变—从“传递中心”的教学转变为“对话中心”的教学；从“记忆型教学文化”转变为“思维型教学文化”。

“对话教学”的研究隐含着三个基本假设：第一，“传递中心教学”是低效的、无效的，甚至是负效的；第二，“对话教学”基于尊重学生主体性的学习环境的创造；第三，教学的转型是以教师角色的转变为前提的。

任何课程与教学改革，倘不深谙其精神实质并创造相应的实施条件，不但会使改革的效果大打折扣，反而会刺激保守力量强力反弹。如采用“对话式教学”的最大焦虑无非是怕控制不了学生的讨论，会耽误教学。确实，采用“对话式教学”比之以教师为中心操控课堂的效率要低得多。

但是，教学不仅要关注如何教的合理，更应该关注如何才能学得有效。显然我们没有理由苛求学生在学习中成为专家、学者，但是应该相信学生在研究问题的过程中所获得的知识、能力和探究释疑比成果本身更为重要。这涉及到“对话学习”的目标——获得亲身参与研究探究的体验；培养发现问题和解决问题的能力；培养收集、分析和利用信息的能力，学会分享与合作，倾听多元话语并做出合理决策的能力，参与学习民主讨论与协商的流程，培养科学态度和道德。如果我们仅仅着眼研究性学习的成果本身，那么，就会迷失对话学习的方向。

总之，“对话式教学”的采用或许有损于教师上课的效率，却无损于学生学习的效率。对话式教学死记硬背接受知识上的效率毫无疑问是比不上灌输式教学的，但问题是我们的课程目标仅仅是传递知识吗？就三维课程目标来说，灌输式教学在另外两个维度上效率是低下的。所以，在这里需要转变教师的观念。在习惯于“灌输式教学”的教师看来，“对话式教学”或许是没有效率的浪费时间的，但在推进“对话式教学”的教师看来，“灌输式教学”才是浪费时间的没有效率的。倘若我们不去追求处理教科书内容的进度，而是寻求每一个学生的知、情、行的效率，那么，“对话式教学”远比“灌输式教学”更有效率。

（四）“学习共同体建设”

哲学思想是与教学方法对应的，不同的教学方法就有不同的哲学思想，对应不同的“主体学说”。因此，有论者提出，“教师主导”不能“一概而论”，教师只是在学科讲授中起主导作用。而在“学习共同体关系”中，则更多的强调“共同主体”或者“交互主体”。“交互主体性”的核心是“我—你关系”与对“他者”的尊重，交往活动的各方均是主体的人之间的相互作用，以主体与客体的统一体为前提的。教学过程是师生互动的过程，教师与学生是“合作伙伴的学习共同体关系”，不存在“谁主导谁”的问题，再提教师主导就会造成师生不平等。

“学习共同体”的理论与实践是从20世纪90年代开始在世界各地兴盛起来的。“学习共同体”的构想是针对近代以来学校教育脱离社会生活，学习成为被动的、划一的、个人主义式学习的弊端，旨在恢复学习的社会意义和合作性格而展开的教育理论。共同体的本质在于学生与学生之间、学生与教师之间彼此融人对方。教师与学生之间、学生与学生之间互相倾听，互相信任，形成一种融洽的学习氛围。

所谓学习共同体，是指一个由学习者及其助学者（包括教师、专家及辅导者等）共同构成的团体，团体成员在学习过程中经常进行沟通、交流，并分享各种学习资源，共同完成一定学习任务，形成了相互影响、相互促进的人际联系。学习共同体所倡导的是，不强迫学生削足适履地适应已设计好的教学序列，强调具有不同背景文化的学习者利用各自的专长，相互合作，互相支持，共同完成其共同确定的学习日标。

不同于“集体主义”或传统的班级集体，“学习共同体”是每一个人的差异得以交响的共同体。《论语》说，“君子和而不同，小人同而不和”。“和而不同”可以用作“学习共同体”基本特征的最好的概括，这种表述高度凝练地传达了“素质教育”与“应试教育”的差别：素质教育是“君子”的“和而不同”的教育世界；应试教育是“小人”的“同而不和”的教育世界。我们需要用“和而不同”的课堂世界替代“同而不和”的课堂世界。同时，不仅是班级和学校的共同体作为共同体的环境，而且包括了家庭、区等学校周边的更大的共同体。

二、学生参与学校管理的必要性

学生参与管理已经成为近年的国际大趋势。英国的部分学校，年幼的小学生竟然也是学校管理委员会的成员，参与学校的日常管理。当然，这并不是说无论哪一个年纪的学生都能够像成年人一样参与管理，比如院校董会虽然有学生代表，但法例却明文禁止学生代表参与校长和副校长的委任和罢免的商议和投票，但让学生就他们关心的事、影响他们的事发表意见，则是合理不过的。1990年生效的联合国《儿童权利公约》也指出：“缔约国应确保有主见能力的儿童有权对影响到其本人的一切事项自由发表自己的意见，对儿童的意见应按照其年龄和成熟程度给以适当的看待（第12条）。”如果18岁以下的儿童尚且得到重视，已届成人的教院学生则更应享有如其他院校一样的参与权利。

（一）学生参与缺失的成因

1. “师道尊严”的传统文化桎梏

“在我们的文化和教育传统中，‘师道尊严’已演变成为一种包括师生关系在内的人际关系符号，以等级、集权和专制甚至压迫为特征”。传统师道是父权宗法伦理的延伸，伦理基础是从人格服从到思想服从，没有什么民主、对话、协商，更遑论分权制衡。

2. “知识即权力”的观念定势制约

由于高校教师与学生间客观存在的社会地位、知识、阅历的不对等，使大部分学生自动地放弃了大量民主参与的权力，使教师群体当然地形成了“知识的傲慢”。因为学生的知识劣势使其没有资格与行政权力和学术权力共谋学校治理与发展。

3. “以学为主”导致学生参与态度消极

长期以来我国高校基本上没有让学生分享治理权力，对于学生参与高校治理，相当大比例同学的观点是学生“无参与的必要”或“缺乏参与的能力”。还有人认为：现有的学生组织（包括学生社团、学生服务委员会等）无法真正代表学生意愿履行参与管理、依法监督、建言献策的职能，只能起到“橡皮图章”作用。因此，保障学生权利的职责实质上是由高校的行政权力和学术权力担负着，作为委托人的学生其权力由行政力量和学术力量分享了。

（二）以学生参与为内涵的学校共同体建设

长期以来我国高校基本上没有让学生分享治理权力，我们能听到“教授治校”的疾呼，也能听到大量关于要求保障和强化“学术权力”的呼声，却鲜有让学生分享学校治理权力的声音。高校行政主体占用了学生的权力、权利，垄断了各种管理、决策信息，使得学生完全没有能力参与学校管理。光靠行政权力、学术权力的自律是不够的，权力如果没有制衡就不能终极制止其无限扩张的本性。如果学生在高校管理中不占有一席之地，那么让既得利益者大度地放弃既得的一部分资源是困难的。因此，如果学生不能分享高校管理权，则新的权利很可能被压制并长期处于萌芽状态，从而也就不能满足学生全面发展的需要。

所有的教育都不应该忽视学生的声音，可预见学生参与校务应是未来趋势。时代和社会的变迁会使某个话题在特定的时间和空间内得到重视和重复，人类社会正在步人一个更强烈地追求、并在一定程度上能实现平等的时代，“主体参与”意味着一种平等。同时，在现时代，话语霸权也得到了人们的普遍关注。家长制管理被视为是一种专制与权威，体现了话语霸权，而“主体参与”则意味着平等和沟通。因此，对管理者而言应该积极的因应与接受这种变化，并将学生参与校务应具备的学习与能力训练当作教育的一环，并且鼓励学生积极参与，及了解自己的教育与学习。

建设现代学校的最终目的是走向师生的共同体。共同体的本质在于学生与学生之间、学生与教师之间彼此融人对方。教师与学生之间、学生与学生之间互相倾听，互相信任，形成一种融洽的学习氛围。“师生共同体”的理论与实践是从20 世纪 90 年代开始在世界各地兴盛起来的。“师生共同体”的构想是针对近代以来学校制度脱离学生，学习成为被动的、划一的、个人主义式学习的弊端，旨在恢复学生的主体性、社会意义和合作性格而展开的教育理论。真正的共同体是在关注主体性和关联性的基础上，关注人与人这一意义上的社会互动。

第四节　多元化学校评价体系的构建

评价就是价值判断或评判，重建“评价”的前提是理解“价值”。对于评价，著名评价专家斯塔弗尔比姆曾说过：“评价最重要的意图不是为了证明，而是为了改进。”然而，长期以来，以泰勒模式为首的前三代评价观，采用“预定式的评价”强调评价的鉴定、选拔和奖惩功能，而忽视了评价的根本目的在于改进工作。

当前，素质教育已经成为我国教育领域的一项“重要内容”。但是，素质教育的实施却困难重重。出现这一状况的原因有很多，评价制度就是一个非常关键的因素。不可否认，绝大多数人还是比较认同素质教育的先进理念。但是，由于现实的教育评价仍然是一种重视鉴定、选拔倾向的评价，导致“素质教育轰轰烈烈，应试教育扎扎实实”。

改革会带来改变，但却不一定带来改进。库班（Cuban）曾提出这样一个问题："如此众多的教育改革，为什么没有为学校带来什么新气象?"库班将教育改革分为两个层级：中央层级和学校层级。他认为，由于第一层级的改革不能有效地改变学校的组织架构和不同相关利益人的角色，改革对于学校效能的改变基本没有什么影响；而第二层级的改革则不同，它试图改变学校运作的基本路向，包括共建学校发展目标、重组学校组织架构、再次厘定学校相关利益人的角色等，因而从根本上为学校发展注入了新鲜血液，带来了新的生机。

一、评价的模式观

学校评价是学校制度设计及实施过程中的重要环节，学校整体及教学的每一方面、环节，都可以成为评价的对象。评价涉及到学校的各个领域：学校环境、师资力量、教学课程、教师的教学质量、学生的学习情况和智能发展等等。因此，这也可以说是学校制度设计的最后一个要素。

（一）现代评价的三大价值取向

1. 目标取向的评价

目标取向的评价本质是受"科技理性"或"工具理性"所支配的，其核心是追求对被评价对象的有效控制和改进。这种评价取向推进了评价科学化的过程，它简便易行、好操作，因而一直在实践中处于支配地位。其缺陷在于忽略了人的行为的主体性、创造性和不可预测性，忽略了过程本身的价值，对于人的高级心理过程而言它的作用非常有限。

2. 过程取向的评价

过程取向的评价本质是受"实践理性"所支配，它强调评价者与被评价对象的交互作用、强调评价者对评估情境的理解、强调过程本身的价值。其正向意义在于开始承认评价是一种价值判断的过程，把人在制度开发、实施及运行过程中具体表现作为评价的主要内容，对评价对象的主体性、创造性给予一定的尊重。该取向的不足之处在于它并没有完全走出目标取向评价的樊篱，对评价对象的主体性的肯定不够彻底。

3. 主体取向的评价

主体取向的评价本质是受"解放理性"所支配的，它倡导对评价情境的理解而不是控制，它以人的自由与解放作为评价的根本目的。评价者与被评价者、教师与学生在评价过程中是一种“交互主体”的关系，评价过程是一种民主参与、协商和交往的过程，所以价值多元、尊重差异就成为主体取向评价的基本性格。

（二）评价模式的基本分类

1. 内在评价与工具性评价

关注个性独特性和整体性、崇尚自由和民主的教育评价，本质上是“内在评价”，即指向于教育内在价值的欣赏与提升。体现在要实现的外部目标的需要方面，这种价值就是“工具价值”。工具性评价是对措施或计划实际效用的评价，它关注制度实施前后学校或学生所产生的变化，以至于政策运作的具体状况、变化产生的原因等被置之度外。这种评价也被称为“暗箱式评价”。内在评价是对实施主体自身变化的评价，而不涉及政策制度可能有的效果。对“内在价值”与“工具价值”之间关系的不同回答，形成了不同的评价观。如果无视“内在价值”的存在，或牺牲“内在价值”以成就“工具价值”，就会导致功利主义评价观。倘若漠视“工具价值”的存在，则会导致超验主义、绝对主义评价观。

2. 发展性评价与选拔性评价

我国当前学生学校评价一个显著的特点是各种总结性评价占据绝对的主导地位，各地的教育强调了一种选拔功能。评价的重心一直以来主要集中在对中高考和各种大规模外部考试或评价模式的研究和开发上，而与学生息息相关的发展性评价却长期无人问津，没有得到足够的重视和研究。这种用总结性的外部评价模式来取代发展性评价的做法使得我们国家的学校评价过分强调了选拔功能，而忽视了评价对学生学习的发展功能，过分强调了学生学业评价如何为管理和决策服务，而忽视了评价的结果其实可以更好地为学生学习和教师教学服务的可能性。

3. 过程性评价与结果性评价

形成性评价是指在制度实施过程中，为改进和完善教学活动而进行的对制度实施过程及结果的测定。它是一种贯穿制度实施全过程的评价，边实施，边评价，边调整，使执行过程成为一个不断提升的过程。总结性评价是在制度开发或制度实施完成之后所施行的评价，其主要目的在于收集资料，对制度计划的成效作出整体的判断，作为推广采用或不同计划之间比较的依据。

4. 量化评价与质性评价

量的评价是把复杂的教育现象简化为数量，进而从数量的分析与比较中，推断某一评价对象的成效。质的评价是通过自然的调查，全面充分地揭示和描述评价对象的各种特质，彰显其中的意义，促进理解。尽管客观、量化具有精确、简明的特点，然而对教育而言，量化的评价的诸多限制把复杂的教育现象简单化或者只能评价简单的教育现象，使教育评价失去了许多有价值的信息，甚至丢失了教育中最有意义、最本质的东西。

（三）现代评价的发展趋势

1. “过程性评价”与“结果性评价”融为一体

上述四个关系问题是教育哲学的核心问题。当教育只是为将来做准备、变得痛苦不堪、丧失“内在价值”时，人们往往借口“结果是美好的”“眼下吃苦是必要的代价”而忽视过程价值。当教育失去智慧基础而沦为无意义的嬉戏，无节制地放纵儿童时，人们往往又借口“教育是轻松快乐的”“教育是慢的艺术”等而忽视结果的重要性。这两种倾向有着共同的错误根源，即过程与结果的“二元论”。素质教育课程评价的显著特点是关注“过程性评价”，并将之与“结果性评价”融为一体。

2. “自我发展评价”与“外部总结评价”融为一体

重视评价对象的自我评价，这也许和重视改进的形成性评价有关。教育过程既然是个人的发展过程，那么对学校的评价过程，就当然不仅是对客体评价的过程，也应该包括自评，包含评价对象的自我认识，自我分析，自我提高的过程。这种越来越重视评价对象在评价过程中的地位，重视评价对象的自我评价的趋势，反映了教育评价过程中，再一也不是把评价对象仅仅看成是一个待测试，待检查的客体，而是把评价对象看成是一个教育评价的积极参与者，把自我评价看成是评价活动一个重要的环节。应该强调评价者和评价对象之间在评价的整个过程中不断地对话，然后互相修改自己的观点，求大同、存小异，使评价结论尽可能地取得一致。

3. 定性的分析和定量的计算的有机结合

定性的分析和定量的计算的有机结合，这也是教育评价方法发展的一个趋势。在教育评价中要兼用定性和定量的方法，这使得我们在选择和宣传教育评价方法时有一个清醒的认识，但是由于我国教育理论界长期来缺乏定量的科学研究，不重视数学方法，把结论建立在一些个体经验的描述上，因此强调一下定量的研究方法，普及一点教育测量学和教育统计学的基本原理，在当前是必要的。这并不是历史的倒退，而是在新的高度上定性和定量的结合。一切被证明的是有效的定量方法非但没有被放弃，即使使用的是定性的描述方法，在具体处理时往往也通过一定的量化技术运用数学的方法进行分析。

二、评价的目的与价值追求

多元化评估的基本含义是，评估应促进发展。戴维·内热在批评旧有的学校教育评估时指出："评估应该是一个增加评估对象信心、强化学校动机以及重视学校办学有成的机会。相反的，我们却常常把它当作指出学校失败的机会。尤其是中国筛选式的评价，大多数评价对象被认定为失败者而被淘汰出去"。

（一）评价以帮助评价对象发展为主要目的

通过评价以更好地促进对象发展，是当代教育评价的出发点和归宿。加德纳在表达自己对学校教育的理解时指出："我将评估定义为，获得个体技能和潜力等信息的过程。是帮助评价对象，为该个体提供有益的反馈。"以帮助学校发展为评价目的的多元智能理论来反思我国已有的评价体系，可以发现，在我们对学校的传统评价中，过分强调评价的甄别和选拔功能，忽视评价的发展功能，因而评价者往往花大量的时间来对学校进行排序、评定等级、贴"标签"等，即"选拔适合重点培养的学校"，而不是为学校的发展服务，不是"创造适合学校发展的评量"。其直接危害是使大多数评价对象成为失败者，自尊心和自信心受到严重挫伤，其内在的潜能得不到发掘，发展受到阻碍。

（二）评价是情境化的，评价应成为评价对象日常情境的一部分

加德纳多元智能理论评价观的一个显著特点是强调情境化评估。加德纳在《多元智能》一书中指出："评估应该成为自然的评价对象情境的一部分，而不是在一年学习时间的剩余部分中强制外加的内容。评估应该在评价对象日常的情景中轻松地进行。""当评估渐渐地成为学校景观的一部分，就不需要再将它从其他的活动中分离出来，因为评估是无所不在的，所以也不需要为评估而评估"。评价者则应该从传统的评价观中走出来，增强评价意识，在日常生活中随时随地

地进行观察、记录和评价，将评价贯穿于日常情境之中，实现与评价的一体化。

三、如何进行多元化评价

当国家设计了制度标准、改革方案之后，如何才能让制度的实施顺利落实呢？一个关键策略就是进行学校的发展性评价。因为“政策制定”往往只关注输入，只有“会评”才是关注输出，且反过来又能改变输入的质量。因此，从某种程度上说，学会评价比政策制定更重要。实践早已证明，如果不会良好评价，政策是很难得到顺利实施的。

（一）评价必须有清晰的目标

所谓促进发展，实际上意味着评价对象在达成预定目标的过程中有进步。没有目标作为参照，是否得到促进就缺少判断的依据；没有与目标的比较，任何评价结果都是没有意义的。要开展发展性评价，首先必须依据制度标准的分解和改革方案的研究确定清晰的发展目标。

从评价角度看，评价者必须有清晰的既定目标，即关于学校发展结果的清晰的愿景，并且认识到政策实施的目标也就是要进行评价的目标。更重要的是要让评价对象同样清楚地了解这些目标，并将之转化成自己的努力目标和自我评价目标。学校中的人是学校的主体，只有当主体清楚“我要去哪里”，且知道“那里”是什么样的时候，主体的努力才有方向，才能用目标来监控自己的发展，才能根据当前的现实状况与目标的差距来确定下一步的内容和策略。

（二）评价需要评价者高度的评价素养

促进学习的课堂评价需要评价者有高度的评价素养。如果我们相信评价必须促进学校的发展，如果我们相信现场层面的评价是促进学校发展的评价的主渠道，我们就必须致力于提高评价者的评价素养，要明确现代评价范式的内涵，这是我们迎接新的评价范式到来的一个关键前提。这需要我们深入分析评价实践的应然状态，界定从事这些实践活动应当具备的知识与技能，形成发展性评价素养框架；需要我们依据评价实践开发评价方面的培训课程，分阶段地进行评价方面的培训

（三）评价必须在学校层面持续地进行

评价过程本质上就是一个决策的过程。评价者做出良好的决策需要准确、充

分的证据和信息的支持；评价对象在学习过程中也需要经常监控自己在达成目标过程中的进步，以做出改进学习的决策，这种决策也同样需要充分、准确的证据和信息的支持。评价主体和客体做出良好的评价所需要的信息必须是具有情境性的，即与特定的学校对象、特定的政策制度、特定的发展目标以及特定的学校环境相联系。外部评价无法提供这样的信息，评价主客体在现场层面实施的评价能够与其生活直接关联，能够提供有助于支持决策的信息。

第五章 ‖ 现代学校的主体重构

第一节　服务型教育行政

服务型教育行政是当前教育行政体制改革的趋势。服务型教育行政将教育行政部门的服务职责放在了突出的地位。它不同于当今普遍存在于教育行政中的管制职责。教育行政部门要想在学校管理中成功发挥自身的服务职责，扮演好“服务者”的角色，一方面要明确服务职责自身的要求和具体的行为模式，将其具体化到学校管理中；另一方面还需要克服当前教育行政自身的弊端，将有违服务本质的行政行为加以改进。

一、教育行政部门的服务职责

简单来说，服务型教育行政就是在教育行政部门在履行众多的职责时，将服务职责放在了最重要的位置，并将服务的理念和服务的手段贯穿于整个管理过程中。具体来说，“教育行政部门是政府主管教育事务的职能机构，是政府的一个分支机构。教育行政部门又是一个由各个部门、各类成员、各种因素为了实现一定的教育目标和完成一定的教育事业发展任务组成的有机整体。”教育行政部门的职责是多种多样的，服务职责只是众多职责中的一种，与政策职责、评估职责等相并列。而教育行政部门的服务职责在众多的行政职责中又具有自身独特的地位和作用，它是教育行政的本质职责之一，与其他具体职责相比，服务职责更能反映出行政的本质内涵和天然使命。因为教育行政本质上就是一种服务活动。教育行政组织为有效地管理下级教育行政部门及其学校所开展的各项活动，从本质上都是为了提供一种积极主动的优质服务。服务职责体现出教育行政部门应为辖区内的教育发展积极互动提供优质服务，要求教育行政部门将服务的理念、精神、行为、方式等始终贯穿于管理活动中，实践为各级各类教育事业发展服务的责任。

二、服务型教育行政的内在本质

教育行政改革是行政改革大思潮中的一个重要组成部分。当行政组织部门成为政府中的一个专门性的部门后，指导其构建和运行的理论一直是以老公共行政为模本的。老公共行政吸取官僚理论和一些组织管理的理论，赋予了行政“执行”和“效率”两大关键词。发展至今，行政组织的低效率和服务的低下也使得人们很不满意行政现状，迫切要求进行行政改革。

20 世纪 80 年代，新公共管理以其独特的视角和分析模式成为一种流行的国际理论。新公共管理理论建基于管理主义和公共选择理论之上，试图推行公共行政管理的市场化和私有化，主张采用私营企业的一些灵活多变的方式改变当前行政僵化的官僚制模式。新公共管理确实为实践中的行政改革带来了生机和活力，而有关公、私方面的行政管理是否可以等同也成为了新公共管理理论是否成立的主要争论点。新公共服务理论就是建立在试图回答这一问题的基础上，它是针对新公共管理的批判和反思而提出的，从更深层面对公共行政在以公民为中心的治理系统中所扮演的角色作出了解答，提出了应该建立一些具有完善整合力和回应力的公共行政机构，以更好地履行自己的服务职责。

尽管新公共管理理论和新公共服务理论建基于不同的视角和不同的研究方法，并提出了不同的改革实践模式，但它们都试图对当前的行政现实作出尝试性的改变，都渗透着对服务价值和服务精神的推崇和重视，这和行政产生和存在的本质要求有不言自明的契合之处，体现了行政改革对服务价值的回归。两种“新”理论对于服务阐释的共通之处具体体现在：（1）意识上的关怀性——以人为本。“以人为本”已经成为我国政府施政的重要指导原则之一，其中体现了关注人的力量的发挥，这在“新公共管理”理论和“新公共服务”理论中都得到了相应的阐释。新公共管理提倡以“顾客”的利益和需求来驱动公共服务的提供。服务的出发点是顾客的需求，靠拢顾客以获取其需求方面的信息，在具体的服务过程中时刻要保证顾客利益的实现，服务的结果也要经得起顾客的检验。这样做有助于公共行政责任感的萌生和持续保持，也有助于重视顾客的力量，汲取更多人的智慧进行革新。而新公共服务非常重视“谁拥有政府”这个问题，认为公民是公共行政权力的最终所有者，因此实现公共利益就变成了公共行政最终极的存在价值。新公共服务提倡公共服务的主要执行焦点应该放在公民参与和社区建设上，给予公众一定的权力，致力于构建和维持一个自我治理的社区网络；（2）行动上的民主性——绩效和参与。新公共管理理论和新公共服务理论认为不存在“全能型”的行政组织，认为行政有自身的缺陷，因此提倡在具体能力范围内提供有效而优质的服务。为了保证自身服务使命的实践，在具体行动过程中，两者都有自身的独到建议。新公共管理认为公共行政部门的职责仅限于“掌好舵”，即针对公共问题做出公共决策。而具体的“划桨”工作则不应该由公共行政部门全权处理。新公共管理提出了关注结果的绩效管理。在新公共服务理论中，围绕着公共利益这个服务目标，行政组织在思考上要具有战略性，而具体行动中则要具有民主性。民主参与是行政组织发挥力量恰当而必要的组成部分。为更有效地实现参与，新公共服务理论还提供了许多具有实践性的策略，如公共听证会、公民调查、规划委员会、社区小组以及民主谈话等不同方式，这些在当前有些已经成为现实，对于缩短公民和政府的距离，发挥更大范围的人的积极参与有积极作用。

通过对两种“新”理论的考察可以看出来，它们同时围绕着“服务”对自己的观点进行了阐释。两者对服务的内涵给出了不同的答案，但是却反映出了当前行政改革过程中服务价值的必然回归。尽管两种理论都属于一般行政理论领域，但是它们都无疑对教育行政的改革具有积极的借鉴价值和深刻的影响。

三、构建服务型教育行政的现实困境

（一）管制型教育行政的惯性力量

长期以来，由于受到计划经济的影响，指导教育行政部门工作的一直是传统的管制行政思想。尽管在当前行政改革中，这种管制思想得到重新的价值分析，然而其在具体的教育行政部门中已经形成具有强大力量的工作惯性，使得教育行政部门习惯了管制角色，也使学校习惯了被管制的角色。这两种角色的固化对于学校管理具有极大的消极影响。

首先，“管制者”的角色使得教育行政部门始终处于高高在上的“管理者”地位。“管制者”的角色不但使得教育行政部门主导学校的发展，而且贯穿于整个过程之中。此外，“管制者”的角色还在无形中拉大了学校和教育行政部门的距离。学校需要教育行政部门怀着服务的热忱为其发展提供支持，这不仅需要有形的物质、资金支持，同时也需要在两者之间建立一种和谐、亲切的交流渠道。而“管制者”的角色使得学校对教育行政部门始终怀着“敬畏”的态度，教育行政部门习惯于运用行政命令和文件规定的方式对学校进行管理，不是从学校需求的角度提供服务，而是将其放在被动的地位提供管理。学校有需求不会主动提出，教育行政部门也不会主动去关注学校在发展过程中的需求。

其次，隐藏于“管制者”角色背后的是一种“全能政府”的观念。在这种观念指导下，行政部门夸大了自身的行政能力，将许多“不该管、管不了、管不好”的事情都包含在自身的职责范围内，一方面导致了行政效率的低下和教育资源的浪费；另一方面导致了社会中隐藏的教育力量的萎缩，忽视学校的自主发展。此外，这种观念还导致了教育行政部门采用直接、单一的方式对学校进行管制。1997 年世界银行发展报告《变革世界中的政府》中提出，为提高政府的有效性，“政府必须将它所具有的能力集中于它能够而且应该完成的任务，使其作用与能力相符合。”使用“有限政府”代替“全能政府”始终是当前行政改革中的重要指导原则，在学校发展中需要的教育行政部门以“服务者”的角色为学校提供服务支持，“管制者”的角色不仅违背当前行政改革的重要原则，同时也与学校的内涵发展要求相背离。因此，教育行政部门应该致力于自身角色的调整，将服务的理念融入到具体的实践工作之中，站在学校的角度为学校提供服务。

（二）服务型教育行政认知的不充分

尽管当前在行政改革中，“服务”的价值得到了重新的认识和强调，各个类别的行政部门都试图在实践中寻找实现自身服务职责的现实路径。然而通过对当前“服务行政”理论和“构建服务型政府”的实践考察可以看出，承载着服务职责的行政部门对这一本质使命和时代呼唤的回归性价值仍存在认识不清的问题。如果在头脑中没有清晰的概念认知，就无法很好地指导实践的发展。这一现象在教育行政部门领域同样存在。尽管教育自身的独特性使得“服务”一直暗含教育工作之中，但是教育行政部门对于如何很好地实践自身的服务职责存在理论和实践认识上的认知缺失。当前在教育领域内专门探讨教育行政部门服务职责的研究还较少，已有的研究主要集中于对西方发达教育国家的借鉴，“服务型教育行政”的构建在我国还处于发展阶段。

尽管认识到传统的管制型教育行政已经无法适应教育改革的潮流，但是究竟如何承担起“服务者”的角色仍是教育行政部门需要持续思考的问题。尽管一直强调要为所辖学校提供服务，但是教育行政部门关于服务的具体内涵、服务内容的具体范围以及服务手段的选择都没有形成清晰的、系统的认识。例如，关于服务手段的使用，服务行政提倡的是灵活多样的手段选用，其中主要是需要引入具有人文关怀的“软管理”手段，提倡对人员给予情感上的支持，同时也不必完全排斥传统管制手段的应用，而是需要保持其作为辅助手段发挥作用。而在具体的服务提供过程中，教育行政部门由于无法把握“软管理”的真谛而无法使其发挥潜力。对于管制性的手段，或是完全弃之不用，或是使其隐藏于服务的名称或目的之下继续使用。

（三）教育行政人员的专门服务能力不足

无论是新公共管理理论还是新公共服务理论，都对于行政人员自身的服务能力提出了较高的要求。然而就目前来说，我国的地方层面教育行政人员的专业化水平普遍较差，专业性的教育服务能力不足。我国教育行政机构的负责人中相当部分是由非教育专家人员充当，大部分行政人员主要从地方学校中抽调而来，真正教育学专业和教育管理专业的高层次人才很难进入教育行政部门，“外行”领导“内行”的现象仍存在于教育行政领域内。此外，教育行政部门中的人员职业稳定性较高，凸显“以能力为本”绩效考核机制尚未健全，这些都不利于教育行政人员服务能力的培养和提升，同时也使得教育行政部门为学校提供的一些重要服务比如对学校教育科研的指导、对学校管理方面的诊断和咨询等专业性服务由于缺乏专家型的人才，缺少真正的服务能力而使指导流于形式或演化为一种误导。当前主要通过职前培训和职后培训的形式对教育行政人员进行职业能力的培养。然而，在调查中也反映出当前对教育行政人员的之后培训寥寥无几，更谈不上一个系统的、可持续性的培训体系的构建，教育行政部门在对专业人员培训方面仍然缺乏积极的认识和行动。

（四）隐含服务理念的教育法规流于形式

依法行政始终是教育行政改革强调的原则之一，这很大程度上源于解决当前教育行政部门内始终存在着由于职权不清而过分干预学校管理的弊端。服务行政本身也要求教育行政部门从决策到执行以及监督的整个过程都纳入法制化轨道。当前我国在教育领域还没有专门性的强调教育行政部门服务职责的法律，但是服务的理念始终在教育法律法规内有所体现。隐含教育行政部门“服务”职责的法律法规主要与保障“学校自主发展”的制度建设相关。根据我国《教育法》的规定，“各级各类学校在遵守国家的法律、法规，贯彻国家的教育方针，执行国家教育教学标准，保证教育教学质量的前提下，享有9项自主权：（1）按照章程进行自主管理；（2）组织实施教育活动；（3）招收学生或其他受教育者；

(4) 对受教育者进行学籍管理，实施奖励和处分；(5) 对受教育者颁发相应的学业证书；(6) 聘任教师及其他志愿，实施奖励或处分；(7) 管理、使用本单位的设施和经费； (8) 拒绝任何组织和个人对教育教学活动的非法干预；(9) 法律法规规定的其他权利”。这些规定有助于厘清当前混乱的政校关系，将学校应该具有的权限还给学校，使教育行政部门将关注点从对学校的全能型“管制”转向有限的“服务”。然而这些规定多只出现在中央层面的教育法规中，且缺乏相配套的可操作性实施细节，也没有相应的激励机制和监督保障机制，使得它们在具体实施中流于形式。此外，一些地方教育行政部门的执法守法观念还不强，还不能严格地按照国家已经颁布的教育法规条文办事。地方性的教育法规体系建设还十分薄弱，法律规范不能涵盖教育行政管理活动的各个方面，这就留下了很大的人为管理的余地，使教育管理人员的自由裁量权过大，因此，可以说不是没有强调教育行政部门服务职责的法规制度保障，而是相应的法规制度体系还不足以在实践中严格地发挥作用，需要进一步完善。

（五）对市场因素和社会力量的忽视

“在我国社会转型的进程中，伴随着政治领域的民主化、经济领域的市场化和社会领域的自治化，政府的力量、市场的力量和公民社会的自治力量共同作用于教育领域”，市场力量和社会力量逐步在教育和学校中扮演着积极的角色。具体到学校管理中而言，教育行政部门不再是唯一的服务提供者，学校应该秉持着开放的观点，主动向家长、大学、教育中介组织等提出合作的邀请，这样才能保证学校提供的教育满足社会的需求，从而实现可持续发展。教育行政部门作为政府力量的代表，其最基本的责任在于保证教育的公益性和社会公平。在当前的教育变革实践中，已经出现了教育行政部门将一部分教育权力“移交”给市场领域和公民社会领域的实例，如教育中介组织的逐步发展、提倡办学主体的多样化和多渠道筹措教育经费、保证家长和社区在学校管理中发挥作用等。但是这些实践还没有取得突出的成就，仍处于“试验性”的阶段，还不足以完全发挥市场领域和公民社会领域对公共教育的影响力，而且在法律层面还没有提出行政力量向公民社会领域与市场领域放权的问题，这无疑都说明当前公共教育权力还没有充分考虑到市场因素和公民社会因素，目前在教育改革中并没有涉及公众对公共教育尤其是义务教育的选择权和教育的公共治理的参与权问题。政府对部分转移到市场领域、公民社会领域的公共教育权力尚缺乏有效的监管。

（六）地区层面教育信息服务能力薄弱

当前学校组织身处极其丰富的信息环境之中，然而，到目前为止我们国家还没有建立起完整的专业性教育数据库。仅就地方层面而言，当前我国地方教育行政部门的信息服务能力还较为薄弱，利用教育信息为教育决策服务、为日常业务管理服务、为教育科研服务、为教育改革服务的能力都明显不足。教育信息库的构建是一个系统的复杂工程，其中，“硬件设施是基础，资源建设是核心，人才培养是关键”。这些方面的建设都需要巨大的人力和物力投入。作为拥有大部分教育信息资源的掌握者，教育行政部门在构建教育信息库过程中扮演着“主要负责人”的角色。而当前教育行政部门在物力和人力支持方面还处于初步探索阶段，即使在东部发达地区，中小学教育信息化建设资金短缺，西部地区更是资金缺失严重。此外，教育行政部门向学校和社会公开的教育信息，往往倾向于公开一些教育“成果化”以及能够反映出教育“效率和稳定发展”的信息，如入学的增长率，义务教育普及率、毕业人数、课程的革新以及学校改革的成就等。而对于一些负面的情况如校园事故、暴力事件、每个学校的财政状况、师生冲突以及教学发展的弊端等，都无法从现有教育网站中得知。“就目前的教育网站而言，普遍存在‘重网络、轻内容、轻服务’的弊病，成为名副其实的门户网站”。

四、构建服务型教育行政的路径

（一）抓住服务行政本质，明晰教育行政的服务边界

“教育行政部门为学校服务”的命题提出涉及教育行政部门和学校两大主体，必然要面对政校关系的重新构建问题。就行政法律方面而言，教育行政部门与学校的关系不存在绝对的对等关系，两者的不对等关系主要体现在教育行政部门对学校的管制是始终存在的。因此，在学校管理中凸显教育行政部门的服务职责时，并不是完全否认行政管制力量的存在，刻意强调“管制”与“服务”的对立，而是在于如何更好将“管”转化为“服务”，寻求最恰当的行政方式，构建更加合理的政校关系。

1. 树立“有限行政”的服务观念

“有限行政”是体现服务本性的最基本属性之一，服务行政首先要求教育行

政部门在学校管理中要始终遵循“有所为有所不为”的行政理念并能够合理处理“为”和“不为”的边界问题。树立“有限行政”的服务理念是教育行政实现从“管制”向“服务”转变的基础，教育行政部门必须明白自身所拥有的教育行政资源和教育行政能力都是有固有的限度的，因此教育行政部门为学校发展提供的服务必须有一定的限度。此外，树立“有限行政”的服务理念还要求教育行政部门要始终致力于寻求自身的行政边界。戴维·奥斯本和特德·盖布勒提出的政府定义促使人们重新思考政府的职责限度。他们认为“政府的意思是掌舵而不是划桨，即政府的职责是确定问题的性质和范围，然后通过对资源的调配和整合，让别人处理和解决问题。”因此，教育行政部门为学校提供的服务应该始终“以学校发展为本”，遵循学校发展的内在发展规律，将服务的内容局限于“宏观调控”的范围内，即政策导向、消除变革阻力、激发内在改进动力、提供资源保障、构建教育治理格局等方面。

2. 依法梳理服务内容清单

“依法行政”意味着教育行政部门服务职责的实施必须在法定职权范围内，不能越位、错位甚至是缺位，为学校提供的服务必须遵循教育领域和行政领域的相关法律法规的内容。作为国家教育管理体制的一环，教育行政部门必须依法承担“正式”的教育责任，相关的法律发挥是教育行政部门在梳理责任范围时的首要“分析工具”。要做到“依法行政”，首先要在现有的法律规定中明晰自身的教育责任。我国当前实施的“地方负责，分级管理”教育管理体制，规定了地方教育行政部门必须承担起辖区内基础教育“主要责任人”的职责，要求教育行政部门必须切实承担起学校发展的责任并在实际工作中有所作为。如：1994年《国务院关于〈中国教育改革和发展纲要〉的实施意见》规定“地市级政府根据中央和省级政府制定的法规、方针、政策，对本地区实施义务教育进行统筹和指导。县级政府在组织义务教育的实施方面负有主要责任，包括统筹管理教育经费，调配和管理中小学校长、教师，指导中小学教育教学工作等”。其次，“依法行政”的内容还包含了教育行政部放手不属于自己的职权范围，保证学校自主发展的权力。要仔细研究教育领域的相关法律法规（如《教育法》《国家中长期教育改革和发展规划纲要（2010－2020年）》等）和行政领域的法律法规（如《行政许可法》等）的相关规定，将“放权”做到实处，并能够依据地方实际做好配套服务，避免“一放就乱”的现象。最后，教育行政部门要正视当前我国教育法律体制不健全的现状，在自身的职权范围内为完善法律体制而努力。如为促进《学校法》以及《教育行政许可法》的出台出谋划策，寻找机会和途径向上级乃至中央层面的教育行政部门提供建议等。

3. 以学校的需求作为服务的基准

无论是探讨行政缘起的“社会契约论”还是反映当前行政新趋向的“新公共管理”和“新公共服务”理论中，都赋予了公民（顾客）在公共社会中的主体地位。公共行政部门承担着更好地为公民提供优质公共服务的职责，首先要求其提供的服务要反映出公民的需要，以满足公民需求作为服务的基准。坚持“以学校为本”应做到：首先，教育行政部门要努力为辖区内每所学校提供多种多样的“一般性服务”，以保证学校有选择的余地。为此，教育行政部门需要深入了解辖区的发展情况、辖区内教育发展的现状以及当前国家乃至国际教育改革的倾向，从中寻找本地教育发展不足的缘由，引入先进的教育经验，不断开展地方教育试验，以便有针对性地寻找多种解决策略。其次，要始终保证学校具有是否接受来自于教育行政部门在学校发展过程中提供的服务的自由，杜绝“强制性服务”和“变相服务”的情况。教育行政部门要始终相信学校是最为熟悉自身发展情况的主体，有判断是否接受外界帮助以及接受什么帮助内容的能力。教育行政部门只能提供相应的指导，不能完全代替学校作出选择。

（二）强化行政组织自我更新，激发行政人员服务内在动机

教育行政领域自身充满了复杂性和挑战性，如果只是一味要求行政人员提供优质的公共服务，这种无视行政人员利益和价值表达的做法注定是失败的。新公共服务理论提出“通过人来进行管理”的论点，认为“在公共服务中处于核心地位的是人类行为要素——例如人的尊严、信任、归属感、关心他人、服务以及基于共同理想和公共利益的公民意识。”因此，要最终实现提升公共教育服务的质量，就必然要着手促使教育行政机构内部的“人”发生变化。只有通过激发教育行政人员的内在服务动机，使教育行政人员能够正确并勇于承担自己的服务使命，才能保证教育行政人员会更加积极主动地提升自己专业服务能力，并主动担负起教育行政部门服务学校的职责要求，最终实现公共服务的理想。

1. 转变心理契约，培养责任意识

学校发展本身的复杂性使得其可能在短期内无法显现出人们努力的成效，因

此，为了使教育行政人员能够坚持提供教育服务，就需要服务责任的观念在他们心中生根发芽。伴随着教育在公众生活中的基础性地位越来越重，社会各界对教育的关注和期望也越来越高，这使得教育领域充斥的利益代表更加多样化，来自于社会、政府和市场的力量都试图通过教育蕴含的价值实现自身的利益。教育行政部门作为对公共利益的负责的代表力量，不仅仅要协调各方利益在教育中的冲突，同时需要在融合各方利益的教育领域中寻找到“公共利益”，保证教育的公正、公平发展。而现实中教育行政部门持有的责任观被“政绩观”所覆盖，追求教育的短期利益、片段式发展成为了指导实践的准则，这种隐含追求经济利益和理性逻辑的绩效观无法从长远上保证教育行政人员的服务热情。从本质上而言，要教育行政人员有勇气正视当前的“责任缺失”问题，并进而承担起“为公共利益服务”的责任观，就需要在不断优化服务过程中转变教育行政人员的心理契约，心理契约的转变蕴含着教育行政人员对自身承担责任的认知和逐步将责任具体化的期望。教育行政不仅仅是一种谋生和追求生活保障的职业范畴，而应该被当做是能够对别人的生活产生影响的责任过程。只有在实践行动中有意识地转变教育行政人员的心理契约，才能够树立起负责的“服务者”形象，并进而影响行政人员的态度和行动。

2. 引入“组织发展”概念，提高专业化学习能力

由于教育事业的重要性凸显和当前公共行政服务面临的复杂任务，教育行政越来越需要专业化的行政人员。在教育行政部门向学校提供服务的过程中，需要教育行政人员提供多种多样的专业性服务：“在职能范围内，不断地提高依法行政和按规章办事的业务水平，尽力多方面获取、使用、储存各种信息，并以此为基础进行科学的预测、分析、立案或决策；在管理手段上，力求有效地行使行政权力，做到事半功倍，还要知人善任，组成相互沟通和合作向上的团队；在价值取向上，有创造性地谋求公共福利和社会效益。”这些特性对当前教育行政人员提出了巨大的挑战，促使教育行政人员通过不断地学习过程储备相当数量的行政管理的专业知识和专业能力。

为了有效提升教育行政人员的专业化水平，除去当前国家层面对教育行政专业化的支持，在自身力所能及的范围内，教育行政组织可以通过推动自身的发展促进组织成员的专业化学习。伴随着学习型组织理论的发展，教育行政部门可以通过逐步引入“组织发展”的概念，持续不断地进行组织系统的更新。将“组

织发展”深化到教育行政部门的组织变革中，首先要做到重视行政组织的每一个成员，关心组织中人的社会系统，把改革的重点放在代表影响行为的信念氛围的组织文化方面，关注组织成员的态度、价值、情感、自由沟通等有关人的种种问题。其次要注重学习和研究过程增强教育行政人员的问题解决能力，通过应用到组织中去的、“从做中学”的途径不断提高组织成员的专业技能和学习能力，注意总结实践经验的价值，将专业提升融入到日常的工作中去。再次，教育行政部门的变革要有一种“正规”的组织变革策略，组织发展讲究有计划的变革，因此制订计划是极其重要的。制订计划目标、规定时限目标的方案，详细确定人员指标、制定时间表，调拨完成任务的必需物质等。为了保证计划的适应性，常常还需要引入变革咨询指导人员担任“顾问”的职责，对组织发展提供建议。总结而言，对教育行政部门自身而言，为学校服务本身也是一个自我更新和自我变革的过程，因此，引入“组织发展”的概念，逐步使教育行政部门发展向“学习型组织”，有助于教育行政人员在学习理念的推动下不断提升自身提供服务的专业能力，更好地服务于学校发展。

3. 变革内部结构，注重行政人员的自我实现

传统教育行政组织遵照科层组织的要求进行内部结构设计，教育行政人员处于“金字塔”的下面，主要担负执行领导命令的保守工作。这样的组织结构不利于行政工作人员发挥自身的主动性、积极性和创造性，在凸显服务职责的时代必须有所变革。变革教育行政组织的内部结构可以从以下方面入手：（1）从科层制组织结构向扁平化组织结构转变；（2）成立专门性的服务部门，例如成立教育信息咨询服务、对服务质量进行申诉服务、人力资源服务中心、学校发展服务中心等部门；（3）建立新的人员激励机制，注重工作人员的精神激励；（4）完善对话机制，实施参与式决策。参与式决策有助于促进教育行政人员“名副其实的自我投入”，这样的投入极大地激励了参与者，从而发挥他们的干劲、创造性和积极性。首先，允许下属在管理者做出决定后提出问题；其次，在与下属讨论后，在作出最终决定之前，根据可能的变化提出一个暂时的决定；再次，将问题提交给下属，当和他们讨论并收集到他们的看法之后，做出决定。重复上一步，直到最后，以分权协作的方法，组织从许多可能的决定中选择出最重要的一种。

（三）整合各种教育资源，构建教育信息数据库

在教育行政部门为学校提供的服务中，信息服务始终是必要的。无论是从信

息内容的公开透明还是信息手段的合理使用，“信息”始终是实践服务职责的重要媒介。教育行政部门要通过自身的力量整合辖区内外的教育资源，这些教育资源不仅仅是作为教育信息数据库的内容发挥作用，同时在数据库构建的过程中也需要各种教育资源的支持。这些教育资源包括教育系统内外的各种人力、物力、资金、时间、教育信息等。整合教育资源不仅仅是构建数据库的目的之一，也是支持数据库形成和持续发挥作用的必要策略。

1. 建立和维护教育信息数据库

在形成教育信息数据库的过程中，教育行政部门首先应组织专门的技术人员参与。随着信息技术的不断发展，信息的收集和整理工作越来越需要专门性的知识和技能，不仅仅需要来自教育系统内部的专业人员，同时还需要得到教育系统外部的信息专家支持。因此，教育行政部门应尽可能成立专门的“数据系统顾问小组”，小组的组成人员应该包括学校发展的关键参与人员：学校管理人员、教育咨询人员、信息技术人员、信息支持人员、教师、家长以及学生各个群体的代表。这些代表需要理解信息运用对作出教育决策的重要性，拥有基本的数据收集、分析以及与不同群体有效交流信息的能力。教育行政部门在小组中处于“组织领导”的地位，不仅仅要保证这些代表的参与权利，同时要监督代表在构建数据库中发挥应有的职责。其次，教育行政部门要保证数据库的形成与实际教育情境的紧密结合。信息的收集是一个与改进过程同步的“动态”过程，“数据系统顾问小组”的代表应分散于各个学校之中。学校和教育行政部门的原有信息应得到充分的利用，除却这些信息，学校发展中与学生成就相关的措施实施信息、学校进展信息等应得到最大程度的收集和利用。“开展信息收集工作应建基于考虑各种类型信息的优势、局限和实时性等特点，并使得信息以能够揭示出学生成就的形式呈现。”此外，小组代表需要经常性的会见进行信息反馈工作。交流掌握的信息，及时更新数据库的信息，总结数据库的利用情况，对数据库的未来发展提出建议以便不断地完善数据库的缺陷，保证数据库的持续性发展和应用。

2. 宣传和利用教育信息数据库

教育信息数据库应尽可能地包括多方面、多类型的信息，同时这些信息能够被相关人员轻松得到并能方便使用。学校的信息库面临着多个群体的使用需求，这就使得信息库的宣传和便利使用存在很大的困难。为了保证信息库可以便利各个群体的使用，教育行政部门应做好信息库的宣传和指导使用工作：（1）清晰阐释各个群体的使用需求，以便指导“数据信息顾问小组”的代表在收集信息和整理信息过程中关注各方的需要，并以利于需求实现的方式呈现不同形式的信息。如家长在使用信息库时更多地关注学生自身的学术成就发展以及学生所在学校的改进成就信息等，因此，在向家长群体呈现信息时要突出这些方面并以家长可以理解的语言和形式呈现；（2）制订信息库的构建计划和使用步骤，在信息库构建的初期，教育行政部门要制定信息库的构建计划，其中应对信息库构建的目的、“数据信息顾问小组”的组成人员和工作内容以及使用群体进行初步的分析和说明。随着信息库构建工作的开展，“数据信息顾问小组”应该逐步完成构建计划并对如何利用数据库进行说明，以便指导各个使用群体能够逐步掌握利用技巧；（3）各种类型媒介的利用有助于推动信息库宣传和便利使用，尤其是当前网络技术的使用使得信息的传递和交流更具便利性，教育行政部门不仅仅需要通过网络公开各种信息，同时还应提供网络使用的人员培训支持。如英国伦敦市教育当局派遣专业信息专家进入学校培养学校关键人员掌握分析数据、运用关键工具的方法以及分享数据的能力、针对提升电子和纸质数据分享系统提供建议的能力；（4）注重人员能够熟练进入网络信息系统能力的培养。美国为提升家长利用信息的能力，加强学校与社区之间的联系，在社区内部为家长提供专门的课程辅导，有专门的人员对信息库的使用进行指导说明。

第二节　学校法人地位的确立

一、法人及学校法人

（一）法人

“法人”归属法律范畴，是相对于“自然人”而言的。自然人是在自然状态下出生的人，是以生命为存在特征的个人。法人是在法律上人格化了的、依法具有民事权利能力和民事行为能力并独立享有民事权利、承担民事义务的社会组织。我国《民法通则》对法人下的定义是：法人是具有“民事权利能力”和“民事行为”能力，依法独立享有民事权利和承担民事义务的组织。“法人”是世界各国规范经济秩序以及整个社会秩序的一项重要法律制度。一般认为，其肇始于罗马法的规定。如罗马法中提到："为了形成一个真正的团体，即具有法律人格的团体，必然有数个（至少为三人）为同一合法目标而联合并意图建立单一主体的人。"这种对"团体"之法律人格的赋予，被认为是民法理论研究和制度设计中最富想象力和技术性的创造。

法人具有以下一般特征：（1）法人不是人，是一种社会组织，是一种集合体，是由法律赋予法律人格的组织集合体。这是法人与自然人的根本区别。它可以是个人的集合体，也可以是财产的集合体。不以组织集合体名义出现在民事主体，不能为法人；（2）具有民事权利能力和民事行为能力。它可以自己的名义，通过自己的行为享有和行使民事权利，设定和承担民事义务；（3）依法独立享受民事权利和承担民事义务。它有自己独立的权益，可以自己的名义独立享受权利和承担义务；（4）独立承担民事责任。可否独立承担民事责任，是区别法人组织和其他组织的重要标志。法人有自己能独立支配的财产，它可以自己的名义，用自己的财产独立承担民事责任。对于自己所负担的债务，它可以自己能独立支配的财产负有限清偿责任。

（二）学校法人

我国《教育法》第31条规定：学校及其他教育机构具备法人条件的，自批准设立或者登记注册之日起取得法人资格。这为确立我国学校的法人地位提供给了法律依据。在我国，学校法人主要是指，为了扩大学校办学权，理顺政府与学校的关系，由学校在社会经济生活中发挥的社会作用所决定的，相关法律法规赋予学校的全部权利和义务。但学校法人的法律地位不应局限于学校的民事财产权利和义务。

二、学校法人的特征

学校法人源于民法上的法人制度，因此，其本身与其他种类的法人，包括企业法人、机关法人、社会团体法人和其他事业单位法人等相同的特性。如具有独立的机构和章程，是一种由自身组织特性体现出的法律实体；具有独立的法律权利和义务，独立承担民事责任；一般以行政首长作为法人代表；依法具有起诉、应诉、申诉等法律资格。但是，学校作为特殊的培养人的组织机构，其自身还要受到教育规律的制约。学校的运行除要遵守国家一般的法律法规外，还需要严格执行教育法律法规的相关规定。学校是教育法体系的基本法律主体。因此，我国学校法人还具有自身的独特特征。

（一）非营利性

学校法人相比企业法人的最大区别就在于其不是以营利为目的。大陆法系将法人分为公法人和私法人。其主要区别在于设立宗旨是否以谋取公共利益为目的。学校属于公法人。英美法系将法人分为集体法人和独任法人。学校属于集体法人。学校自身的性质决定了学校法人具有公益性。我国《教育法》中明确规定："任何组织和个人不得以营利为目的举办学校及其他教育机构。"学校法人的非营利性要求在中国境内实施的教育活动必须对国家和人民负责，而不是对个人或小团体负责，不能因个人或小团体的利益而损害国家、人民和社会的公共利益；不得以主要从事经济活动，获取财产上的增值为目的。目前，在我国义务教育领域还存在着"乱收费"的现象，这和我国学校法人资格相抵触，国家每年都花费很大的力气治理乱收费，将之确立为每年教育工作的重点，出发点都在于教育事业在我国属于公益事业的范畴，必须严格打击一切违背教育公益性的行为。

（二）以育人为主要目标

学校是有目的、有计划、有组织地向学生进行系统教育，最终实现学生从"自然人"向"社会人"转变的社会组织。《国家中长期教育改革和发展规划纲要（2010－2020年）》中提到：把育人为本作为教育工作的根本要求。人力资源是我国经济社会发展的第一资源，教育是开发人力资源的主要途径。要以学生为主体，以教师为主导，充分发挥学生的主动性，把促进学生健康成长作为学校一切工作的出发点和落脚点。关心每个学生，促进每个学生主动地、生动活泼地发展，尊重教育规律和学生身心发展规律，为每个学生提供适合的教育。努力培养造就数以亿计的高素质劳动者、数以千万计的专门人才和一大批拔尖创新人才。由此可见，学校最终的衡量标准在于是否培养出具有高素质、高水平的合格人才。学校教育面向的对象是活生生的人，而不是一种物化的产品。这是学校法人和企业法人的本质区别。

因此，学校法人必须：（1）坚持正确的社会主义办学方向和执行教育方针。

教育必须为社会主义现代化建设服务，必须与生产劳动相结合，培养德、智、体等方面全面发展的社会主义事业的建设者和接班人；（2）在内部管理体制上符合育人的规律。当前，我国学校多数实施校长负责制度，包括校长全面负责；党组织的政治作用；教代会的民主参与管理；校务委员会的咨询审议作用等内容；（3）坚持将教学作为中心任务。按照教育教学自身的规律和社会主义现代化建设的实际需要，调动一切积极因素进行教学改革，完成国家规定的教学任务；（4）具有专业化的教师队伍。学校改革和发展的人力资源基础就是：建设一支具有良好政治业务素质、结构合理、相对稳定的教师队伍；（5）学校要始终坚持以马克思列宁主义、毛泽东思想和建设有中国特色社会主义理论为指导，遵循宪法确定的基本原则，发展社会主义的教育事业。培养学生正确的人生观、世界观和价值观，坚定学生建设中国特色的社会主义信念，培养合格的社会主义建设者和接班人。

（三）办学自主权

学校法人资格的确立首先就体现在学校依法享有各项法定权利，并承担各项法定义务。如前所述，学校法人不同于一般的民法法人，是一种较为特殊的民法法人，其除了在民事活动中依法享有相应的民事权利和承担相应的民事责任外，还享有教育法律法规中的相应办学自主权利。《教育法》中分别规定了学校拥有的自主权利和应承担的义务。第 28 条规定了学校及其他教育机构行使下列权利：按照章程自主管理；组织实施教育教学活动；招收学生或者其他受教育者；对受教育者进行学籍管理，实施奖励或者处分；对受教育者颁发相应的学业证书；聘任教师及其他职工，实施奖励或者处分；管理、使用本单位的设施和经费；拒绝任何组织和个人对教育教学活动的非法干涉；法律、法规规定的其他权利。国家保护学校及其他教育机构的合法权益不受侵犯。第 29 条规定了学校及其他教育机构应当履行下列义务：遵守法律、法规；贯彻国家的教育方针，执行国家教育教学标准，保证教育教学质量；维护受教育者、教师及其他职工的合法权益；以适当方式为受教育者及其监护人了解受教育者的学业成绩及其他有关情况提供便利；遵照国家有关规定收取费用并公开收费项目；依法接受监督。

（四）独立的财权

拥有独立的财权是确立法人资格的基础和前提条件，是法人能够享有独立的民事权利的物质基础。独立的财权主要是指法人拥有的、独立于其创设人和组成人员的财产。目前，关于学校法人独立财权方面的实践存在一些混乱，这给学校法人资格的确立带来一定的困难。我国主要实行以国家投入为主的教育经费管理体制，以保证教育经费的稳定性和持续性。《教育法》的第53条规定：国家建立以财政拨款为主、其他多种渠道筹措教育经费为辅的体制，逐步增加对教育的投入，保证国家举办的学校教育经费的稳定来源。企业事业组织、社会团体及其他社会组织和个人依法举办的学校及其他教育机构，办学经费由举办者负责筹措，各级人民政府可以给予适当支持。第54条规定：国家财政性教育经费支出占国民生产总值的比例应当随着国民经济的发展和财政收入的增长逐步提高。具体比例和实施步骤由国务院规定。全国各级财政支出总额中教育经费所占比例应当随着国民经济的发展逐步提高。2012年，我国教育经费投入基本实现了4%的目标，反映了国家加大教育经费投入的决心。

（五）受国家统一规定的制度的约束

随着知识经济的到来，知识在社会经济领域的价值越来越得以凸显。纵观世界各国，都加大了对教育的重视程度，将“科教兴国”纳入国家长远战略计划。因此，发展教育是保障国家在世界中的竞争力的基础，是国家和民族发展的重大战略。国家必须制定长久的教育发展规划，将教育纳入国家宏观控制的范围，高度重视教育的发展。我国是社会主义国家，国家政府是举办教育的主体。学校法人属于公法人的范畴，其行为必须按照国家统一的教育方针政策规定实施，不得违背国家统一的规定。因此，学校法人必须坚持正确的社会主义办学方向，必须贯彻落实国家的教育方针，执行国家教育标准，接受国家教育监督和指导。学校法人必须认真实施全国统一的学校制度、九年义务教育制度、教育督导制度、教育评估制度、教师资格制度、学生考试制度、教育职员管理制度、学业证书制度、学位制度等。不得违背国家规定自行其事，不能强调法人的独立意志。

（六）独立承担民事责任

独立承担责任是获得法人资格的基本支柱之一。独立承担民事责任是独立财权的最终体现。我国《教育法》的第31条中规定：学校及其他教育机构具备法人条件的，自批准设立或者登记注册之日起取得法人资格。学校及其他教育机构在民事活动中依法享有民事权利，承担民事责任。学校及其他教育机构中的国有资产属于国家所有。学校及其他教育机构兴办的校办产业独立承担民事责任。学校法人作为民事主体，既独立于其组成成员，也独立于它的领导机构和下属机构，学校法人有自己的法律人格，拥有独立的财产，享有自主管理的权利，其责任当然由自己承担。

三、学校法人资格的获得

我国《民法通则》第 37 条规定：法人应当具备下列条件：（1）依法成立；（2）有必要的财产或经费；（3）有自己的名称、组织机构和场所；（4）能够独立承担民事责任。《教育法》第 26 条规定：设立学校及其他教育机构，必须具备下列基本条件：（1）有组织机构和章程；（2）有合格的教师；（3）有符合规定标准的教学场所及设施、设备等；（4）有必备的办学资金和稳定的经费来源。

依据上述规定，我们可以得出确定学校法人的地位，必须具备的条件如下。

（一）依法成立

设立各级各类学校必须得到相关政府或主管教育行政部门的批准。一般而言，在我国，设立普通高校必须经教育部批准；设立中小学分别由省和县两级教育行政部门或政府审批。设置学校主要有以下两种形式：一是登记注册制度。教育主管部门对学校申请者提交的申请报告按照规定进行审核，如符合相关规定，不存在违背教育法律法规的情形，予以登记注册，使其获得合法的地位。二是审批制度。审批制度相比登记注册制度较为严格。一方面要审核提交设立申请的学校是否符合设置标准及教育法律法规的规定；另一方面要审核、论证拟设立的学校是否符合所在区域教育发展规划的要求。一般而言，学校在申请设立的审批时，教育主管部门同时审查了拟举办学校的法人条件，学校在主管部门批准设立或登记注册之日起，就取得了法人资格，并得到主管部门的依法确认。

（二）有必备的办学资金和稳定的经费来源

一般而言，办学经费主要包括学校基建投资和教育事业费投入。当前，我国的办学经费主要依据学生的平均经费计算。不同层次和规模的办学有不同的标准。办学的资金量主要由省级政府部门规定，并需经相关部门审核通过。如达不到相关标准不能批准成为学校法人。

（三）有合格的教师队伍

如我国《教师法》第 11 条中规定：取得教师资格应当具备的相应学历是：取得幼儿园教师资格，应当具备幼儿师范学校毕业及其以上学历；取得小学教师资格，应当具备中等师范学校毕业及其以上学历；取得初级中学教师、初级职业学校文化、专业课教师资格，应当具备高等师范专科学校或者其他大学专科毕业及其以上学历；取得高级中学教师资格和中等专业学校、技工学校、职业高中文化课、专业课教师资格，应当具备高等师范院校本科或者其他大学本科毕业及其以上学历；取得中等专业学校、技工学校和职业高中学生实习指导教师资格应当具备的学历，由国务院教育行政部门规定；取得高等学校教师资格，应当具备研究生或者大学本科毕业学历；取得成人教育教师资格，应当按照成人教育的层次、类别，分别具备高等、中等学校毕业及其以上学历。

（四）有正规的校名、组织机构和章程

校名的确定要能够反映出学校培养人才的目标、层次、学科门类、学校规模、领导体制以及所在地的教育特色等。当前我国学校主要实行党委领导下的校长负责制，因此，校内一般设有教务、政工和后勤三大板块。学校章程相当于学校的“宪法”，其中对于学校的办学宗旨、领导体制、内设机构、教育教学制度以及财务活动等基本的办学事项进行了规定，是落实学校自主权、保障学校自主办学、自主管理的基本法律依据。

（五）有符合规定标准的教学场所及实施

我国目前关于办学条件标准的确定主要由各省级政府部门自行规定。如《山东省普通中小学基本办学条件标准（试行）》中学校设置与规划、学校建设用地标准、学校校舍建设标准、装备条件标准、师资配备标准、公用经费标准等内容进行了规定。

案例

山东省普通小学基本办学条件标准（试行）（节选）

一、校园规划设计

1. 校园规划与设计应严格执行国家现行建设标准和建筑设计规范。新建、

改建、扩建学校，必须先规划后建设，履行报批手续。

2. 校园总体规划设计应因地制宜，合理利用地形、地貌，并根据需要适当预留发展用地。校园总平面设计宜按教学、办公、体育运动、生活等不同功能进行分区，合理布局。

3. 校园建筑应合理组合，集中紧凑。建筑形式、建筑风格和室内布局等要力求体现学校文化的内涵和时代特色，适应素质教育的需要。校园绿化、美化应结合建筑景观和学生身心发展特点统一规划设计，以形成优美、人文、和谐的校园环境，充分发挥环境的育人作用。

4. 体育活动场地与教学用房应有合理的间隔，并彼此联系便利。设有环形跑道的田径场地及球类场地，其长轴宜为南北方向。

5. 校园内主要交通道路应根据学校人流、车流、消防要求布置。室内外水、电、气、热力、弱电系统等管线应根据校园总体规划合理设置并符合国家规范要求，同时按照防火规范要求设置消防设施。

6. 学校主要出入口不得紧靠交通主干道。校门外侧应留有缓冲地带并设置警示标志。有条件的学校应考虑设置一定规模的机动车临时停车场。

7. 旗杆、旗台应设置在校园中心广场或主要运动场区等显要位置。

8. 有条件的学校规划设计时应兼顾残疾学生的使用和安全，实现无障碍的要求。

二、学校建设用地标准

（一）学校建设用地组成

学校建设用地由建筑用地、体育用地、绿化用地等组成。学校建设用地应根据所在区域的实际情况，按照节约和集约用地以及资源共享的原则合理进行规划配置。

1. 建筑用地。建筑用地应满足相应学校规模所建教学用房、办公用房和生活用房等建筑所需用地。建筑用地按建筑容积率（建筑面积与建筑用地之比）0.9 计算。

2. 体育用地。体育用地应满足相应学校所需田径场（含环形跑道和直跑道），篮（排）球、乒乓球、体育器械等运动场地，以及课间操和课外活动场地所需用地。

（二）学校建设用地面积

三、学校校舍建设标准

（一）校舍建筑的组成

（二）校舍建筑面积

（三）校舍用房面积

（四）校舍建筑标准

四、学校装备条件标准

（一）常规通用教学设备

（二）学科专用教学仪器设备

（三）现代教育技术设备

（四）图书资料配备

（五）办公及生活设备

五、师资配备标准

按照国家和省编制标准、教师资格制度和职业（执业）资格制度规定，为学校配备合格专任教师、实验人员和管理及后勤人员，切实满足教育教学的需要，小学新补充教师必须具有大学专科及以上学历且专任教师的学科、职称、年龄、性别等结构合理。教师要按规定参加国家和省规定的各种职后培训，逐步提高学历层次和业务能力。

六、公用经费标准

各地要全面落实义务教育经费保障新机制，不断提高农村义务教育阶段中小学公用经费保障水平。及时、足额将公用经费下达到学校，并安排一定的专项经费，加大对农村学校和城市薄弱学校的投入力度，促进学校均衡发展，使其尽快达到基本办学条件标准。

拥有独立起诉的权力并有能力承担民事、经济等法律责任。学校具有以法人名义保护学校合法权益不受侵犯的权力，有权向法院提起行政、民事和经济等方面诉讼的请求，申请行政复议，亦能在法院和仲裁机构应诉。并有能力以法人所具有的财产承担民事和经济责任，例如违反违反合同的责任和侵权的责任。

四、学校法人治理结构

1989 年，世界银行在发表的《撒哈拉以南的非洲：从危机到可持续增长》报告中首次使用“治理危机”一词，此后，关于“治理”的研究扩大到几乎所有社会经济领域。全球治理委员会在 1995 年发表了题为《我们的全球伙伴关系》的报告，其中对于治理的定义相对权威：治理是各种公共的或私人的个人和机构管理其共同事务的诸多方式的总和。它是使相互冲突的或不同的利益得以调和并采取联合行动的持续的过程。这既包括有权使人们服从的正式制度和规则，也包括各种人们同意或以为符合其利益的非正式的制度安排。它有四个特征：治理不是一整套规则，也不是一种活动，而是一个过程：治理过程的基础不是控制，而是协调；治理既涉及公共部门，也包括私人部门；治理不是一种正式的制度，而是持续的互动。在此基础上，法人治理主要指通过在一个法人实体机构中引入规范的治理机制，依照一定的法律法规或组织运行章程，形成的管理制度的集合体。

通常理解的学校法人治理结构多借鉴企业法人治理结构。当前对企业法人治理结构的研究多从经济学角度出发，认为企业法人治理结构是一组规范公司相关各方的责、权、利关系的制度安排，是现代企业中最重要的制度架构，是为保护企业利益相关者的利益和促进利益最大化而采取的一系列程序、规则和制度等。学校法人治理结构也要考虑到教育领域的利益相关者如教师、学生和家长等的利益，也要关注学校运行过程中的种种制度安排。具体而言，现代学校法人治理结构是基于教育领域的多元化产权关系而产生的一种比较规范的学校领导制度，建立在独立的财产所有权与占有权、支配权、使用权、收益权等权能相对分离的基础上的。即其领导体制可以划分为权力机构、决策机构、监督机构和执行机构，各个机构的权力与职责都是确定的、明确的，它们各司其职，相互配合。建立合理的学校法人治理结构就是要改革传统的政校关系，建立起新型的以资产权利为核心的委托代理关系，实现监督方式的制度化、规范化和监督费用的合理化。

（一）现代学校法人治理结构模型

吕继臣提出，符合现代学校制度特点的学校法人治理结构应该是一个“三角制衡”的制度体系（如图 5－1 所示）。在该制度设计中，学校内部主要形成于由决策中心、行政中心和监督中心组成的结构体系中。

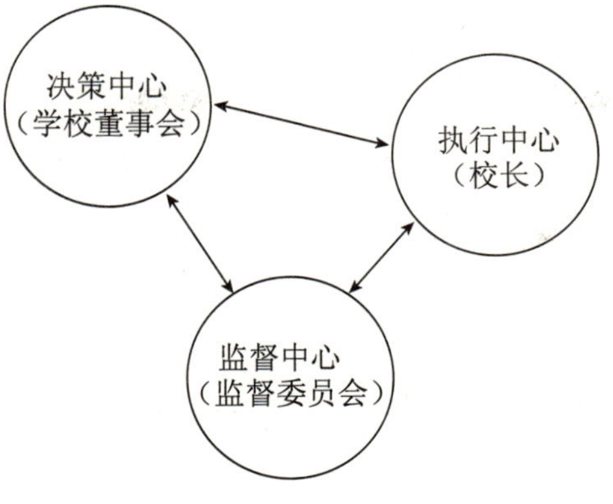

图 5－1　“三角制衡”的治理结构模型

1. 决策中心

当前我国学校多实行校长负责制。现代学校制度构建中，成立以学校董事会，作为学校中的最高决策机构。学校董事会通过例会制度负责对学校的生存和发展、教育思想、教育规划、经营战略、利益分配、学校章程其他重大问题做出正确决策。校务委员会的代表来自于学校内外，代表尽可能广泛的教育力量，其中涉及政治力量、行政力量和民主参与的力量。

2. 执行中心

现代学校制度构建中，成立以校长为主体的行政委员会，类似于公司中的总经理，负责执行决策中心的重要决议，校长由学校董事会任命，对其负责，负有校内事务的管理权，在一定的范围内自主独立地开展校内事务管理。

3. 监督中心

现代学校中成立专门的监督委员会，负责对学校事务的监督。监督委员会的代表包括：源自外部授权的机构人员；源自内部权力配置的机构人员。包括：来自于行政的监察机构，代表着上级行政对高等学校治理的监控；来自于学校内部职工的工会、职代会或教代会，代表了职工群众作为利益相关者的监督；来自于家长、社区力量的家长委员会等组织，代表社会力量为学校事务的监督。主要监督：学校的财务状况与学校的办学方向，并对学校主要领导人办学业绩进行评价，以此作为干部任免的基础，而不涉及高等学校依法自主办学的其他事务。

（二）现代学校法人治理结构的构建

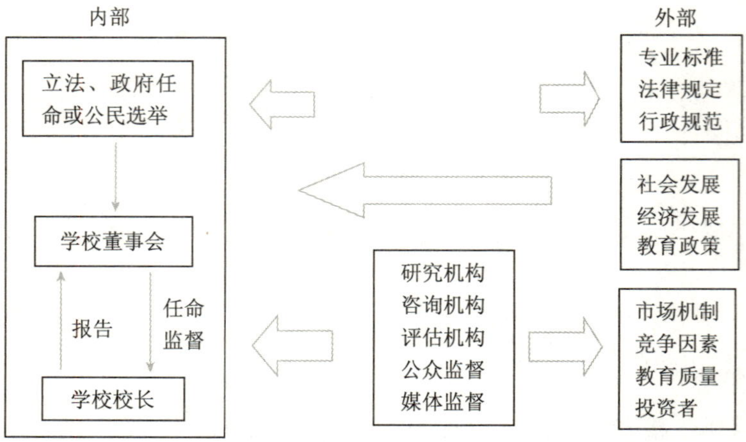

图 5－2　现代学校法人治理结构示意图

1. 内部治理结构

内部治理结构主要包括两方面内容：学校的权力结构划分和学校的激励机制设计。现代学校制度下的学校内部治理结构主要是：在学校内部治理结构中的学校董事会成员由立法、政府任命或者公众选举组成。学校董事会选聘校长，校长对学校董事会负责。如美国的中小学多实行董事会领导下的校长负责制或者学校委员会领导下的校长负责制。其中，学校董事会是独立的机构，脱离教育行政部门，是学校的主要决策机构。学校董事会规划学校的长远发展，制订学校发展战略性计划，对学校的大政方针政策作出最终的决策。独立的学校董事会成员由市长（经议会同意）或县级督学任命。董事会的职权包括：法律法规授予的职权；公正且必须隐含在已明确允许的职权中的职权；为实现学区目标而必不可少的职权。此外，董事会可以通过既定的立法渠道修正、变更或废除旧的法规中并没有代表学区的最佳利益的法规条例。董事会有权聘任和解聘学校领导，有权批准解聘其他所有的教职工。学校董事会参与确定校址、选择建筑设计和建筑商、决定入学者的范围、参与合同签订以及与雇员团体进行谈判等。但由于我国目前学校内存在着行政权力和政治权力两个权力中心，权力之间的关系仍未理顺，学校体制本身还带有明显的计划经济时代的痕迹。现代学校制度建设中的重要内容之一就是构建新型的政校关系，理顺党、政在学校内部的关系，通过试行学校董事会寻找学校内高效的决策中心。

此外，构建现代学校制度还需要解决学校内部治理的激励机制不完善问题。目前我国校长仍属于教育行政人员，主要由相应的政府部门任命，缺乏专业化的考核指标，考核重点仍放在校长的行政事务上，缺乏对办学专业化方面的考核，学校内部缺乏约束和监督校长办学行为的机制。此外，由于校长由政府任命，因而校长具有不同的行政级别，缺乏相应的竞争机制，这样的管理体制已经无法适应现代学校制度提出的要求，为此，学校内部治理结构不仅仅需要构建高校的权力划分结构，还需要建立健全学校内部激励机制，逐步取消校长行政级别，完善校长职级制，将校长的行政级别与校长职位相分离，培育专门的职业校长市场，提升校长的专业化办学能力。

2. 外部治理结构

外部治理机构主要解决学校与学校外部教育利益相关者之间的权力和义务关系。学校外部治理首先要受到学校利益相关者的影响，利益相关者通过制定专业标准、法律以及行政规范而影响立法、影响政府对学校董事会成员的任命和公众对董事会成员的选举。另外，学校内部治理结构还要受到许多社会专业机构或者组织的影响，这些组织也受到市场机制、竞争因素和学校质量等因素的影响。当然一个国家或者地区的教育政策、经济改革和社会发展对学校内部治理结构也会有深刻的影响。

在我国现行教育体制下，学校主要受到以下外部力量制约，分别是：以教育行政部门为代表的政府力量、以家长和社区为代表的社会力量。现代学校制度要求构建更加和谐的学校内外部关系，因此，学校法人的治理结构中必须关注内外部关系的理顺。首先，在学校治理过程中，学校与政府之间的权利与义务一直没有界定清楚，尽管我国《教育法》《高等教育法》等教育法律法规对学校应该享有哪些权利、应该承担哪些义务做了规定，但是由于对政府应该享有哪些权力并履行哪些义务并没有规定，这就使得学校应该享有的权利没有相应的保障机制，导致公权力对学校权力的任意干涉。此外，学校其他利益相关者在学校中应该享有的权利也无法得到保障，比如学校社区与学校的关系、学生家长与学校的关系以及其他与学校发展密切相关的利益主体与学校的关系都非常模糊，以至于现在形成社会所有人都可以对学校教育指手画脚，但是又都对学校不承担任何责任。因此，如何通过学校治理结构来完善学校与政府以及其他利益相关者的关系非常重要。

第三节　培育社会力量

一、社会力量的崛起

随着经济体制改革和政治体制改革的推进，我国逐步确立了“小政府、大社会”的改革目标。经济体制方面逐步实现了计划经济向市场经济的转变，市场经济要求政企分开，企业必须具有独立的经营权，这就要求政府必须“放手”经济领域的一些权力，将属于企业自主运行的权力归还给企业；经济体制社会改革方向即“政社分开”的明确，将原本应由社会承担的职责还给社会，培育和发展了社会中介组织。此外，近年来民政部门推行的“社区建设”“社会福利社会化”“村民自治”则使得中国的社会改革有了新的突破和实质性的进展。这些都意味着中国公民社会的发展有了更为宽松的环境和更为广泛的基础。公民社会的崛起使得公民参与社会管理的意识觉醒，参与主动型增强。此外，随着互联网技术在人类生活中的普及，公民参与社会管理事务也有了更多的开放性的途径，公民参与方式不再局限于直接的“面对面”参与，借助于网络平台就可以参与到一些社会热点难点问题的讨论之中。社会参与的内涵在一定程度上已经扩大，在此社会背景下，现代学校与社会力量的距离越来越近，不仅是学校办学必然的要求——学校的生存环境不是真空，必须与外界环境进行良性的互动和沟通，也是现代社会力量崛起的必然——社会越来越关注自身所享有的教育参与权，参与方式和参与渠道都相比以前更优化，社会力量成为办学中不容忽视的参与力量。

“社会”在现代意义上是指为了共同利益、价值观和目标的人的联盟，是共同生活的人们通过各种各样社会关系联合起来的集合，其中形成社会最主要的社会关系包括家庭关系、共同文化以及传统习俗。微观上，社会强调同伴的意味，并且延伸到为了共同利益而形成的自愿联盟；宏观上，社会就是由长期合作的社会成员通过发展组织关系形成的团体，并形成了机构、国家等组织形式。在学校的视野内，社会与政府和市场一样，是构成学校外部环境的重要组成部分。学校更多面对的是各种社会关系，以及学校内部成员所面对的学校以外的各种关系构成的环境。影响学校发展的社会力量多种多样，再次，主要择取较为重要的三种社会力量予以说明，分别是家庭、社区和社会中介组织。当前，这三种力量在教育中发挥的作用越来越大，现代学校制度的构建中不能疏忽它们的力量。

二、创新家校合作机制

纵观整个教育史可以看到，直到19世纪，学校才逐步取代了家庭在教育中的主要地位。也就是说，19世纪之前，家庭承担着重要的教育子女的功能。其实，即使在学校教育占据主导地位之后，家庭的教育功能也未曾消失过，教育领域也始终没有停止过探索家庭与学校合作教育的研究。近些年，随着教育的开放程度逐步扩大，教育民主化也逐步从理论走向现实，学校和家长对于家校合作都具有一定的积极态度。时代的变化需要我们持续探索新的家校合作机制，使得家庭与学校形成合力，共同促进现代学校的持续发展。

“家校合作”多见于国外的研究。美国学者艾普斯坦在《从理论到实践：家校合作促使学校的改进和学生的成功》中，提出家校合作是“学校、家庭、社区合作”，同时三者对孩子的教育和发展是相互影响的。我国一些学者则提出，家校合作就是家庭和学校同时对学生进行教育，二者是平等合作的关系，学校在教育子女时能得到来自家庭方面的支持，而家长也能得到来自学校方面的指导。两种说法只是对“家庭”范围的界定有所不同，都同时强调了学校和家庭在平等合作的基础上，在子女教育上通力合作，共同促进子女的成长。这也是家校合作最根本的目的。家长参与学校教育是其中的重要内容，一般表现为家长充当子女教育的支持者和配合者，帮助和督促子女完成作业，通过参加家长会、家长学校，作为家长委员会、家长议事会代表等途径，进行家庭教育咨询、家校联等。当前，我国家校合作还存在一些问题，如家长和学校对于合作的认识不充分、家校合作流于形式、合作方式单调、合作持续性差、合作缺乏强有力的组织机构支持和制度保障等，这些问题在一定程度上降低了家校合作的效力发挥，因此，现代学校体制构建中需要加强家校合作的改进。

（一）更新合作观念，提高家校合作的积极性

任何的变革最终都归结于人的观念的变革。如何认识家校合作是解决当前家校合作问题的前提基础。对于一所学校的校长来说，要能够高瞻远瞩，在家校合

作方面起到“导师”的作用。校长要首先充分认识到家校合作的重要性，充分认识家长参与学校教育的巨大价值，引领教职工积极主动地争取家长的理解和支持，把建立良好的家校关系纳入学校年度发展计划，真正把家长委员会等已有组织机构当作一个平等的、独立的社会团体。这就需要校长加强专业知识修养，也需要教育专家们的帮助。在校长的鼓励和指导下，教职员工才会满怀信心；其次，鼓励教师加强家校合作方面的理论和实践学习。目前一些教师能够认识到家校合作的重要性，但是由于在现实中无法切实发挥家校合作的积极作用，导致教师的参与程度不高，因此，鼓励教师积极更新教育观念，提高专业素养。在实践中探索创新，使理念能够真正与工作联系起来；再次，家长方面往往表现出积极的参与意愿，几乎所有的家长都认为参与学校教育有助于自己孩子的成长发展。但是，在面对学校教育时，家长往往处于被动地位，因为一些客观原因，如不知道如何与学校建立联系等，仅仅将想法停留在脑海中，而没有在实践中积极参与学校教育，因此，要鼓励家长积极主动与学校联系，一旦建立起联系要能够保持持续性，切实扮演好“合作者”的角色。

（二）明确家长参与学校教育的内容

一方面，通过建立健全相关的法律法规，明确家长参与学校的责任和权利。如在我国，家长的权利包括：知道学校怎样教育他们的子女；了解学校的政策和计划并作出影响；采取次要的措施保护子女的教育权利不受任何人剥夺侵犯；肯定学校在日常生活及教学上承担的责任，必要时可追究责任。在美国，关于家长参与教育事务的权利包括：择校；让子女保持宗教信仰；对学校给予孩子的纪律处分由申诉权；有权向学校追究孩子在学校或学校组织的校外活动中身体或心理受伤的责任及赔偿；有权查阅和获取孩子在学校里的一切资料档案；有权拒绝让子女参加一些按规定须先征得家长同意的课程或计划等。此外，在一些国家的课程改革文件中，规定了家长参与儿童培养计划的权利和义务；英国相关法律法规指出，如果家长认为开设的课程不利于其子女的学业成绩，可以向学校提出免修而不会影响其子女的学业成绩。德国在相关法律中也提出，凡没有家长委员会参加编制的课程，不得在学校中开设，这使得家长拥有了课程的审核权。针对我国的教育实际，在明确家长参与权的同时，逐步破除孩子入学时在户口、家长职业、学区等方面的限制，允许家长为其子女自主选择学校，以此将学校推向市场，促使学校在提高教学质量上下功夫。

（三）健全家校合作组织体系

我国的一些学者提出，在建立健全家校合作组织体系方面，可适当考虑成立从全国到地方的家校合作机构，如家长联合会、家长教师联合会、家长教师学生联合会、父母亲俱乐部等。通过融合家长、教师、学生以及一些教育专家、教育行政管理人员、校长等尽可能广泛的教育相关人员参与到家校合作的组织构建中。全国性的家校合作机构主要承担以下职责：制定出“家长参与”方案，论证方案的可行性，指导方案的实施和总结经验、教训；地方性的家校合作机构则具体负责制订实施计划，组织学校实施“方案”，检查实施效果并定期将有关情况报全国性研究机构。每一级组织要有规范的组织章程，用人制度和经费管理。

（四）改进现有家长委员会制度

首先，加快专门性法律法规的立法进程。《国家中长期教育改革和发展规划纲要（2010－2020年）》中已经明确提出要建立家长委员会，因此，应该尽快出台专门性的法律法规，对家长委员会的相关职能、组织结构、参与主体的权责划分等给予明确规定，保证家长委员会的强制性和权威性；其次，探索指导和管理家长委员会的其他机构，组建管理合作网络，以加强不同学校家长委员会的指导和促进相互间的交流；再次，加强学校层面对家长委员会的正确认识，将家长委员会作为促进学校工作的重要促成部分，在学校重大改革过程中，鼓励家长委员会的积极参与，认真听取家长代表的意见，将家长满意度作为学校评估的重要标准；最后，各学校应根据本校的教育特点，创造性地开展工作，在家长代表选取、代表工作形式、合作机制建设等方面积极探索，寻求适合自身发展的成功之路。

（五）创新家校合作多元化形式

当前，我国家长参与学校的已有形式多数集中于家长参与到课堂教育的层面，这些形式对于促进教育教学改革有重要的帮助。总结来看，主要有以下不同参与形式：（1）在学校开设“家长课堂”。学校通过解决家长提出的问题帮助家长提高教育孩子的能力，在此过程中也加强了学校与家长的联系和沟通；

（2）创办家长中心，推选“家长代言人”。通过鼓励家长协助学校活动、给家长一定的参与学校事务的权利、让家长成为学校教育决策的参与者等让家长熟悉学校教育的具体情况，鼓励他们为学校发展提供建议；（3）通过“作业本”构建家校合作的桥梁。教师在作业本上告诉家长学生在校的近期表现和点滴进步；家长也可以告知教师孩子在家的相关表现；（4）邀请家长积极参与班级活动。教师组织召开不同形式的主题活动。鼓励家长与孩子共同参与，促进彼此之间的沟通合作；（5）网络是家校沟通的另一重要渠道。家校合作的双方从过在网上运用 QQ、MSN、E－mail 等方式进行沟通，随时保持联系。学校可以建立校园网站向家长通报其开展的各项活动；家长也可以向教师反馈学生校外的情况。另外，还可以以班级为单位建立聊天角、讨论区等形式鼓励家长加强与学校的联系。

（六）学校积极为家长参与提供便利

相关学者提出，有几种重要方法可以加强家长对学校管理和制定决策的参与，包括：分散决策权、给予充足的资源支持，培训学校员工、与当地其他学校合作以及争取社区的支持。

（1）学校将管理权分散给教师、社区代表和家长，赋予家长委员更多的自主权；或是成立由校长、教师、家长代表共同组成学校委员会，规定校长无权做出高于委员会的决策，这样，家校合作就得到了制度上的保证。如美国的 SBM 就是类似的制度，主要有四种不同模式，其中，芝加哥模式赋予地方委员会最大的决策权，委员会中包括 6 位家长、2 位教师、2 位社区代表、1 名学生（无表决权）和校长。委员会拥有真正的决策权，除了有权对学校各项事务做决策外，还有权聘任或解雇校长。委员会中校外人士占优势；（2）提供充足的资源支持教师和行政人员为吸引家长参与所做的努力。包括：人力资源支持、财务预算支持、提供获得学校信息的途径、获得家庭资源中心的帮助、掌握解决家长所关心问题的明确程序、提高组织座谈会的技能、领导能力的培训、行动的及时反馈等；（3）加强对家长的专业培训。通过发展“家长学校”，提高家长教育子女的能力，培养家长教育子女信心和能力。①

---

① 陈峥. 中美中小学家校合作的比较研究［D］. 武汉：华中师范大学，2004.

三、吸引社区力量参与

终身教育理念的提倡引起了人们对社区力量的重视。社区同家庭、教育行政部门等力量一样，是学校教育发展的重要外部支持力量。社区的概念属于社会学领域，在国外社会中较为常见，目前对于社区并没有统一的定义。在我国，具有代表性的说法来自于刘淑兰在《社区与学校的互动》一书中做出的界定。她指出：社区是从事一定的社会活动，具有某种互动关系和共同文化维系力的人类群体及其活动区域。同时她指出，社区一般包括以下四层含义：其一，社区是一个人文区位，是社会空间与地理空间的结合，如村落、集镇等；其二，社区的存在总离不开一定的人群。人口数量、集散疏密程度以及人口素质等，都是考察社区人群的重要方面；其三，社区成员具有共同利益和共同的行为规范、生活方式及社区意识，如共同的文化传统、民俗、归属感等，这些方面构成了社区人群的文化维系力；其四，社区的核心内容是社区中人们的各种社会活动及其互动关系。在此意义上，我们可以看出，学校总是在一定的社区环境中运行的，学校与社区之间必然存在一定的互动关系。学校与社区和社区成员、机构、组织之间是双向交流与合作的关系。一方面，社区要理解、支持和帮助学校，以便有效地实施教育目标；另一方面，学校应该支持社区、面向社区，向社区开放、服务社区。通过互动，社区和学校在交换教育资源的基础上实现了彼此的提升。但是，目前，学校与社区的互动之间还存在着一些问题，如对“学社互动”的认识不够深入；学校与社区互动的保障机制还不健全；农村地区的社区资源尚未开发；学校和社区资源整合力度不够；现代信息技术利用率不高，等等。随着现代学校制度的构建，学校对外部力量的需求程度越来越大，而社区自身隐含的教育能量也不断地显现出来，因此，如何吸引社区参与学校教育已经成为重要的教育议题。解决当前社区与学校互动过程中出现的问题，推动社区与学校建立良性互动的伙伴关系，是建立现代学校制度的应有之意，也是必然趋势。①

（一）加深对学校和社区互动关系的理解

对学校与社区互动关系的理解不仅仅局限于学校教育领域，还涉及社区教

① 于天伦. 我国大学城与周边社区互动发展研究［D］. 天津：天津师范大学，2012.

育、社会教育、终身教育等众多的教育理念。当前，无论是学校人员还是社区人员对此都还缺乏深刻准确的认识，也没有充分认识到学校和社区的良性互动合作对于促进学校和社区发展的“双赢”效益。因此，必须加强合作双方对于终身教育、社会教育、社区教育以及互动合作关系等方面的理论引导。

学校方面，通过鼓励合作者阅读相关书籍、实地参与社区教育提高校长及教职员工自身的理论水平。学校还可以定期或不定期对教职员工举办专家讲座，通过引入专业力量学习最新理论动态和实践经验，增强对于学校和社区互动合作的理解，加深对合作的重要性和价值认识。此外，通过鼓励理论和实践的结合有助于提升观念的更新。通过以理论学习和实践反思相结合的培训方式，挖掘实际教育工作中的真实感受，从而提高教职员工参与合作活动的积极性和主动性。

除了加强学校一方的理论和实践水平，社区内部也应创新工作方法，加强对社区教育工作者的理论水平，将教育理念深入到社区工作中去，使得社区建设和终身教育体系的构建结合起来，为社区成为学习型社区、终身学习型社区而积极努力。一方面要增强社区教育工作者做好社区教育的工作；另一方面还要增强他们参加学校教育的工作，有效地将社区教育与学校教育结合起来。

（二）构建良性互动的运行机制

一个完整系统的学校和社区互动合作运行机制主要包括动力机制、目标定向机制、激励机制和保障机制。

1. 动力机制

简单来说，动力机制就是能够促进学校和社区产生强烈的合作意愿。能够有效推动学校和社区产生合作意愿的动力主要有三种来源：（1）内发式动力，即动力来自于学校或社区内部的力量。其中，学校和社区成员所具有的共同进步和发展的意识对推动双方合作起最大的作用；（2）外发式动力，即动力来自于学校和社区的外部环境之中。比如社会满意度逐步成为评估学校教育质量的指标之一；社区人员参与学校教育的迫切需求等；（3）混合式动力，即由前两种力量共同交织带来的动力。首先，学校总是处于一定的社区环境之中，与社区之间进行着基本的能量交换。一方面，学校通过为社区居民提供教育资源、开放教育设施或场地等方式，提高居民的教育水平，从而达到间接影响社区发展的目的；另一方面，社区是学校赖以生存的社会环境，为学校提供了发展的现实背景和价值基础，影响学校的教育观念形成和教育目标实现程度。这种自发的关系使得内发式动力总是存在于社区和学校双方之中，尤其随着学校自主权的不断扩大，学校与社区的互动更为直接，内发式动力发挥的作用也越来越大；其次，随着教育改革的深刻变革，学校教育越来越需要依赖于社区的教育能量和教育资源。传统学校的一个弊端就在于学校教育脱离所在地的经济文化特点，导致学生的学习与社会活动相脱离，带来了难以适应社会的问题。同时，随着教育的价值逐步得到世界范围的认可，人们主动要求学习的意愿越来越强烈，这些都构成了学校与社区互动合作的外发式动力，它们同样推动了社区和学校的互动合作。

2. 目标导向机制

目标导向机制对于学校和社区确定互动目标有重要的影响。确定互动目标必须能够体现双方的互动理念，至少需要考虑以下两个问题：（1）全面定位。在学校拟订和社区互动合作的计划及行动策略时必须体现开放办学、终身学习等理念。此外，还需要关注社区居民学习能力的提高，如社区居民的自学能力、自我定位能力等，不仅从社区获取学校教育的外部资源，还能够尽量满足社区居民对教育的需求，提高他们的素质和生活质量，促进社区和学校的共同进步。社区在进行目标确定时要重视学校在社区中的作用，满足学校发展的要求，还应考虑自身在互动合作中的教育需求等；（2）反映出社会需求。学校和社区互动合作的最终目标就是拉近学校和社区的距离，实现学生和居民的共同发展。学校和社区都是社会系统的子系统，为此，学校和社区应该反映出社会对教育的需求，学校的需要就是社区的目标，社区的需要就是学校的追求，最终从大教育的观念培养出适应和推动社会进步的人。

3. 激励机制

要实现学校和社区的良性互动，必须使得学校和社区的全体人员能够自发地、积极主动地参与到互动之中。但在学校和社区初步建立联系之时，互动中的被动成分可能要多一些，实现从被动走向主动。一方面，需要学校和社区内部能够意识到互动对双方的发展是有益的；另一方面，需要外部力量充当助推器，因此，需要建立激励性的机制。激励机制的构建有助于加强学校和社区成员对互动的理解，积极参与到互动之中。当互动的优化效果最终在过程中得以显现时，通过激励机制的巩固有助于实现互动的良性运转，对于持续的互动合作有重要的意义。

4. 保障机制

学校和社区的互动需要一定的保障机制予以维持。首先，要有专项经费的设立来保障学校和社区的有效互动，使学校有专门的部门和人员负责这项工作，才能使学校和社区的互动落到实处，达到深层次的交流与合作，而不仅仅是一种形式。一方面可以申请政府拨款，另一方面也可利用项目合作等方式充分调动各种社会力量筹措资金的积极性；其次，由于目前学校和社区互动在我国仍属于启动和发展阶段，国家层面还没有专项法律法规来规范社区和学校的互动，随着双方互动合作的范围和影响逐步扩大，需要通过法治规范学校、社区享有的权利和应尽的责任义务等，促进双方的良性互动合作；再次，理论支持。学校和社区中的观念取向、管理体制、资源整合等问题都需要从理论角度给予研究，使实践活动能够克服盲目性和随意性。①

（三）采用适合自身特点的合作模式

“参与”并不仅仅是用身体行动被动的参加，还应是用心灵积极主动的参加，要能够使得参与者凸显其自主性，发挥能动性和创造力。中国香港大学学者何瑞珠教授研究提出了“以校为本”和“以家为本”两种互动合作模式，对于实践产生较大影响。“以校为本的家校合作”，具体来说就是依据每所学校本身的特性和需要确定家校合作的形式和层次，以学校为中心延伸出去满足家长需要，包括内外环境分析、策划和组织、分工和指导、执行、评估五个环节。（1）内外环境分析：分析学校的内外环境因素如何影响实现家校合作的目标。校外因素包括社会气候、家长的能力和态度、政府的政策和办学团体的宗旨等，校内环境因素则包括教师态度、工作量、学校文化、结构、人力和财力的组成等；（2）策划和组织：分析评估对学校推行家校合作的优势和难点，从而制订家校合作的目标和使命。影响这些政策的因素如财力、人力、工作安排和各项措施都应包括在内；（3）分工和指导：制订了各项家校联系的计划后，学校需要实施分工委派适合的老师去负责执行家校活动计划，并在必要时向有关参与家校合作的负责教师提供培训；（4）执行：确保所有的家校合作活动能顺利地得到支援而成功地实施，如家长会会场的安排、家校活动的拨款等，在执行期间学校

---

① 李卫红. 学校与社区互动的机制分析［J］. 玉溪师范学院学报，2007，23（1）：44－47.

的领导层如校长的激励和嘉许是相当重要的；（5）评估：监察前四项家校合作的策略运作过程，以衡量家校合作政策的目标并作出反馈。“以校为本”的家校合作活动包括家长访校、家长学校、家长会、家访、电访、成立家校合作委员会等。

“以家为本”的家校合作模式，具体指家校合作的形式和层次依据每个家庭的特性和需要而定，包括家庭内外环境分析、策划和组织、分工和指导、执行、评估和反馈五个环节。（1）家庭内外环境分析：家庭内部环境因素应包括家长的健康状况、教育素养、受教育程度、经济状况、年龄、民族、职业、兴趣特长、需求、家庭的构成、学生的年龄、健康状况、智力水平、性格特点、兴趣爱好等；家庭外部环境包括亲戚、邻里、社区状况、文化环境等，对家庭的分析越细致获得的信息越多，家校合作的效果越好；（2）计划与组织：确定影响家校合作的有利因素和不利因素，并据此将合作家庭分类；（3）分工和指导：“以家为本”的家校合作活动由学校或社区牵头，由专职或兼职人员负责实施；（4）执行：聘任家长教育辅助人员按计划对家长进行指导和培训，控制活动进度和类型；（5）评估和反馈：由学校或社区对活动效果进行阶段性评估，从而为下一阶段家校合作的进行提供参考。

（四）利用网络信息技术

当前，随着网络技术、多媒体技术在教育领域的深入发展，信息技术在教育中产生的影响已经不可替代。学校和社区的互动中如何引入网络信息技术，始终是一个重要的问题。以美国为例，可以看到利用多元化的网络信息技术对于推进学校和社区的互动有积极的作用。在学校时间紧张、人员紧张的情况下，充分利用包括电话、电子邮件、音频、视频等现代媒体手段，可最大程度上实现学校与社区间的沟通和交往。因此，加强教师和社区教育人员的现代媒体通讯技术培训就成为现代教育培训的重要课题。我国汕头电信研发的“家校通”系统结合了电话网络、因特网（教育信息网）和综合信息平台等网络优势，整合语音、短信、上网和刷卡等多种手段，成为全国第一个综合电信网“家校通”系统，架构起中国电信先进的网络平台，为学生、家长和老师提供了一种全新的交流方式。

四、教育中介组织改革

（一）教育中介组织

引入教育中介组织的力量，建立并完善政府、学校和社会三位一体的现代学校制度体系，是当前教育改革的趋势。教育中介组织在沟通教育领域和社会领域之间发挥着重要的“桥梁”和“纽带”作用。我国正式使用“教育中介组织”这一词语的文件是1993年的《中国教育改革和发展纲要》，其中提到：“为保证政府职能的转变，是重大决策经过科学的研究和论证，要建立健全社会中介组织，包括决策咨询研究机构、高等学校设置和学位评议与咨询机构、教育评估机构、教育考试机构、资格证书机构等。”具体来说，教育中介组织就是指在市场经济运行环境下，按照一定的法律依据，遵循独立、公平等原则，介于政府、学校、社会和个人之间的，提供一系列特殊的社会服务的非营利性社会组织。从组织性质而言，教育中介组织属于非营利性组织，理论上存在于“教育市场”之中，按照市场规律运行，但与商业性组织有所区别，这使得其必须具有独立运行性、专业权威性、合理竞争性和大众服务性；从职能发挥来看，教育中介组织主要承担着教育研究、建议咨询、监督评估、发布信息、考试培训等职责；从组织类型而言，教育中介组织多种多样，总结而言，包括教育审议会、咨询会、评议会、考试委员会、资格与证书鉴定委员会与家长委员会等组织形式。

以1993年颁布的《中国教育改革和发展纲要》为契机，我国陆陆续续在教育领域成立了一些教育中介组织。目前看来，已成立的教育中介组织主要集中在高等教育领域和发达地区，多数由政府牵头建立。中央层面，到2000年，在教育部直属事业单位中成立了一些正式的教育中介组织，其中主要包括：国家教育发展研究中心、高等学校社会科学发展研究中心、教育管理信息中心、国家留学基金管理委员会、中国留学服务中心、全国高校学生信息咨询与就业指导中心、中国教育国际交流协会、中国高等教育学会、中国大学生体协等。此外，为了促进一些重大教育项目和重要政策的研究、分析和咨询工作，教育部还主导成立了一些顾问小组或专家小组，如为211工程的顺利开展成立了主要由专家学者组成的“211工程综合实力评估组”。地方层面，上海、山东、江苏、广东等省市教育主管部门也主持成立了一些教育中介组织。如：广东省先后成立了高校设置评议委员会、广东学位委员会、粤西地区高校校长联席会毕业生就业指导中心等组织，对于高等教育非官方评估工作发展起到重要的推动作用。近几年，我国一些较大规模的民间教育基金会和第三方教育研究机构、评估机构等相继成立，如上海教育基金会、宝钢教育基金理事会、霍英东教育基金会、21 世纪教育研究院、麦可思评估机构等。

（二）教育中介组织的特征

1. 中介性

教育中介组织最突出的特点就是“中介性”，它存在于政府、学校之间，作为沟通的桥梁和纽带而出现，属于中观管理的层次。教育中介组织开展的活动既不应该受到教育行政部门的直接干预和控制，也不应该偏向学校一方。一方面，教育中介组织接受教育行政部门的指导和监督，遵守国家相关法律法规。教育行政部门不能干预其日常活动；另一方面，教育中介组织主要为学校组织及教育的主要消费者（包括学生、家长或其他与学校利益相关的人员）提供专业性的服务，如为学生及其家长提供各级给教育的信息；为学校提供一些教育热点的社会调研情况等。这些服务的提供应该是尽可能客观、公正的，以帮助家长和学生充分了解教育，维护自身的教育权益；帮助学校提高教育质量，塑造良好的社会形象。教育中介组织要以其专业、客观、公正、权威的形象扮演好“中介者”的角色。

2. 独立性

无论是由政府还是市场主导建立的教育中介组织，都无法否认其自身的独立性。教育中介组织是依法建立的、具有独立法人资格的组织机构，既不隶属于政府部门，也不从属于其他社会机构，必须保证其运行的独立自主性。教育中介组织的独立性主要体现在：一是内在精神的独立，其所提供的服务不受其他组织的影响，做出的结论应是客观专业的；二是管理的独立性，既不受政府领导，也不依附于学校存在，其在地位、经济和操作上都是独立的。

3. 专业性

教育中介组织的可持续性运行取决于其自身的专业性。教育中介组织主要负责为教育领域提供专业性的社会服务。由于教育自身的复杂性和特殊性，要求教育中介组织必须具备一定的专业知识，否则根本无法介入到教育领域之中，更谈不上发挥权威影响力了。一方面，教育中介组织的组成人员必须是专业的，要求具备较高水平的专业素质和专业道德素质；另一方面，教育中介组织提供的服务必须是专业的，其进行的教育评估、咨询、调研等活动必须能够保证过程和结构的专业性。

4. 公益性

教育中介组织所服务的对象主要是教育领域的组织和人员，由于教育自身的准公共产品性质，也决定了教育中介组织不同于一般的营利性组织，尽管某些服务的提供是有偿性质的，但其存在的目的是不以追求经济利益为主的。教育中介组织以追求社会利益为主，通过提供专业化的教育服务，推动教育事业的持续发展。

（三）当前教育中介组织发展的困境

相对国外的教育中介组织，我国的教育中介组织呈现出起步晚、发展速度较慢等特点。教育中介组织的作用已经逐步在教育领域凸显，但是目前我国的教育中介组织还不足以完全发挥自身所承担的职责。在现代学校制度构建过程中，如何改进当前教育中介组织，使其能够真正起到“第三方”的沟通协调作用，仍需要进行深切的研究和探索。

1. 过度依赖教育行政部门的力量

从我国教育中介组织发展的历程来看，大多数的教育中介组织基本上是由国家教育主管部门主导和推动建立的，主要依靠自上而下的行政力量。这使得教育中介组织的发展始终没有脱离“依附”的地位。发展至今，大多数的教育行政部门仍然主导着教育中介组织的任务安排、授权和人员配备工作。具有教育事业单位性质的教育中介组织仍然占据我国教育中介组织的主体力量。尽管随着教育管理体制的改革，一些教育中介组织的自主权不断在扩大，但其本质上仍多属于官方机构，带有浓重的行政色彩，真正意义上的教育中介组织仍寥寥无几。

2. 缺乏专业性和权威性

教育中介组织自身的特性决定了其必须形成多元发展的格局，以应对高等教育市场的多方需求。教育中介组织必须具有专业性，包括人员的专业化、提供的教育服务具有专业性等。然而，综观我国当前的高等教育发展现状，一方面，人员组成比较单一，主要集中于教育行政领域内部。这些人员或具有专业的教育经验，或仅仅作为兼职人员参与中介组织的运行。缺乏教育系统外部人员的参与，如家长、学生、社会大众等力量无法在教育中介组织中占据“一席之地”；缺乏教育专家的积极参与，即使有专家的参与，也主要是作为兼职力量而存在，无法真正发挥其在教育中介组织中的推动力量。简而言之，教育行政人员仍占教育中介组织人员力量的大部分，行政性的办事风格仍主导着我国教育中介组织的发展，专业性的人力资源力量还无法有所突破。另一方面，当前我国教育中介组织所扮演的角色集中于“评估者”和“信息提供者”，其他教育中介组织的应有之责仍没有在高等教育领域发挥作用。如提供政策建议、咨询服务、教育研究、监督发展等都没有得到充分体现。这固然与我国多年形成的集权制教育管理体制有重要关系，但是教育中介组织自身缺乏专业性也是重要的职责，即使是已发挥的职责也存在着固有的弊端。如作为第三方教育机构的“麦可思公司”将关注点放在了大学生就业方面，这与社会大众利益密切相关，对高等教育的发展有重要的价值，但其尚未对教育行政部门、大学组织自身所需要的教育信息进行研究。已有的研究具有零散性，还不足以对整个教育系统产生作用。

3. 组织发展空间相对封闭

一方面，专业性的组织需要依赖国家法律法规来规范运行。当前，我国还没有专门形成关于高等教育中介组织的法律法规，相关的规定也只是散落于众多的政策文件中，其表述也缺乏强制性法律语言，多数是说明性的规定；强调了建立高等教育中介组织的必要性，缺乏具体可操作性的指导。这使得高等教育中介组织在运行中“无法可依”，在实践中只能依靠传统经验进行治理；另一方面，专业性的组织需要具有一定的行业自律规范。我国高等教育中介组织起步较晚，尽管数量在不断增多，但普遍规模较小、职责单一、力量弱小、专业性不高，缺乏行业自律规范的指导。大多数高等教育中介组织都“单枪匹马”，无法形成一个权威性的行业领域，也无法真正承担起“服务者”的角色；过分注重经济利益而忽视社会利益、关注短期利益而忽视长远发展，导致高等教育中介组织在发展中缺乏可持续性，这也是我国高等教育中介组织无法最终成为“行业力量”的原因之一。

（四）反思和改进教育中介组织

1. 转变政府职能，扶持中介组织发展

追寻我国教育中介组织的发展路径，可以看出，我国教育中介组织的成长和发展离不开教育行政部门的扶持。当前，随着服务型教育行政理念的逐步实践，教育行政部门逐步向学校和社会放权已经成为必然的趋势。当前，之于我国教育中介组织发展的重要原因就是政府的管制行政思维挤压了其发展的空间，因此，要加快我国教育中介组织的发展，必须从转变政府职能做起。一方面，政府要逐步向高等教育放权，把政府承担的一些业务性、服务性职能从政府的行政职能中剥离出来，转由中介组织承担；另一方面，政府要逐步转变行政手段的使用，转为运用政策、法规和信息等手段来间接指导教育中介组织的发展。如为高等教育中介组织的发展创设公平竞争的发展环境；通过政策规定为高等教育中介组织的发展提供指导和建议；公布相关权威数据支持高等教育中介组织开展专业性研究；提供资源支持保障高等教育中介组织持续运行等。

2. 完善监督机制，规范中介组织行为

教育中介组织不是纯粹的公益部门，其提供的一些教育服务具有营利性质，这就使得教育中介组织必须接受外部力量的监督。首先，政府在监督教育中介组织中发挥着重要的作用，可以通过制定有关的发展规划、健全专业的法律法规体系、建立相关的监督制度以及进行定期或不定期的检查督导等，切实承担起自身的监督职责。如加快制定《社会中介组织法》《教育中介组织条例》等法律法规，为规范教育中介组织的行为提供清晰的依据；在教育行政部门中专门设置相应的教育中介组织执法监督机构，承担起对教育中介组织进行督导的职责；建立教育中介组织诚信公示制度和相应的惩罚制度等；其次，充分引入社会监督力量，完善公众有效监督教育中介组织的制度。通过利用现代先进的传媒技术，实现教育中介组织与社会大众的直接沟通。如建立教育中介组织信息公示制度，使公众能够及时了解教育中介组织的运行情况；建立网络沟通平台，保证社会大众能够实现与教育中介组织的及时沟通。

3. 加强自主发展，提高中介组织专业性

教育中介组织只有提高自身的专业能力，才能真正实现可持续的发展。首先，队伍建设方面：教育中介组织人员要逐步提高自身的专业化水平，不仅要熟练掌握教育领域的专业知识，还应在咨询、评估、研究等方面加强能力提升。此外，教育中介组织还应积极引入外部教育专家力量，建立一支高水平的兼职专家队伍。如可以邀请具有较高理论水平和实践经验的教育界专家、评估专家、教育行政官员、学生、家长及各行业的资深人士等，甚至可以考虑引入国外权威人士，在专家的选择上可以尝试采用“专家库”的形式；其次，对教育中介组织人员进行专业培训和评估。一方面，能够进入教育中介组织工作的人员应该具备一定的基本资格，这需要我国教育中间组织能够尽快建立相关的专业人员资格制度；另一方面，要建立持续性的培训制度，对相关人员进行定期或不定期的多元化培训。

4. 构建沟通机制，促进中介组织持续发展

教育中介组织的发展应逐步走向开放。在目前发展的现状下，教育中介组织需要依赖全社会的共同扶持。除去教育行政部门的倾斜性政策之外，教育中介组织还需通过提供更加专业、更具影响力的教育服务争取社会的关注、参与和支持，这就需要构建一个更大范围的、能够联系起社会、政府和学校的沟通机制。目前而言，教育中介组织可以依赖网络媒体的参与。首先，通过网络媒体关注当前社会的“教育特点难点”所在，利用自身的特殊角色定位，对此进行专业化的审视，为拉近学校和大众的距离提供服务；其次，通过网络媒体实现与教育行政部门和高校组织的经常性联系。教育中介组织必须通过提供真实性的教育信息才能争取各方力量的支持。一方面，教育中介组织向社会大众输送专业性、权威性的教育分析报告，使社会能够尽可能了解教育的发展，以更加积极的姿态参与高等教育改革；另一方面，教育中介组织向教育行政部门和高校组织输送社会大众对教育的意见和建议，为办好人民满意的教育提供更多的“社会数据”，使高等教育发展更具有针对性。

第六章 ‖ 建设现代学校制度的实践

第一节　学校民主管理委员会

案例

四川省成都市青羊区学校民主管理委员会建设

［问题背景］

青羊区是成都市中心城区，是四川省委、成都市委和成都军区等重要党政机关的所在地，也是经济、科技、文化、文物密集地。现辖 14 个街道办事处，总面积 67.78 平方公里，人口 47.8 万。全区现有公办中小学、幼儿园 54 所，直属单位 8 个，在校学生 6 万多人，教职工近 8000 人。

青羊区 1993 年被四川省政府确定为“四川省集体经济综合试验区”，被成都市政府确定为“成都市综合配套改革试点区”，在改革开放、发展经济方面形成了较好的体制优势和政策优势。

而在学校发展层面上，青羊区教育面临当前国内存在的主要问题，即大量的公办中小学校都实行“以校长负责制”为主轴的现代学校制度，这种制度的问题在于：第一，政府对学校的制约过度，限制了学校的自主办学权；第二，校长的选举与任命缺乏坚实的民众基础，容易形成校长主要对上级主管部门和领导负责，忽视基层教师、学生、家长利益的局面；第三，家长和社区难以积极有效地参与学校的决策与管理。

在这种背景下，推行一种能够适应社会发展需要，以现代教育管理观为指导，以新型政校关系为基础，学校依法民主、自主管理，能够促进学生、教职工、学校、学校所在社区的协调和可持续发展的一套完整的现代学校制度势在必行。

［决策过程］

2003 年 11 月，成都市青羊区被确定为教育部和中央教科所“全国现代学校制度理论与实践研究”八个实验区之一，开展建立新型政校关系、推进学校民主管理等方面的研究工作。青羊区从 2004 年开始，尝试让学校的事务由“学校民主管理委员会”（以下简称“民管会”）来进行决策和监督。

2004 年 4 月青羊区教育局下发了《成都市青羊区教育局关于学校成立“民

主管理委员会”工作的要求》，把成立“民主管理委员会”提上学校议事日程。2004年5月中国教育学会成都市青羊实验学校成立了全区第一个学校民主管理委员会。2005年4月，青羊区教育局制定了《关于加快全区中小学民主管理委员会建设和运转的意见》。2005年5月至6月，青羊区教育局下发了《关于学校民主管理委员会建设和运转的意见》等一系列文件，促进了青羊区学校民主管理委员会的组织建设和规范运作。2005年6月，青羊区教育局大胆启动成都市升平街小学校长“公推直选”实验，2005年9月，邹军当选为成都市升平街小学校长，成为中国第一个公推直选的校长。这一试验，实现了学校民主管理委员会在重大人事任免中实质性权力的突破，为青羊区学校民主管理委员会制度的进一步推进奠定了基础。

[具体措施]

“民管会”由教职工、家长、社会人士、高中学生、教育行政机构的代表等成员组成，是对学校事务进行民主决策、民主管理、民主监督和咨询的学校最高级的自治性组织。“民管会”的成员，都是对教育比较了解的人，对学校的发展具有强烈的责任感，同时，他们有不同类型的经验，能够真正履行“民管会”赋予的职责。

“民管会”所承担的一项重要职权，是直接推选学校校长，并报请教育行政部门核准后聘任；同样，对不合格的校长，“民管会”有一票否决的权力——只要有三分之二的民管会成员认为校长在职期间不称职，那么校长将被“民管会”弹劾。通过区教育局的审核，校长将“下岗”。在校长选聘和“下岗”的过程中，评价工作主要由外部聘请的教育专家担任，“民管会”履行程序监督的职权，以保证程序公正。

2007年，青羊区将“民管会”引入政府部门主导的“全区教育干部考评体系”。例如，在校长年度实绩考评中，“民管会”的评议占校长综合测评成绩的10%，提高了“民管会”的权重。青羊区教育局下一步还打算更大范围地推广“民管会”制度下的校长“公推直选”工作，达到以学生成长、学校发展、群众满意为出发点，促进学校、家庭和社区的统一，改善政府和学校的关系，真正落实学校的办学自主权。

目前，如何增强“民管会”的代表性，提升其参与学校管理的能力、推进“民管会”与学校和政府各自的责权利等重要问题，仍在进行进一步的探索。

［制度创新］

青羊区学校民主管理委会的建立是基于现代社会对现代学校制度改革的需求。成都市青羊区学校民主管理委员会建设的创新之处在于：

第一，学校民主管理会委员产生的民主性和多样性。首先，民管会的委员由代表教师、学生、家长、社区等不同群体利益的“民选委员”构成；其次，民管会委员的产生由筹委会组织教职工代表大会、学生会、家长会、所在社区等群体民众进行民主选举差额产生，并直接对这些群体负责；再次，选举的结果及时在学校、社区和其他单位公示，并积极听取各方意见以作修改。

第二，“民管会”权利和义务的明确性。“民管会”的权利包括：通过学校办学理念、教育目标和发展目标；审议通过学校章程、发展规划、学校形象设计书和其他重大事项；审议通过学校经费和重大建设项目；参与学校重要人事任免；定期听取学校领导班子工作报告；执行民主监督权利。义务是：积极支持学校建设；沟通学校和家庭、社区之间的联系。

第三，“民管会”的议事制度具有民主性和程序的公正性。首先，定期召开会议，遇重大事情可临时召开；其次，会议由主任召集，遇特殊情况可委托他人主持；再次，会议有严格的程序和时间限制。

［实施效果］

成都市青羊区的学校民主管理委员会制度获得了比较理想的改革成果：首先，初步构建了新型政校关系，一定程度上限制了政府对学校微观管理的直接干预，扩大了学校的办学自主权；其次，该制度下，校长不再由教育局任命，不再由教育局评价，改变了过去校长只对“上”负责，而不对学生和教师负责的局面，使校长认识到，自己的权力和威信必须建立在为学生、教师、社区和家长的利益服务的基础上；再次，“民管会”的建立使得学校与政府的角色发生变化，政府逐渐成为基础教育的协调和推进者而非决策者，在推进学校民主决策，优化学校管理结构，促进学校自主发展方面起到了积极作用。第四，推进了学校、家庭和社区的合作，方便学校吸纳和听取各个群体的意见，奠定了学校民主化进程的基石。最后，多项措施和规章制度的出台，促进了学校管理的规范性，完善了学校的管理制度。

［案例点评］

实行学校民主化管理，是办人民满意的教育的要求，要办人民满意的教育就必须听取民意、尊重民意。在学校管理的层面上，家长和社会被排斥在学校围墙外面，已经不再符合社会发展的要求。一批有意愿、有能力参与学校管理的家长和社区人士，期望在子女教育、学校发展等方面能够得到更多的话语权。

因此，青羊区推出学校“民管会”具有十分重要的意义。近一年的实践表明，这项改革是成功的；“民管会”也成为了教育局、学校听取民意、尊重民意的很好平台。这种制度改革，使民主管理不再空洞，而是学校利益相关者的群体实践，“民管会”成为学校发展的良好平台。在这项改革中，青羊区政府发挥了积极的主动性和创造性。在中国，地方教育行政部门推进制度变革的主动性、创造性非常重要，青羊区的教育改革探索具有重要的样本价值。

第二节　教育议事会

案例

现代学校管理制度的新尝试　“三结合”教育议事会——天津市

随着社会的进一步发展，家庭、学校、社会之间的关系也发生了很大的变化，这对校长和学校的管理都是一种新的挑战。要想更好地促进学校的发展，就必须结合新的形势改进学校的管理制度，充分利用家长和社会的力量形成教育合力。在这种形势下，天津市和平区万全道小学在学校管理制度建设上进行了新的尝试，在天津市率先建立了家庭、学校、社会“三结合”的教育议事会制度，同时也成为全国实行教育议事会制度的为数不多的几所学校之一。学校近年来在理论和实践方面进行了有益的探索，对学校的管理和发展也产生了深远的影响。正如天津师范大学王慧来教授所说：“三结合”教育议事会对学校办学起着监督、协调、促进的作用；它实现了由传统的封闭式管理向开放办学、民主办学的教育管理模式的转变；它体现了现代社会多元、开放的基本特征；它是一种与国际对接的学校管理模式。教育议事会是有着很强生命力的教育创新、改革示范模式；它的提出和运行有着丰厚的理论基础和实践依据；有着重要的理论意义和实践价值。”那么什么是“三结合”教育议事会？它在学校的管理中扮演着什么样的角色？带着这些疑问记者采访了天津市和平区万全道小学的校长王浩。

●您能具体解释一下什么是“三结合”教育议事会吗?

“三结合”教育议事会是学校与社会社区、家长共同促进学校有效管理和持续发展的教育协商组织，是参与学校教育决策和科学管理的重要机构，是实现学校民主办学、开门办学的重要形式。它是学校与社会间的桥梁，是教育为社会发展服务的信息港，是教育成果与社会实践的对照镜。其宗旨是促进国家教育方针和学校培养目标的全面贯彻和实施，促使每一个学生全面和谐地发展。“三结合”教育议事会的职能是参与、反映、协商、监督、评价、引导。“参与”就是参与学校重大教育行政事项的决策过程；“反映”就是反映家长及社会各界对学校的意见、建议、要求；“协商”就是立足受教育者立场与教育行政机构协调施教方式；“监督”就是以受教育者为中心监督学校落实国家教育方针的情况；“评价”就是客观评价各阶段学校教育成果为教育行政工作提供参考；“引导”就是全力提供社会经济发展的中远期人才需求信息引导学校依社会经济发展调整中远期规划。

●“三结合”教育议事会在教育管理实践中还属于新生事物，万全道小学是在什么样的背景下开始建立“三结合”教育议事会制度的?

现代学校制度要求政府和教育行政部门从对学校微观、直接、具体的管理中解脱出来，向宏观、间接的管理方式转变，减少对学校自主办学的束缚，放权给学校，真正实现学校依法自主办学。但是如果这样，该由谁来行使对学校具体事务的监督与管理职责呢？学校自我管理的自觉意识和自觉行为怎样培育？校长责任制下校长的权力如何受到制约？学校的管理如何受到切实的监督？除了教职工代表大会的内部有效监督外？是否应该建立一支来自学校外部、客观评价学校并参与学校管理的队伍呢？因此，家长、社会参与学校监督管理力量就变得必不可少了。现在和平区的中学和小学已普遍成立了家长委员会，开设了家长学校通过开展家庭、学校、社区三者之间的互动，有效地促进了学校教育工作的顺利开展。但是学校与家庭、社会的互动还只是浅层次、阶段性的互动，缺乏整体性、系统性，集中表现在互动主要指向一些阶段性的活动，随着活动的结束互动也基本结束，缺少相应的规范性制度予以保障和制约。同时，这种以活动为基本载体的互动尚未深入到学校教育管理的核心层面，存在着学校主动、社区与家庭被动的现象。因此“三结合”教育向更深层次发展就需要学校与家庭、社会互动的进一步加强。在未成年人的教育培养过程中，政府、社会、学校、家庭和未成年人自身都是教育责任的主体，都应该承担相应的责任且各自的责任范围与义务各不相同。但家长普遍存在“有问题找学校”的思想，学校似乎成了“无限责任者”或者说教育部门成了“无限责任者”。我们需要找到一种新的方式来逐步明确各个主体对受教育者的责任，明晰各主体的角色定位，培育其责任能力，催化其责任行为，进而使学校乃至整个教育在良好的外部环境下协调、持续发展，使学生在和谐的氛围中健康成长。基于上述的思考，我校综合各方面信息，结合现代学校制度建设的发展走向，结合我区“三结合”教育的深化发展，结合我校校务公开、民主管理的实际情况，决定通过建立学校“三结合”教育议事会来解决这些问题，促进学校、家庭、社会深层互动，激发各个责任主体的责任意识，从而促进学校不断完善内部管理结构，以适应不断发展的外部教育环境。我校于2005年11月正式召开万全道小学“三结合”教育议事会成立大会暨第一次议事会会议。会议产生了我校“三结合”教育议事会首届委员会委员，包括家长、社区代表、专家学者、共建单位代表、教师代表、学生代表、行政代表。会上还通过了议事会的章程，明确了教育议事会的宗旨、性质、职能。

● “三结合”教育议事会的职能是什么？

我们对“三结合”教育议事会的职能有了更进一步的明确，即教育协商、民主监督、参与决策、评价引导、有效沟通。教育协商即立足受教育者立场与校方协调教育教学各个层面的随机事件并提出有建设性的建议；民主监督即以受教育者为中心监督学校对国家教育方针及学校培养目标的全面贯彻落实；参与决策即参与学校重大教育行政事项的决策过程并以建议的形式对学校决策进行积极的影响；评价引导即客观评价各阶段学校教育成果，为教育行政工作提供参考，全力提供社会发展的中远期人才需求信息，引导学校依据社会发展调整中远期规划。有效沟通即反映家长及社会各界对学校的意见、建议、要求并及时将校方答复和解决办法进行反馈与广泛宣传。

● “三结合”教育议事会与家长委员会、教职工代表大会之间是什么关系？

我们认为“三结合”教育议事会和家长委员会是两个各自独立的组织，两者互动不制动，配合不融合，制约不约束，各自保持着各自工作的独立性、连续性、完整性，相互间全力支持互动默契。如我校开展的“评选学生最喜爱的教师”活动最初是由“三结合”教育议事会的委员提议并具体策划，再由校级和班级家长委员会具体组织实施，然后由“三结合”教育议事会进行统计汇总，分别向学校校务会和家长委员会进行反馈和通报。由此我们感觉到，在实际工作中教育议事会与家长委员会的互动已做到配合默契。在学校中还有一个非常重要的组织——教职工代表大会，它是以受教育者为核心的、全面深入贯彻国家教育方针的教师民主管理学校组织。“三结合”教育议事会、家长委员会要在新时期现代教育制度构建中、在学校民主管理过程中真正发挥作用，就必须与教职工代表大会开展良好的互动。“三会”成为学校民主管理机制的重要组成部分，良好适度的“三会”互动是我们近期的重点工作，也是我们深化“三结合”教育需要进一步探索的重要课题之一。

●“三结合”教育议事会是如何具体操作的？

开始的时候我校“三结合”教育议事会多采取“一事一议”的不定期例会制。实践表明，这种方式不利于充分发挥议事会的职能，同时也使某些议事的周期过长，时效性不强。在对浙江省宁波市广济中学的学访中我们看到了，他们的议事委员轮值工作模式是一个非常好的经验，于是，我们提前启动了议事委员轮值制度。我们全面完善了轮值工作制度，制定了轮值委员职责和轮值工作流程、提案受理流程、回复流程。建立了议事会委员轮值办公室，把“三结合”教育议事会的宗旨、职能等重要文件及“三结合”教育议事会的组织结构、成员构成等在轮值办公室公示。我校还利用家校通网络平台建立了议事委员团组充分利用网络优势及时便捷地开展沟通提高了工作效率。目前“三结合”教育议事会的工作已基本做到了全面公开，同时也为学校的整体工作增加了一定的社会透明度，大大提高了“三结合”教育议事会参与学校各项教育实践的深度、广度。

●在推行“三结合”教育议事会制度过程中应该注意哪些问题？

鉴于学校“三结合”教育议事会是新生事物，我们在初步探索的过程中不可避免地碰到了一些问题。一是教育议事会成员的产生必须由科学的、明确的程序来保证和体现；二是“三结合”教育议事会的职能建设应在今后的实践过程中不断完善，尤其要在以下几个方面多做研究：学校工作计划、发展规划的设计、校本课程的设置及如何科学行使审议权、如何协助校长开展日常管理工作，建立科学民主的评议体系，研讨在素质教育过程中保障学生的选择权、受教育权、主体参与权、发展权等，研究“三结合”教育议事会的实施对学校内部管理体制的影响及存在的问题；三是重点关注“三结合”教育议事会和教职工代表大会、家长委员会之间如何相互协调和促进的问题。现代学校制度是一个行动中的课题，在创建和研究过程中必须始终以理论为指针，以实践为蓝本，不断反思不断调整不断发展。我们将以完善“三结合”教育议事会职能建设为重点，深入探讨“三结合”教育议事会的地位、权利与义务，增强议事会工作实效，构建起相互制约、协调一致、科学和谐的制度体系，以期在现代学校制度建设中不断取得新突破。

第三节　学校、家庭、社区三方互动机制

案例

常德市构建家庭、学校、社区一体化德育机制的实践与研究

一、问题的提出

1. 目前校内外教育存在的不协调现象

今天的中国，正处于一个建设社会主义市场经济的新时代；一个新旧观念相互摩擦、矛盾乃至冲突的新时代。在这样的社会大背景之中，由于家长素质发展不平衡，社区文化环境中还存在不利于中学生身心健康发展的消极因素，学校德育与家庭、社区教育也存在不同步、不协调的现象，当前的德育工作面临严重的困境和挑战。

（1）从家庭教育来看：家庭教育环境往往被一些家长所忽视，他们不正确的世界观、人生观、价值观与学校德育目标、社会道德准则相去甚远，导致孩子在不同的思想观念面前不知所措，严重影响着孩子的健康成长。有的家长外出打工，孩子学习、生活只有依靠爷爷奶奶来照应。这一部分隔代教育群体的思想大部分不能与时俱进、适应时代的发展，不可置疑地影响了这部分学生德育的自然形成。部分家长缺乏家庭教育知识，放弃家长应尽的责任，把教育的责任推给了学校，推给了社会，导致对孩子的品德不能形成全方位教育。

（2）从社会环境看：封闭型的学校道德教育已不符合现代德育发展的趋势，德育社会化和社会德育化的趋势已越来越明显。随着改革开放进程的不断深化，科学技术的飞速发展，市场经济的逐步完善，外来思想文化的大量涌入，人们原有的相对稳定的世界观、人生观、价值观等发生了较大变化。一些领域存在的不

良文化氛围与学校德育目标背道而驰，对家庭德育环境冲击巨大，对学生的生活方式、思想观念和价值取向产生了深刻的负面影响。这种社会环境使得学校德育工作面临严峻的挑战和创新的机遇。

（3）从教育现状看：对未成年人的教育还存在着教育责任不清、工作机制不完善的情况。教育责任往往由学校独自承担，学校、家庭、社会三方的教育合力还没有形成，有时三方面的教育甚至脱节。比如，学校讲的是一套，家长说的是一套，社会上看到的又是一套，教育的不一致，甚至相矛盾的状况，让未成年人感到无所适从。因而难以达到理想的教育效果。

2. 目前国内外德育的变革发展趋势

随着社会的进步，“一体化”德育的内容和形式在不断更新与发展。西方发达国家一般强调宏观上的协调与合作，如学校向社会开放，形成家庭、学校、社区一体化的育人网络，从而优化学生的校内外环境，促进学生的身心健康发展；社会各方积极参与社区德育，形成德育社会化的新格局；注重校外活动的开展，重视学生素质的提高。

我国自20世纪80年代开始兴起“社区德育”并逐步发展到了学校、家庭、社区密切合作走向融合的阶段。在实践上，北京、武汉、上海、南京等地区对社区德育、学校与社区的沟通与互动、社区德育体制、模式与管理等问题进行了初步探讨。这些地区无论在理念上还是在实践上都走在了全国的前列。

国内外家庭、学校、社区三结合一般更多实现的是管理体制、管理机构、德育形式与手段等方面宏观上的合作与互动，关于围绕具体的德育内容、共同的德育目标和要求，并以此为载体形成比较完善的德育体系的研究与成果并不多见。

3. 《中小学德育工作规程》的要求

《中小学德育工作规程》强调，中小学德育工作“要注意同家庭教育、社会教育紧密结合，积极争取有关部门的支持，促进形成良好的社区育人环境”；“要通过建立家长委员会、开办家长学校、家长接待日、家长会、家庭访问等方式，帮助家长树立正确的教育思想，改进教育方法，提高家庭教育水平。”因此，家庭、学校、社区一体化德育是中小学德育工作的重要内容和基本任务，构建家庭、学校、社区一体化德育机制有利于强化中小学德育工作。

4. 党和政府对青少年思想道德教育的要求

2006年2月28日，国家教育部在关于中国教育“十一五”工作思路中指出，要“加强学校教育、家庭教育和社会教育的融合，推动全社会形成共同推进素质教育的强大合力和良好环境”。江泽民同志在《关于教育问题的谈话》中强调：“加强和改进教育工作，不只是学校和教育部门的事，家庭、社会各个方面都要一起关心和支持。”《中共中央国务院关于进一步加强和改进未成年人思想道德建设的若干意见》指出：要建立健全学校、家庭、社会相结合的未成年人思想道德教育体系，使学校教育、家庭教育和社会教育相互配合，相互促进。《中共中央关于进一步加强和改进学校德育工作的若干意见》指出：“学校教育、家庭教育、社会教育紧密结合。学校要主动同家长及社会各方面密切合作，使三方面的教育互为补充，形成合力。”

因此，构建家庭、学校、社区一体化德育机制是党和政府部门的要求，有利于净化学校、家庭与社会环境，建立健康和谐的道德教育环境。

基于以上背景，积极探索构建家庭、学校、社区一体化德育机制无论对学生、对施教者，还是对社会，都具有重要意义。

二、课题的界定

“构建家庭、学校、社区一体化德育机制”是指在中小学校德育目标的指导下，以学生为德育主体，激发家庭德育力量，发挥学校在德育工作中的核心作用，整合社区德育资源，探索家庭、学校、社区舆论导向三者相互合作，积极互动，共同构建整体的德育网络，形成合力的德育运行机制。

“构建家庭、学校、社区一体化德育机制的实践与研究”试图以汉寿一中一个班的学生和学生的家庭，以及学生所在的社区为特定的研究对象，从学生的健康成长、家庭的以德育人、社区的德育环境影响三个方面深入探索，既要研究家庭、学校、社区分别在思想品德方面如何育人，又要研究家庭、学校、社区如何形成一体，进行全方位育人。本课题力图为学生的健康成长营造最佳环境，为建立家庭、学校、社区一体化德育机制找到有效途径，为培养高素质合格人才提供可资借鉴的经验。

三、课题研究的理论依据

1. 辩证唯物主义普遍联系的观点。辩证唯物主义认为：世界上的一切事物一切现象都不是互相隔绝、彼此孤立的，而是互相联系的，整个世界就是以各种形式互相联系的整体。在一种具体事物内部，各个要素之间也是相互联系的，构成事物的整体特征。家庭、学校、社区之间存在着千丝万缕的联系，而学生思想品德的形成就是一个家庭、学校、社会综合影响的过程。

2. 系统论。学校德育是一个系统，由家庭、学校和社会三者构成的统一体。系统论告诉我们：当每个部分以有序、合理、优化的结构形成整体时，整体功能就会大于各个部分之和。从环境与人的发展关系看，青少年的成长受家庭、学校和社区的综合环境影响。为了教育好青少年，仅靠学校教育是不行的，还应搞好家庭教育和社会教育，家庭、学校、社会任何一方面失控，都会导致整个教育出现漏洞，只有三者协调，取长补短，创造良好和谐的育人环境，才能取得最佳的教育效益，构建家庭、学校和社区一体化德育机制就可发挥德育系统的整体功能。

3. 协同论。协同论认为，千差万别的系统，尽管其属性不同，但在整个环境中，各个系统间存在着相互影响而又相互合作的关系。其中也包括通常的社会现象，如家庭与学校之间、学校与社区之间、家庭与社区之间的相互配合与协作等。应用协同论方法，可以把已经取得的德育研究成果，类比拓宽，为探索德育未知领域提供有效的手段，还可以用于找出影响德育系统变化的控制因素，进而发挥德育系统内子系统间的协同作用。

4. 社会化理论。著名社会学家费孝通认为，社会化包括两方面的含义，一是个人在社会中通过学习掌握知识、技能和规范；二是个人积极参与社会生活，介入社会环境，参加社会关系系统，再现社会经验，并加以再创造。因此，学生的社会化过程就是作为“社会学习者”和“社会参与者”的人的全面发展的过程。以社区为载体的社会实践正是为学生提供“学习”和“参与”的机会，促进其社会化的可行方法与途径。

四、课题研究目标和研究内容

（一）研究目标

本课题旨在通过探索以学校为龙头、家庭为基础、社区为平台，构建家庭、学校和社区一体化德育机制，摸索出一种适合当前青少年德育的可行方法，进而增强德育工作的有效性，努力提升我校的教育教学质量和办学特色层次，形成独具特色的德育文化。

（二）研究内容

1. 家庭、学校、社区三者德育工作的基本特征及结合点

（1）家庭如何重视以德育人，家长示范如何以德待人；

（2）学校如何优化德育环境，如何在知识传授中渗透品德教育，如何在德育工作中唱主角；

（3）社区如何完善自身的德育行为，如何发挥自身的德育作用；

（4）如何找准家庭与学校、学校与社区、家庭与社区德育的结合点。

2. 家庭、学校、社区一体化德育机制的构建及着力点

（1）家庭如何配合学校优化德育环境；

（2）学校如何发挥学生的德育主体作用和学校的德育主导作用；

（3）学校如何指导家庭加强德育；

（4）学校如何联系社区建立德育基地，如何让社区德育基地发挥最大作用。

（5）社区如何协助家庭、学校占领德育阵地。

3. 家庭、学校、社区一体化德育机制的途径与操作策略

（1）家庭如何制订和实施德育计划；

（2）学校如何组织学生走进社区开展德育活动；

（3）社区如何帮助家庭落实德育计划，如何协助学校实施德育计划；

（4）如何开展家庭、学校、社区德育活动月；如何召开家庭、学校、社区德育听证会，等等。

五、课题研究的方法与步骤

（一）研究方法

1. 调查研究法：通过广泛地调查走访，明确家庭、学校、社区开展三位一体德育的条件及内容需要。对家庭、学校、社区一体化德育取得的实际效果进行调查，为调整一体化德育策略、总结经验教训取得第一手资料。

2. 文献研究法：利用学校图书馆与网络资源平台，通过对有关成功教育、情感教育、赏识教育等与构建家庭、学校、社区一体化德育机制有关的教育文献资料的学习研究，提高课题组成员和全校教师的理论修养，同时得到经验借鉴。

3. 行动研究法：通过家庭、学校、社会德育的实践，研究探索构建家庭、学校、社区一体化德育的共建与发展变化的基本规律。

4. 个案研究法：对构建家庭、学校、社区一体化德育机制中，家庭、学校、社区涌现出的典型个案进行分类分析。

5. 经验总结法：通过分析、综合，找出家庭、学校、社区存在的德育问题，找到家庭、学校、社区三位一体以德育人的有效途径与方法。对实践经验总结归

纳，提升到理论高度，揭示其规律，再来指导实践。

（二）研究的步骤

1. 2006 年 5 月—8 月：启动筹备，成立以学校主要领导挂帅的课题研究领导小组和课题研究组；收集与课题有关的理论资料并进行整理，为研究提供依据和指导；设计总体方案并进行组织论证；分解子课题任务，培训骨干，制定阶段方案并交流探讨。

2. 2006 年 9 月—2007 年 6 月：开始第一阶段研究实践。在这个阶段，我们主要抓活了“三访四查”，抓实了“四建四会”。

（1）抓活了“三访四查”。

走访了学生家庭重视和实施德育的情况（每学期人均走访两次），走访了社区重视和实施德育的情况（每学期走访两次），走访了县关工委关心下一代的工作思路（每年一次）；查清了家庭德育的底细，查清了社区德育的环境，查明了领导重视德育的态度，查准了学生成长的因素。这样，德育工作的目标就进一步明确了，有利于建立德育工作的机制。

（2）抓实了“四建四会”。

学校调整充实研究方案，激活学校德育工作机制，建立了学生德育档案，建立了班级德育活动小组，建立了班级德育活动制度，建立了社区德育基地，以班级为德育单位，以学校家校联系网站和《家校联系手册》为平台，以社区德育为拓展，全方位展开德育工作。

学校以城东居委会为示范区，以点带面，每期深入社区两次，客观地了解了家庭育人情况，掌握了社区开展德育工作的信息。成立了以彭献荣、刘剑波、李宏毅、汪明前、周伟义、李定权、王海河为代表的家庭、学校德育活动联络组，不定期的开展家庭、班级德育活动，让学生感受到了学校就是家庭、家庭就是学校。班级每期都有德育工作计划，月月都有德育活动安排，开展了丰富多彩的校园文化活动，丰富学生自主性的德育实践活动。学校利用公开课、德育校报校刊，加大德育宣传力度，采取“请进来、走出去”的方式进行了一系列德育活动：请社区领导作报告，请优秀人物讲事迹，请家长代表研讨德育工作。走进社区做好事：清扫垃圾，帮助孤寡老人清洗衣物；走进敬老院献爱心；走进帅孟奇纪念馆和烈士陵园，缅怀先烈，继承遗志，学习精神，树立理想，激发求善向上的感情；走进校办农场，体验劳动生活，增强劳动观念，培养热爱劳动人民的感情。学校还制定了《家校联系手册》，让学生做到了一周一小结，一月一大结，一期一总结。学生在各种不同形式的活动中，自我反省，自我教育，自觉纠正不良习惯和品行，每周都如实写出周记，每本周记都体现了学生心灵发展的轨迹。

召开了家长代表座谈会，征求家长对班级德育工作的意见，以便制订切实可行的德育工作计划。召开了家庭如何示范以德育人的班级研讨会，选出家长代表讲述家长的榜样作用，促进了班级每个家庭以德育人工作的全面展开。召开了学校、家庭、社区的德育工作联系会，听取了各方面的意见，有的放矢地展开德育工作。召开了丰富多彩的主题班会，每双周一次，让学生在活动中自我教育、自我提高。

3. 2007 年 7 月—2008 年 6 月：总结第一阶段经验教训，再次调整充实方案，开始第二阶段研究实践，建立家庭、学校、社区德育教育网络图。

再次走访了学生家庭、社区领导，召开了家庭社区德育工作联系会、班级家庭德育小组交流会，调查总结第一阶段成果与经验教训。召开了家庭、学校、社区德育工作听证会，各方代表达成共识，要整合德育资源，三位一体全方位育人。召开了班级以德育人家庭和品学兼优学生的先进事迹报告会，使不同层次的家长和学生都受到了教育。召开了家庭、学校、社区德育工作联谊会，各方代表回顾历史，面对现实，展望未来，对德育工作寄以希望，充满信心。

4. 2008 年 7 月—2009 年 5 月：检查研究效果，召开了家庭、学校、社区以德育人茶话会，举办了家庭、学校、社区以德育人成果展，召开了家庭、学校、社区德育工作先进个人、模范家庭、红旗社区表彰会，反馈活动信息，继续开展研究以巩固成果。共有家长、老师、社区领导、学生共 300 名先进个人，68 个模范家庭，5 个红旗社区受到表彰，有力推进了一体化德育工作。

5. 2009 年 6 月：课题组成员对子课题研究的所有相关材料和信息进行加工整理，进一步完善经验总结和理论文章；课题组根据以上的总结，写出综合性的研究报告；利用校刊、宣传橱窗、板报等展示家庭、学校、社区一体化德育成果；接受上级领导和专家的指导鉴定。

六、课题研究的结果

我校经过三年的研究、实践，建立了家庭、学校、社区一体化德育机制，形成了家庭、学校、社区三位互动的德育工作格局。

（一）建立了家庭、学校、社区一体化德育机制

1. 凸显导向机制。汉寿一中作为省级示范性高级中学，在教育教学中，始终坚持把育人放在第一位。在抓好政策舆论导向的基础上，为适应学校内部管理体制改革的要求，学校在人事管理制度、用人机制、分配制度（以下简称“三制”）等方面进行了富有成效的实践和探索。在全面实施以“三制”为主要内容的学校内部管理体制改革方案的过程中，学校充分发挥了“三制”中的德育管理因素，构筑了“以校长为主导，以学校中层、年级组长、班主任为主体”的德育管理组织机构；以“一中精神”为导向的德育管理目标；以“教师聘任制和结构工作制”为调控的德育管理方略；以“岗位责任评估制”为学校德育管理的激励机制。学校初步形成了德育工作“一把手亲自抓，教育运行部门直接抓，全体教工一起抓”的管理机制。另外，学校通过学习、宣传和发动，积极营造社区、家长关心青少年成长、支持学校德育工作的浓厚氛围，分别制定了家庭、学校、社区及“三位”德育工作规程，引导家长、社区围绕全面提高学生思想道德素质的共同目标开展德育工作。

2. 落实参与机制。建立了校长负责、各职能部门齐抓共管、全体教职员工共同参与的学生思想道德建设工作机制，成立了学生思想道德建设工作领导小组，统筹协调学生思想道德建设工作。建立了定期研究德育工作制度，制定了加强和改进未成年人思想道德实施方案，及时了解青少年学生思想道德建设工作情况，认真研究解决学生思想建设的重大问题，确保学校思想道德建设有序顺利地进行。家庭德育建立了以家长委员会为核心、以家长学校和学校为依托、以《家校联系手册》为纽带、学生家长全员参与的家庭德育网络机制；社区德育建立了以街道为核心，派出所、街道综治办、街道团委、妇联、居委会等社会团体密切配合、社会各界共同参与的社区德育网络机制。

3. 签订共建机制。学校与各教育基地建立了相互间的会议制度、联系制度，签订了共建协议。(1) 举办“家长学校”，定期召开家长会，共同研究学生成长教育的有关问题；(2) 定期召开座谈会，以问卷调查等形式广泛征求社区、家庭、社会各界的意见，定期向社区及社会各界通报学校的教育教学工作、学生的学习和活动等情况；(3) 学校还从县司法局、县政法委、县交通局等单位聘请了数名法制副校长，定期到学校进行法制讲解和宣传；聘请了德育基地的负责人或工作人员为校外辅导员；(4) 学校提倡学生参加社会公益劳动，组织学生主

动参加社区组织的各种教育宣传活动，为社区提供力所能及的人力、物力和场地支援；（5）继续通过教学“开放日”等活动，促进学校、家庭、社区的沟通与合作。

4. 完善整合机制。首先，抓德育环境的整合，全面优化学校、家庭、社区德育环境；其次，抓德育目标的整合，做到每学期的学校、家庭、社区专题德育活动目标保持一致；再次，抓德育内容的整合。每项学校德育活动方案的制定、落实都努力与社区文明建设和家长的需求相结合、保持一致。

（二）形成了家庭、学校、社区三位互动的德育工作格局

从校内到校外，我们坚持全员育人，全程育人，全方位育人的思想，完善了德育管理网络，形成了家庭、学校、社区三位互动的德育工作格局，进一步优化了学生的成长环境，确保了德育目标的实施，使学生道德水平、整体素质得到普遍提高。

1. 进一步明确了学校德育工作的新思路，使学生健康成长的校园环境更优化。

当今的教育是一个开放式的社会大系统，而我国社会正处于一个转型时期，对于学生的成长来说，家庭教育、学校教育、社区教育三者共同作用，相互影响。学校必须用社会大德育的理念，促进三者良性互动，构建一个促进学生身心和谐发展的工作机制，营造促进青少年健康成长的外部环境。

（1）以学校为主体，建立家庭、社区共同参与的德育工作组织。

家庭、学校、社会教育既有共同的教育目标，又有无法互代的个性优势功能。要构建家庭、学校和社区一体化德育机制，就必须先明确三者在德育中的不同地位与分工。家庭教育亲切感人，及时具体，面广持久；学校德育从古至今在年轻一代思想观念的形成中居于重要地位，具有主渠道作用、导向作用和规范作用；社会教育则空间广阔，形式多样，人际交涉多，贴近实际。因此，家庭、学校、社区一体化德育机制就是一个以学校教育为主导、家庭教育为基础、社会教育为延伸的既紧密联系又各自独立的有机系统。

坚持以学校德育为主渠道，同时与家庭教育与社区教育相结合，即德育一体化，是建立和完善面向新世纪中学德育工作体系的新思路。只有把三者有机地结合起来，才能避免学校德育、家庭教育、社区教育“三张皮”的现象，使家庭教育与社区教育成为学校德育教学的延伸和第二课堂，使三者互相支撑，成为一体。

长期以来，由于学校教育与家庭教育、社区教育的脱节，加之社区青少年教育的缺失以及社区环境的复杂性，使学校德育常常事倍功半。为改变这一状况，学校着眼于社会大德育，以学校为主体，成立了面向社会的德育工作委员会、学校家长委员会、社区青少年教育小组。德育工作委员会由街道社区分管领导、学校领导任负责人，各居委会（或村委会）主任、学校学生科负责人任委员，负责统筹规划、协调学校与家长委员会、与各社区青少年教育小组的工作。家长委员会由各年级各方面的家长代表组成。各社区青少年教育小组一般由居委会（或村委会）主任、学校分片领导和教师、社区共建单位负责人、家长代表及热心青少年教育工作的离退休老党员、老工人代表组成，具体负责建立本社区的学生及家庭档案，引导和管理本社区学生的校外活动，配合有关部门监管本社区的青少年校外活动场所。

（2）着眼学生健全人格的形成，构建全面的德育评价目标。

过去对青少年的德育评价，并没有把它们当作“社会人”来看待，而总是以学生的标准来看待他们在社会各个场景的角色行为，并且主要看重的是他们在校内德、智、体三方面的表现，致使一部分学生常常表现出人格和行为的多面性、矛盾性。为克服这种评价的片面性和单一性，我们提倡从增强德育工作的针对性、实效性出发，着眼促进青少年健全人格的形成，从家庭、学校、社会三个维度，对青少年应当具有的人格品质和行为规范进行界定，构建“新三好”的德育评价目标，即“做一个好儿女”——从多方面对青少年在家的品格行为提出了要求，如爱做家务、讲究卫生，孝敬长辈，不说谎话等；“做一名好学生”——强调青少年在学校应该做到的品格行为，如勤奋学习、尊敬师长、团结同学、乐观向上等；“做一名好公民”——也从不同角度对青少年在社会上应有的品格行为提出了要求，如爱护环境、遵守公共秩序、诚实守信、主持正义等。青少年的德育目标由“高、大、空”变得“细、小、实”，而且克服了只管校内不管校外的偏向。

2. 密切家校联系，取得了家庭教育对学校教育的理解、关注和支持。

（1）办好家长学校，发挥家长在德育中的作用。成立“知心家庭学校”，制订家长学校计划，并落实讲课人员、讲课内容、讲课时间。通过家长学校，发出了“加强和改进未成年人思想道德建设”倡议书，告知家长当前学生德育的主题和任务，并指导家长转变教育观念，探讨怎样做一名新世纪的合格家长等问题，听取家长对学校工作的意见，了解学生在家庭和社会上的情况，形成学校与家庭相互信任、相互配合的良性机制，提高学校的社会声誉和办学效益，共同促进学生的健康成长。

(2) 开好家长会，达成家校教育共识。教师在会前通过《家校联系手册》把会议的主题、要讨论的问题通知家长，让家长有备而来。开家长会时，除总结上一阶段学生在德、智、体等方面的进步和存在的问题外，我们有策略、有侧重点地分析班级现状，使家长感到教师对每位学生的关心，并且能够及时了解自己孩子所在班级的整体情况。我们还经常请家庭教育效果比较好的家长来讲自己的教育体会和经验；组织家长们进行交流，各抒己见、相互启发、群策群力。这种关心孩子教育的热烈气氛还会使原本不重视家庭教育的家长受到感染、震动，强烈认识到家庭教育对孩子成才的重要性，达成家校教育的共识，提高家庭教育的水平。

(3) 提升家庭访问质量，加强家校情感沟通。学校规定，家访要有明确的目的，班主任必须实事求是、全面地向家长介绍学生在校表现，明确要求以鼓励为主，不能向家长“诉苦”和“揭短”，防止学生产生逆反心理、家长产生对立情绪。教师要认真听取家长的反映，虚心接受家长对学校的意见。通过深入细致的家访工作，加强了家校情感的沟通。

(4) 成立家长委员会，参与学校质量评估。为了探索学校教育、家庭教育与社区教育有机结合的途径与方法，学校还成立了自己的家长委员会，委员由县内各行各业有一定影响的学生家长担任，各年级下设分会。家委会与学校一起制定新一轮的学校发展规划，还与学校有关部门就学生的进餐、收费等关系到学生切身利益的问题进行了专题调研，提出了很多中肯的意见。同时学校组织家委会成员利用学校教育开放日等机会参与学校的教育管理，鼓励他们向学校提出建设性的意见。他们都认真履行自己的职责，为学校的管理和学生的教育做出了自己的应有的贡献。

3. 挖掘社区资源，使学生成长的社会环境更优化。

目前，学校拥有县武警中队、烈士陵园、帅孟奇纪念馆、城东居委会、县敬老院等德育基地，校办农场等实践基地。

(1) 利用社区丰富的人才资源，加强对青少年的思想品德教育。社区成员来自社会的各行各业，我校充分利用这些社区成员对学生进行思想品德教育。比如，多次请社区内的老干部对学生作爱国主义教育的报告；聘请社区内的司法干警对学生进行普法教育；邀请社区内的劳动模范作先进事迹报告，以榜样的力量来影响、引导、感染学生，使学生养成积极向上的道德观。学校引导家长参与社区教育，使家长意识到自己就是社区教育资源，应该努力发挥自己的优势和特长，积极配合社区的干部群众，承担一定的工作和任务，使自己的孩子受到更多、更好的教育。

(2) 利用社区的环境优势，加强对青少年的实践锻炼。社区是社会的缩影，为学生提供了丰富的实践内容和良好的实践环境。学校与社区因地制宜地建立各类教育基地，组织学生参加多种多样的实践活动，加强学生综合素质的培养。比如，在社区内设立护绿社会实践基地，安排学生参加植树护绿活动，培养学生的社会责任感；开辟社区教育宣传窗，让学生参与宣传的内容编写、维护工作，使学生树立起主人翁精神；还让学生参加社区演讲比赛、社区便民服务小组等各种社会实践活动。

(3) 利用社区综合资源，开展课题研究。学校依托社区的资源（教育资源、财力资源、场地资源）开展家庭教育指导；社区则充分利用学校的人才资源，在家庭教育指导工作中发挥咨询、培训等方面作用。学校与社区在家庭教育指导中起到了互补的作用。在课题研究的过程中，社区主动为家庭教育指导创造条件，组建社区家长学校，提供家教咨询、讲座、亲子活动场地，建立家教小组。通过对家长的指导，提高了家长的素质，并作用于孩子，使学生的思想、道德、心理素质得以提高。

七、课题研究的成果

（一）提升了学校德育工作的品位，提高了学生道德水平和整体素质

在学校德育方面，我们进一步明确了德育的目标与内容，构建了更完善的德育体系，规范了德育评估，并发挥课堂教学的德育功能，润物于春风化雨中。学校德育水平得到了很大程度的提升，校园环境建设也得到了加强，学校连年被评为“湖南省文明单位”。

学校从加强德育工作着手，联系家庭、社区开展的一系列活动，培养了学生的文明习惯、提高了学生的环卫意识和道德素养，创建了家庭、学校、社区三位一体的良好、和谐的育人环境，进一步提升了学校湖南省示范高中的品牌。

在家庭、学校、社区一体化德育中最受益的还是学生。同学们对父母长辈更

恭谨孝顺，对老师同学更尊敬友善，对自身所处的环境也更珍惜爱护。学生道德水平、整体素质普遍提高。

（二）积累了大量关于家庭、学校、社区一体化德育的经验，形成了关于家庭、学校、社区一体化德育的论文10篇近4万字，其中，1篇公开发表，2篇获县论文一等奖。

1. 周德威《班集体，小社会，促和谐，靠机制》（发表在《湖南教育》2009年11月上旬刊上）

2. 彭建明《用实践架起沟通家庭、学校、社区教育的桥梁》

3. 周德威《学校家庭社会教育要形成立体的网络》

4. 童秋云《学校、家庭、社会结合，形成教育合力》（获县论文一等奖）

5. 胡杰胜《学校、家庭、社会心理及教育》

6. 部韶菊《学校、家庭、社会三位一体教育的思考》

7. 张美红《班主任要协调好学校、家庭、社会教育》

8. 帅先好《对学校、家庭、社会三者结合教育的新思考》（获县论文一等奖）

9. 马云《学校、社会、家庭一体化教育转化后进生》

10. 曾晓宾《构建家庭、学校、社区一体化德育机制的实践研究》

（三）获得了社会的一致好评

家庭、学校、社区一体化德育使学生的文明行为已经养成习惯，走到哪儿都一样。2007年五一节，我校学生张旭兰在长沙烈士公园游玩时看到亭子中满地都是瓜子壳、果皮、纸屑，就主动捡拾起垃圾来。附近的游客被她的行为所感染，也积极参与清扫。此事《潇湘晨报》在2007年5月9日进行了相关报道，给人们留下了深刻的印象，一时传为美谈。

学校实践与研究的成果得到了领导专家的青睐，临澧、桃源、道县等兄弟学校三次到我校观摩学习取经。学校一体化德育的经验、成果两次在《湖南教育》《常德日报》等报刊杂志上展示、推介，得到社会各界的一致好评。

2010年1月，县政协委员、我校退休教师肖家气等关工委老同志还向县政协七届四次全会提交了在县教育局设立家庭教育科的提案，以期引起县委、县政府及社会对家庭、学校、社区一体化德育更大的重视。

八、课题研究的体会与反思

学校教育是主导，家庭教育是基础，社会教育是延伸，它们是一个紧密联系又各自独立的有机系统。学校、家庭、社会教育功能既有各自明显的优势，又存在鲜明的劣势差异。只有坚持以学校德育为主渠道，同时与家庭教育与社区教育相结合，即做到德育一体化，才能建立与完善面向新世纪中学德育工作的新体系。只有把三者有机地结合起来，才能避免学校德育教学和家庭教育与社区教育“两张皮”的现象，只有使家庭教育与社区教育成为学校德育教学的延伸和第二课堂，才能使三者互相支撑，成为一体。

当然，由于学校、家庭、社会三个方面仍然存在不协调性，实际上给德育工作造成了一个极为特殊的社会背景，其中教育的时空差在此背景中起着决定性作用。因此，我们要对德育的低效性与艰巨性有充分的认识，不断探索家庭、学校、社会三种教育结合与配合的问题，为德育的进一步发展与深入作出努力。

1. 加强家庭与学校德育的良性互动

我们所说的互动是指学校德育对家长资源的激活和家长对学校德育的积极响应。如果我们能够使双方更默契地为学生的精神成长注入活力的话，那么，学校德育才真正实现了整合。

2. 促进社区与学校德育的区域联动

（1）使学校的育人目标融入乡土文化：每一所中小学的地域特征一定程度上决定了这所学校的校风，更会对学校的办学特色产生重大的影响。所以，学校在整合社区资源的时候一定要将乡土气息、地域特色显现出来。

（2）使社区的德育功能为学校分享：只有当学校不只是单纯地将社区视为学生成长的“硬环境”，而是更加关注“软环境”的时候，学校才完成了对社区德育功能的整合。

3. “一体化”不等于“划一化”

家庭、学校、社区教育，实际上这三者的教育各有其不同的任务和特点，只能是相互吸收和借鉴，而决不可能互相包办和替代。同时由于学生个性的不同以及各个学生家庭成员职业和文化素养等方面具有差异性，因此，就个体而言，对家庭、对学生的教育要求也不可能简单划一。所以我们认为，教育一体化，主要是在宏观上，有一个总体的教育目标和基本的教育活动框架，而不可能将对学生所有的教育都列入“一体化”之中。

4. 须正确处理教育的“主体”与“客体”的关系

我们在这里所说的教育是指学生的德育方面。很显然，教育的主体是我们的学生，而学校、家庭、社区对学生而言都是授予他教育的客体。因此，我们的“一体化”德育能否取得成效，关键还得看能否使学生认同和接受。所以在一体化德育的制定和实施过程中，首要的问题是考虑如何符合学生的认知规律，如何激励学生去主动积极地参与。只有当“一体化德育”纳入学生主体的认识范围和实践范围之中，才能真正发挥其综合性的教育功能和效果。

5. 走出教育的评价误区

教育应该是对学生全方位的教育：既包括学校教育，又包括家庭教育、社会教育；既包括文化科学知识的传授，又包括学生思想品德的培养；既要教会学生怎样学习，又要教会学生如何做人。现今社会对教育的理解却存在着很大的误区，认为教育就是学校的事，而且存在着严重的“重智轻德”的倾向：对学生的评价往往只重学业成绩，以分数定学生的好坏；对学校评价往往就看考取北大、清华等名校、重点大学的人数。这种片面性和单一性评价对学生身心的全面健康发展是一个错误的舆论导向，也给家庭、学校、社区一体化德育机制的顺利构建设置了障碍。只有把家庭、学校、社区各方面的德育评价纳入到教育评价体系中去，形成一种社会共识，才能转变个别人的社会观念，才能在家庭、学校、社区一体化德育中真正做到全社会参与，才能真正给予学校德育以自觉配合，才能让学生在各个方面受到社会全方位的关注，促进其良好道德品质的形成，促进其真正健康发展。

第四节　学校内部制度实例

扬中市西来中学学校章程

总则

第一条　为适应社会主义现代化建设的需要，全面贯彻国家的教育方针，积极推进素质教育，全面提高教育教学质量和办学效益，积极实施依法治校，促进学校持续、稳定、健康发展，建设现代新型学校，依据《中华人民共和国教育法》《教师法》等有关法律和上级教育主管部门的各项政策，制定本章程。

第二条　学校是一所市教育局所属的乡镇初级中学，学制三年。

第三条　校风：文明、求实、拼搏、创新

教风：爱生、务实、严谨、进取

学风：尊师、好学、自强、奋进

第四条　学校办学宗旨：全面贯彻国家教育方针，面向现代化、面向世界、面向未来，使受教育者坚持学习科学文化与加强思想修养和培养团结、拼搏精神的统一，坚持学习书本知识与投身社会实践的统一，坚持实现自身价值与服务祖国人民的统一，坚持树立远大理想与进行艰苦奋斗的统一，全面推进素质教育，培养学生的创新精神和实践能力，使之成为“有理想、有道德、有文化、有纪律”的社会主义事业的建设者和接班人。

第五条　学校近期目标是：坚持依法治教，科研兴教的方针，强化学校管理，大力推进教育教学改革，积极实施新课程方案，积极探索学生思想道德建设的新路子，优化课堂教学结构，改善办学条件，促进学生全面素质和个性特长的充分、和谐发展，把学校建成有特色、高质量的乡镇初级中学。

行政管理

第六条　学校实行校长负责制。校长是学校行政负责人，全面负责学校行政工作。校长由扬中市教育局任命。

第七条　校长的职责：

1. 坚持正确的办学方向，依法治校，保护师生的合法权益。

2. 制订学校工作计划，全面规划，统一安排学校工作。定期检查、总结工作接受上级党政及教育主管部门的领导、指导和监督，定期向上级主管部门请示和汇报工作。

3. 严格执行教育教学法规文件，保证教学计划和教学大纲的执行。

4. 规范学校管理，坚持民主集中制，充分发挥行政一班人的智慧和力量，定期向教职工代表大会或全体教职工报告学校工作，自觉接受教职工代表大会的监督。

5. 加强师资队伍建设和管理，切实提高教师教育教学水平。

6. 积极创造条件，改善学校办学条件，推进学校建设，促进学校发展。

7. 关心教职工工作、学习、生活，提高教职工福利待遇。

8. 勤政廉洁，以身作则，为人师表，求实、创新。

第八条　校长的权力：

1. 决策权：在广泛听取多方面意见的基础上，对学校教育教学和行政管理等方面重大问题有决定权。

2. 人事权：从学校工作的需要和实际出发，聘用干部、教职工，安排、调整干部和教职工工作。

3. 奖惩权：对在教育教学和其他工作中成绩优秀的干部、教职工进行奖励；对在工作中犯有严重错误或在工作中出现重大事故的干部、教职工按分管权限进行处罚或提出处罚意见。

4. 财政权：在服从上级教育行政部门的统一规划和管理的前提下，决定学校内部布局、基建。在法律法规允许范围内，筹集、管理和使用学校行政经费。学校财务在校长领导下实行一支笔审批制。

第九条　学校设副校长、校长助理 1－3 名。由校长提名、市教育局考查、任命。副校长对校长负责，协助校长分管具体方面的工作。

第十条　学校设政教处、教务处、总务处等职能部门。

政教处具体负责学校教育工作；教务处具体负责学校教学工作和教育、教学方面的科学研究和教学研究工作；总务处具体负责学校后勤工作。

职能部门设主任 1 人，副主任 1－2 人，职能部门负责人竞争上岗，由学校考查，由校长聘任，报局备案。

第十一条　学校每周召开一次行政办公会议。学校行政办公会议是学校管理的日常工作机构，贯彻执行学校工作意见。

行政办公会议由校长主持，成员有校级党政全体负责人和行政职能部门及工会、团委主要负责人。

教育教学管理

第十二条　贯彻落实《公民道德建设实施纲要》；认真学习中学德育大纲，不断加强和改进德育工作。通过学科教学、班团活动、主题教育活动和社会实践等形式向学生进行社会主义、爱国主义、集体主义教育；进行理想、道德、纪律及民主法制教育；进行中华民族优良传统教育，提高学生政治思想觉悟。

第十三条　学校建立以党支部、校长室、政教处、工会、团委负责人及班主任代表组成的德育工作领导小组。政教处是学校德育工作职能部门。

第十四条　密切联系社会与家庭，努力办好家长学校。构建学校、家庭、社会为一体的德育工作网络，发挥社区教育作用，增强教育合力。

第十五条　切实加强班主任队伍建设，不断提高班主任业务水平和工作责任感。

第十六条　以培养“四有”新人为宗旨，认真贯彻《中学生守则》《中学生日常行为规范》及《西来中学学生一日常规》，不断加强常规习惯的养成教育，努力将规范内化为学生的自觉行为。

第十七条　贯彻落实省教委《素质教育十条基本要求》，严格执行课程标准，开足、上齐、上好各门课程。学校坚持以教学为中心，积极实施素质教育。组织教师认真学习教育理论及先进的教改经验，更新教育观念，改进教学方法，增强课堂效益，提高教学质量。

第十八条　学校教学必须面向全体，因材施教。使所有学生的思想觉悟、道德情操、知识视野、兴趣特长、生理心理等方面均有所提高，达到较高水准。

第十九条　学校加强对教学工作的管理和领导。建立由分管校长、教务处、教研组、备课组、班主任组成的垂直管理体制。

按学科建立教研组。设教研组长1名、领导、组织教师进行集体教学研究。教研组应定期开展教学研究活动，贯彻落实教学和教研计划，完成学校各项教学和教研任务。

按扬中市教学常规要求，建立各年级各学科备课组。建立《西来中学备课组建设制度》，设备课组长1名，按学校《备课组建设制度》领导，组织本组教学进行集体备课和教学研究活动。充分发挥全体教师集体智慧，努力提高教学质量。

班主任是班级教育教学工作的组织者、教育者和指挥者，担负着协调本班各学科教育教学工作和沟通学校与家庭、社会教育之间联系的责任。

第二十条　学校要加强教学科研工作，增强“科研兴教”意识。教科研工作由学校指定专人负责。学校鼓励教师积极参与教学研究，并对有杰出贡献的老师予以奖励。

第二十一条　严格执行教学大纲和教学计划，维护校历表、作息时间表、课程表、周工作安排表的严肃性，任何班级和个人不得擅自停课和调课。确需调课，需报教务处统一办理。

第二十二条　学校要严格执行《镇江市中小学教师教学基本规范》和《扬中市中小学教师教学五认真实施细则》。建立教学“五认真”、期中、期末定期检查和平时抽查制度，建立学校行政人员随堂听课制度，加强对教学“五认真”检查力度，并将检查情况作为教师考核和评优的重要依据。

第二十三条　按上级行政部门的规定，认真组织期中和期末教学质量检测和考试以及相应学科的毕业、结业考试和考查，并按要求做好成绩统计和质量分析工作。

第二十四条　严格执行上级主管部门制定的课程标准，并根据形势要求和素质教育发展需要进行课程改革，教材、教辅以及学习资料的征订由学校统一管理，任何个人不得自行其是，不得擅自向学生推销任何学习资料。

第二十五条　严格控制学校在校活动时间，切实减轻学生过重课业负担。结合学校实际，开展形式多样的课外兴趣小组活动，激发学生兴趣，提高学生素质。

第二十六条　加强学籍管理，健全学籍档案。对转学、休学、复学、借读等严格手续程序，严肃各项纪律制度。

第二十七条　教务处要对各室（电脑室、语音室、理化生实验室、打字室、文印室、科技室、音乐室、美术室、图书阅览室、多媒体教室等）加强管理，充分发挥教学设施、仪器设备、文体器材、图书音像资料，尤其是现代化教学设施的使用效益，防止设备设施的闲置和浪费。

第二十八条　加强档案资料建设和管理，学校指派专人负责。各部门要认做好各类教育教学资料的收集与归档。

后勤管理

第二十九条　总务后勤工作必须坚持为教育教学服务，为教育科研服务，为师生服务的原则，坚持教育性原则和讲求实效的原则，积极推行学校后勤社会化管理，强化服务意识，主动、热情、优质、高效、超前做好服务工作。

第三十条　坚守岗位，履行职责，规范工作流程，严肃工作纪律，公开服务内容，接受师生评议。

第三十一条　遵守上级有关部门制定的各项财务制度，加强财务管理，严守财经纪律，坚持勤俭节约，杜绝铺张浪费。

第三十二条　严格执行收费政策，规范收费行为，按照有关部门行文规定的项目和标准收费规范票据。实行收支两条线管理，收好管好用好各项教育经费。

第三十三条　加强校舍、校产、物业管理，严防公物流失。

第三十四条　搞好校办企业，增强学校自身“造血”功能，以改善办学条件和教职工福利待遇。

第三十五条　积极创造条件，更新教学设备，搞好学校整体规划，加强学校发展步伐，有计划、有步骤地、合理地进行基本建设及其维护管理，为创先进学校奠定物质基础。

民主管理与监督

第三十六条　学校党支部对学校工作实施政治领导，发挥政治核心作用，保证监督作用和战斗堡垒作用。对学校发展规划、工作计划、重大改革方案、重要人事安排和工作安排等涉及方向、政策及全局性的重要问题进行研究，参与决策党支部加强对工会、团委、妇委会等组织领导，发挥其重要作用。

第三十七条　教职工代表大会是学校依靠教职工民主管理学校的基本制度和基本形式。

教代会按照党和国家的方针、政策和国家有关法律法规行使下列职权：

（一）审议校长工作报告、学校工作计划、发展规划、教学改革方案、财务预决算、重大基建项目、教职工队伍建设、重要规章制度以及学校教育教学和管理中其他重大问题；并根据需要作出相应决议。

（二）讨论教职工的奖惩办法、奖金分配方案以及集体福利实施方案等有关教职工利益的问题并作出相应的决定。

（三）选举产生工会主席、副主席及工会委员，建立工会委员会。

（四）对学校教育教学和管理工作提出批评和建议。

（五）参与评议、考核学校干部。

第三十八条　教职工代表大会每届任期三年，每年召开两次全体代表大会。闭会期间，根据需要，可以临时召开教职工代表大会，日常工作由选举产生的校工会委员会负责。在特殊情况下，教职工代表大会可以提前或延期召开。

第三十九条　学校定期召开教育教学和学校管理方面的研讨会和座谈会，广泛征求教职工的意见。

学校根据需要召开工会、教工团员和女职工等各类代表座谈会，听取对学校教育、教学、行政事务工作的意见。

第四十条　学校教师、职员和工人对学校教育、教学、管理工作有权提出意见和建议。教职工行使民主权利，任何组织和个人不得抵制、阻挠、打击报复。

第四十一条　学校受上级党政部门和教育行政主管部门的督促、评估、检查审计和监督。根据上级有关部门要求，学校积极推行校务公开，接受社会、家长和全体教职工的舆论监督，听取各方面的意见，自觉规范管理行为。

教职工

第四十二条　学校教师、职员和工人必须遵守宪法、法律、职业道德法规和各项规章制度，自觉维护学校荣誉和利益。学校必须依法维护、保障教职工的合法权益。

第四十三条　教师是办好学校的主体力量，学校必须尊重教师，尊重知识，尊重人才。

教师、职员、工人必须确立主人翁意识，在工作中必须牢固树立创精品意识，内强素质，外塑形象，自觉维护学校形象。

第四十四条　教师在享有《教师法》规定的权利的同时，必须履行《教师法》规定的义务。任何组织和个人不得侵犯教师的合法权益。

第四十五条　教师应爱岗敬业，勇于改革，刻苦钻研，精通业务，崇尚科学，师德高尚。教书育人，为人师表。教师应积极参加各类继续教育，并达到规定学时。

第四十六条　学校实行全员聘用合同制，教职工必须履行聘约，服从学校分工，执行学校教育教学和各项工作计划，完成教育教学和各项工作任务。

教职工不履行聘约的，须提前三个月向校长提出申请，经批准后，方可解除聘约。对不服从学校分工或不能完成教育教学和各项工作任务的，学校将予以辞聘。

第四十七条　学校执行国家教师资格制度和教师专业技术职务聘任制度。

第四十八条　鼓励教师开展教育教学改革和实验，鼓励和支持教师从事科学研究、学术交流和参加进修或其他方式的培训。

保证教职工享有国家和法律法规规定的待遇，逐步改善教职工的工作条件和生活条件。

第四十九条　学校采取各种形式，建立教师业务档案。依据镇江市乙方案对教职工的政治、思想、道德、业务水平、工作态度和工作实绩进行客观、公正、准确的考核。

第五十条　教职工在教育教学、培养人才、科学研究、教学改革和学校建设等方面成绩优秀的学校予以表彰、奖励。对有突出贡献的教职工，按程序报请上级有关部门给予表彰和奖励。

对违反学校《章程》和规章制度，在工作中造成失误和严重影响的教职工予以教育、批评和处罚。

学生

第五十一条　凡按有关规定正常手续被本校录取或转入本校学习的学生可取得本校学籍。

第五十二条　学生享有下列权利：

（一）接受平等教育的权利。学生享有德育、智育、体育、美育、劳动教育以及社会生活指导和青春期教育。

（二）参与学校、班级管理，评议学校工作和教师教育教学工作。

（三）参与学校组织的各种教育教学活动，使用和维护教学仪器和设备。

（四）在学习成绩和操行评语等第上获得公正评价。完成规定的学业后获得相应的学业证书。

（五）对教师奖惩不公平，有权提出意见；对学校给予的处分不服可向有关部门提出申诉；对学校、教师侵犯其人身权、财产权等合法权益，提出申诉或者依法提起诉讼。

（六）法律、法规规定的其他权利。

第五十三条　学生必须履行下列义务：

（一）自觉遵守国家法令、法规、学校各项规章制度和公共秩序。

（二）自觉维护国家荣誉、学校荣誉、关心班级，并见之于行动。

（三）养成良好的思想品德，道德情操，尊敬师长，团结同学，诚实正直，惜时守信，自信自强，立志成人。

（四）养成良好的学习习惯，勤奋学习，刻苦钻研，培养能力，勇于创新，立志成才。

（五）养成良好的卫生习惯，行为文明。

（六）养成良好的劳动习惯，积极参加校内外社会实践活动。

（七）自觉抵制不良思想与行为，正确辩别是非、美丑、善恶，敢于主持正义。

（八）增强自我保护意识，提高自理、自救、自护、生存能力。

第五十四条　学校共青团组织受学校党组织领导，是学校教育中对学生教育，引导和服务的重要力量，要配合党政组织全面贯彻教育方针，认真搞好自身建设，在推进素质教育的进程中发挥积极作用。

第五十五条　学校对品行优秀、成绩优秀的学生予以表彰和奖励，对为学校赢得荣誉，有杰出成绩的学生予以重奖。

学校对违反《中学生守则》《中学生日常行为规范》和学校各项规章制度的学生予以教育批评和处罚。

第五十六条　学校对在校学生的安全负责。对于超出学校有关规章制度允许范围造成的责任事故由学生自己承担。

附则

第五十七条　本章程经学校教职工代表大会讨论通过并报扬中市教育局批准。

本章程的修订须经学校教职工代表大会讨论通过，并报扬中市教育局批准。

第五十八条　学校依据本章程制定各项规章制度。原定规章制度与本章程有抵触的，应予修订。

第五十九条　本章程如与国家法律法规和上级有关政策相抵触的，一律以国家法律法规和上级有关政策为准。

第六十条　本章程解释权属扬中市西来中学校长室。

第六十一条　本章程自批准之日三个月后施行。

溧阳市第三中学学校章程

总则

第一条　为全面贯彻党的依法治国方针，为适应社会主义现代化建设的需要，促进社会主义物质文明和精神文明建设，保证学校持续、稳定、健康发展，根据《中华人民共和国教育法》《中华人民共和国教师法》及有关法律制定本章程。

第二条　溧阳市第三中学是一所公立全日制完全中学，初中部实施九年制义务教育，学制三年；高中部实施以升学预备教育为主的非义务教育，学制三年。

第三条　学校全面贯彻国家教育方针，遵循邓小平“教育要面向现代化、面向世界、面向未来”的指示及江总书记关于教育谈话精神，提高教育质量，使学生在品德、智力、体质等方面发展，培养“有理想、有道德、有文化、有纪律”

的社会主义现代化事业的建设者和接班人。

第四条　学校近期目标：以十五大精神为指导，深入贯彻全国教育工作会议精神，全面实施素质教育，积极完善内部管理，加快基础建设的步伐，2000年末通过省标市重点中学的验收，再用2－3年时间，在以学生发展为本的教育理念下，总结、探索教育教学实践，致力于创新精神和实践能力的培养，努力创建具有鲜明特色、现代化、高质量的省级重点中学。

第五条　学校实行校长负责制，党支部保证监督、教职工民主管理三位一体的管理体制。

第六条　学校的办学宗旨：学生的健康成长和未来发展高于一切。校训：学会发展。校风为“文明、博雅、勤奋、创新”，教风为“学高、身正、严谨、务实”，学风为“好学、进取、求真、创造”。

第七条　学校建校纪念日为9月7日。

行政管理

第一节　校长

第八条　学校校长由市委或教育行政部门任命。

第九条　学校实行校长负责制，校长全面负责学校行政工作。

第十条　校长的职责：

（一）团结全体职工全面贯彻国家的教育方针、政策法规，执行上级党委、政府和教育行政部门的决议，完成上级下发的教育、教学和其他各项工作任务。

（二）领导制订学校的发展规划，认真组织实施，检查和总结，向上级学校教职工代表大会或全体职工报告学校工作。

（三）贯彻执行国家教学计划，领导和组织学校教学工作。

（四）领导和组织学校的思想政治工作。

（五）领导和组织学校总务工作，逐步改善办学条件，提高职工福利待遇。

第十一条　校长的权力：

（一）决策权。在综合各方面意见的基础上，对学校教育、教学和行政管理重大问题有最后决定权。

（二）人事权。从学校的需要和实际出发，聘用干部、教职工，安排和调整干部、教职工的工作，聘期一般为一学年。

（三）奖惩权。对在教育、教学和其他工作中成绩优秀的干部、教职工进行奖励；对在工作中犯有严重错误或在工作中出现重大事故的干部、教职工按管理权限进行处罚或提出处罚意见。

（四）财经权。在服从上级教育行政部门统一规划和管理的前提下，决定学校的内部布局、基础立项与实施。在政策法规允许的范围内，筹集、管理和使用学校行政经费。

第十二条　副校长由校长提名，由溧阳市教育行政机关考查任命。副校长对校长负责，协助校长分管具体方面的工作。

第二节　学校职能部门

第十三条　学校设办公室、教导处、总务处等职能部门。

办公室具体负责学校行政协调和学校内务管理工作。教导处具体负责学校教育教学工作。总务处具体负责学校总务后勤工作。

职能部门设主任 1 人，副主任 1－3 人。职能部门负责人，由校长提名，学校党组织考查，报教委审核后由校长聘任。

第三节　行政办公会议

第十四条　学校设立校务委员会，研究决定学校重大事项。校务委员会侧重决策，兼具执行和咨询功能。

校务委员会的组成人员为正副校长、党支部负责人、各处室正副主任、工会正副主席和团委负责人。校务委员会由校长召集，必要时可由校长授权副校长或党总支负责人召集。校长对校务委员会研究的事项具有最后决定权。

校务委员会所作决定由校长交各职能部门执行。

校务委员会实行例会制，称为校务行政办公会议。每二周召开一次，必要时经校长提议或同意可召开临时会议。

第四节　教职工代表大会

第十五条　教职工代表大会是学校依靠教职工民主管理学校的基本制度和基本形式。

第十六条　教职工代表大会按照党和国家的方针政策和国家有关法律法规行使下列职权：

（一）审议校长工作报告、学校工作计划、发展规划、教学改革方案、财务预算、教职工队伍建设、重要规章制度以及学校教育教学和管理中的其他重大问题，并根据需要作出相应决议。

（二）讨论教职工的奖惩办法、奖金分配方案、购房补贴办法以及集体福利实施方案等有关教职工利益的问题并作出相应的决议。

（三）对学校教育教学和管理工作提出批评、建议。

（四）民主监督学校干部，进行评议、推荐、表扬、批评、质询。

第十七条 教职工代表大会实行民主集中制。

第十八条 教职工代表大会以处、室、班组为单位，由教职工直接选举产生。教学人员代表不于代表总数的60%。

第十九条 教职工代表大会每届任期3年，每年至少召开1次全体代表大会。闭会期间，由工会委员会负责日常工作。

第五节 民主管理和保证监督

第二十条 学校党组织发挥政治核心作用和保证监督作用，对学校发展规划、工作计划、重大改革方案、重要人事安排和工作安排等涉及方向、政策、全局性的重大问题进行研究、参与决策。

第二十一条 建立评议、考核干部制度。每年通过召开座谈会和无记名测评等方式评议学校干部。

第二十二条 充分发挥教职工代表大会在学校民主管理中的作用。

第二十三条 学校定期教育教学管理研讨会和各种专项研讨会，广泛征求教职工的意见。

第二十四条 召开包括民主党派成员参加的各种类型的协商会、通报会和座谈会，听取对学校教育教学和行政工作的意见和要求。

第二十五条 学校教师、职员和工人对学校教育、教学、管理工作有权提出意见和建议，有权向上级反映情况。教职工行使民主权利，任何组织和个人不得抵制、阻挠、打击报复。

第二十六条 学校接受上级教育行政部门的督导、评估、检查、审计、监督。

第二十七条 学校接受政府有关部门的检查监督。接受社会、家长的舆论监督，听取意见，自觉规范管理行为。

教育教学管理

第二十八条 贯彻中小学德育大纲，加强和改进德育工作，通过学科教学、班团活动、劳动和社会实践等形式向学生进行马克思主义常识教育、爱国主义教育、国际主义教育、集体主义教育、社会主义教育、革命传统教育、理想教育、首先教育、文明习惯教育、劳动教育和民主法制教育。

第二十九条　学校按照国家统一编制的教学大纲，教学计划和教材要求实施教学。

第三十条　学校坚持教学为中心，全面实施素质教育，进行教育教学改革，开展教育科研和教学研究，更新教育观念，改进教学方法，采用现代化教学手段，推行电化教学，提高教学质量。

第三十一条　学校教育教学必须面向全体，因材施教，使学生全面发展，学有专长，在思想觉悟、道德情操、知识视野、兴趣特长、体魄心理等方面均达到较高的水准。

第三十二条　本校是面向全市办学的完全中学，根据自身的特点和要求，制定并执行有关的各项管理制度。

第三十三条　按学科设立教学研究组，作为教师集体进行教学研究的组织。教研组应充分发挥学术职能，同时也应注意发挥政治职能和行政职能。教研组组长组织本教研组的教师开展教学研究活动，贯彻落实学校教学计划，完成学校各项教学任务。教研组设组长 1 名，视情况可增设副组长 1 名。

第三十四条　学校设立年级组，作为加强年级组教师和班级管理的组织。年级组长负责本组教师的政治学习，班主任工作和教学常规管理，落实学校德育工作计划，督促班主任完成学校各项德育工作任务。年级组设组长 1 名，视情况可增设副组长 1 名。

第三十五条　班级是学校教育、教学工作的基本单位。班主任担负班集体的组织者、教育者和指导者的责任，并有协调本班级各科的教育工作和沟通学校与家庭、社会教育之间联系的责任。

第三十六条　学校执行《常州市中学学科教学常规》，抓好教师的备课、课堂教学、作业批发、课外辅导和教学质量检查等环节的管理。

第三十七条　执行国家教育考试制度，组织期中和期末教学质量检查和考试，并按上级教育行政部门的规定组织好各学科的会考、毕业考试和考查。

第三十八条　运用自我批评、同行评价和学生评价等方式，组织教学质量评估活动。

总务管理

第三十九条　学校坚持总务工作为教学服务、为师生生活服务的原则，坚持教育性原则和讲求实效的原则。

第四十条　学校经费来源以政府财政拨款为主，自行筹措为辅。

学校按照上级教育、物价、财政部门确定的收费项目和收费标准，向学生收费。

学校依法向社会筹集办学资金并接受社会组织和个人对学校的捐赠。

第四十一条　坚持厉行节约、勤俭办学的原则，合理使用资金。搞好经费的预算、执行和决算。坚持统筹计划、保证重点、兼顾一般、严格把关的原则，提高经费的使用效益。

第四十二条　建立健全财务制度。严格遵守国家财经制度和财经纪律，并接受政府职能部门和上级教育行政部门的审查监督。

第四十三条　制定校园建设整体发展规划，有计划、有步骤，科学、合理地进行基本建设，使之达到现代化的办学标准。

第四十四条　建立、建全校产校物管理制度，加强校产校物的管理。

第四十五条　开展勤工俭学活动，依法兴办校办企业，提高教职工福利待遇和补充学校经费不足。

教师、职员和工人

第四十六条　学校教师、职员和工人必须遵守宪法、法律和职业道德，维护学校的荣誉和利益，遵守学校的章程和规章制度，学校依法保护教师、职工和工人的合法权益。

第四十七条　学校教师是办好学校的主体力量，学校必须尊重教师、尊重知识、尊重人才。学校教师享有《教师法》规定的权利，必须履行《教师法》规定的义务。

第四十八条　学校教师以“献身教育，热爱学生，精通业务，师德高尚，团结协作，改革创新”为努力方向。

第四十九条　学校实行全员聘任制，教师必须履行聘约，执行学校的教育教学和各项工作计划，完成教育教学和各项工作任务。

第五十条　学校执行国家教师资格制度和教师专业技术职务聘任制度。

第五十一条　学校鼓励教师开展教育、教学改革和实验，鼓励和支持教师从事教育科学研究，学习交流和参加进修或其他方式的培训。

第五十二条　学校保障教师、职员、工人享有国家法律法规规定的待遇，逐步改善教师、职员和工人的工作条件和生活条件。

第五十三条　学校实行结构工资制。具体实施办法由学校行政依据上级教育行政部门的文件精神，结合学校实际情况制订，由教代会通过执行。

第五十四条　学校每年对教师、职员和工人的政治与业务水平、工作态度和工作成绩进行客观、公正、准确的考核。

第五十五条　学校教师、职员和工人在教育教学、培养人才、科学研究、教学改革和学校建设等方面成绩优秀的，由学校予以表彰、奖励。对有突出贡献的教师、职员和工人，可按程序报请上级有关部门给予表彰和奖励。

第五十六条　学校对违反《教师法》等法律、法规和《中小学教师职业道德规范》，违反学校《章程》和规章制度，在工作中产生错误的教师、职工和工人予以依法教育、批评和处罚。

第五十七条　学校依法维护退离休教职工的合法权益，由学校办公室、工会、退管会具体负责离退休教职工的管理工作。

退离休教职协会是退离休教职工自愿结合的、自我管理、自我教育、自我服务的群众组织。

学生

第五十八条　凡按有关规定被本校录取或转入本校学习的学生即取得本校学籍。学校按上级教育行政机关颁布的规定管理学生学籍，建立学生档案。

第五十九条　学生享有法律法规规定的受教育者的权利，必须履行法律法规规定的受教育者的义务，必须遵守学校章程和规章制度。

第六十条　学生以“政治坚定、举止文明、基础扎实、学有特长、勇于创造、体魄健壮”为努力方向。

第六十一条　学生会是全校学生的群众组织，由学生代表大会选举产生，每届任期 2 年。

第六十二条　学校共青团组织受学校组织领导，是团结、教育青少年学生，围绕党的中心工作开展各种活动的重要力量。团组织要配合党政全面贯彻教育方针，认真搞好自身建设，在推进素质教育中发挥积极作用。

第六十三条　学校对取得优秀成绩的学生，予以表彰和奖励。学校对家庭经济困难的学生，提供各种形式的资助。

第六十四条　学校对违反《教育法》等法律法规和《中学生守则》《中学生

日常行为规范》、学校《章程》和规章制度的学生依法予以教育、批评和处罚。

附则

第六十五条　本章程经学校教职工代表大会讨论通过并报溧阳市教育委员会批准。

本章程修订须经学校教职工代表大会讨论，并报溧阳市教育委员会批准。

第六十六条　学校依据本章程，制定各规章制度。与本章程有抵触的，就予修订。

第六十七条　本章程如与国家法律和上级有关政策相抵触的，一律以国家法律法规和上级有关政策为准。

第六十八条　本章程自批准之日起施行。本章程解释权属溧阳市第三中学。

（一）常熟市实验小学学校管理规定

教师一日常规

一、按时上下班，不迟到、不早退，因病因事不能上班的必须事先履行请假手续。

二、衣着文明得体，不戴手饰，上课开会时手机、小灵通一律关机。

三、早上到校，带齐教学用品，整理好办公桌，主动搞好办公室卫生工作，认真组织学生晨间活动。

四、护导值日准时出岗，指导学生开展文明安全活动。

五、升旗仪式时严肃、认真，奏、唱国歌时脱帽、肃立、行注目礼。认真准时参加广播操。

六、上课前认真备好课。准备好教具、学具。提前一分钟到教室门口，上课要讲究艺术，讲求实效。语言清晰、文明，要用普通话，板书工整，不坐凳子讲课，学生写作业时加强巡视，辅导后进生。准时下课，不得拖堂。

七、空课时间抓紧时间备课，学习理论、批改作业，锤炼基本功。不喧闹、不串办公室，不影响他人学习和工作，不看文艺小说。

八、按日课表上课，不得擅自调课或改上他课。不得擅自取消个别学生的上课权利。(若发生则作违反“五不准”处理)

九、热爱学生，关心学生的思想、学习、生活、健康状况。对学生的思想言行要加以指点，对学生的学习多加指导，对学生的生活要多加关心。注意学生安全，发现学生发生意外或身体有病，及时采取措施，并及时同家长联系。

十、同事之间坦诚相处，团结互助，密切配合，扬长避短，共同提高。

十一、注意关心学校工作通知，认真准时参加有关会议和活动，不迟到、不早退，不无故缺席，因病因事不能参加会议活动的要履行请假手续。集体学习时必须严格遵守学习纪律，不看与学习无关的书报，不做与学习无关的事，做好学习记录。

十二、班主任与护导值日教师清理课堂后督促学生准时离校，检查教室卫生、门窗。教师离校时，要整理好办公室，关闭好门窗。

教职工学习制度

一、教职工的政治、业务学习，以自学为主，每周集中学习两次，周一下午放学后组织政治学习，周五下午放学后组织业务活动。无特殊情况不得变动。

二、学校党支部和行政部门应对全学期的政治、业务学习制订计划，确保主要内容、活动形式。

三、教职工必须按学校规定的时间参加集体学习，不迟到、不早退、不无故缺席，因病因事不能参加学习的要履行请假手续。

四、集体学习时必须严格遵守学习纪律，聚精会神，不看与学习无关的书报，不做与学习无关的事，一般不会客，要备好学习的资料，认真讨论，积极发言，做好学习记录。

五、自觉关心时事政治，根据部署完成自学任务，写好学习心得，学校要定期组织交流。

六、教师的业务学习，要围绕学校教科研主课题，每个教师要在教学改革中不断探索，不断创新，不断总结经验，独立完成子课题的研究，每学期至少要完成一篇子课题的总结或教研论文。

七、职员与工人的业务学习，要结合工种特点，选择有关的学习材料，每学期要完成一篇业务学习心得。

八、学校行政部门鼓励和支持教师、职工的业务进修，要视学校具体情况，帮助教职工解决好在职进修的困难，积极为提高教职工业务素质创造条件。

九、对政治、业务学习的成效，学校有关职能部门可组织专门的考核，也可结合期末工作考核一并进行。

教职工奖惩条例

一、对教职工的奖励和处罚，要求实事求是，公正合理，经过一定的评议、审批手续，并公布于众。

二、对教职工的奖励，每学年评定一次，按获奖的不同情况，分别给予精神和物质奖励，教职工的奖励一般分下面三类：

1. 集体奖：

凡学校集体获得文明单位综合治理先进单位，爱国卫生先进单位，计划生育先进单位，教科研先进单位等，全体教职工都可分享荣誉，获得奖励。

2. 单项奖：

凡教职工代表学校参加市级以上各类比赛获奖者，可获单项奖。

凡教职工撰写的论文、教学经验在报刊杂志上发表或在市级以上获奖者，可获单项奖。

凡教职工辅导学生参加市级以上比赛获奖或辅导学生撰写文章在报刊杂志上发表，可获单项奖。

3. 综合奖：

凡教职工在学校工作中，勤奋创新，踏实肯干，乐于奉献，成绩突出，在年终考核中成绩优秀者，可获综合奖。凡教职工获市级以上荣誉称号者，可获综合奖。

三、对教职工的处分，根据事情的严重程度和当事人的认识态度，分为：大会批评、公开检查、警告、严重警告、记过、停职待岗、降职、降薪、开除留用、开除十种。必要时还要扣发奖金、工资，赔偿损失等。教职工违反下列一项者应给予处分：

1. 在师生中散布不良思想，破坏健康舆论，造成损失者。

2. 自由散漫，擅离职守，玩忽失职或造成损失者。

3. 体罚或变相体罚学生，使学生心理、生理受到摧残和伤害者。

4. 服务不周，态度恶劣，忽视质量给集体造成不良影响者。

5. 违反校纪、校规屡教不改者。

6. 违反市教委对师德规范“六不准”要求者。

四、所有奖励和警告以上的处分，均记入教职工个人档案和学校档案中。

教职工代表大会条例

第一章　总　则

第一条　为保障学校教职工的民主管理权力，充分发挥教职工的积极性、智慧和创造力，办好实验小学，特制定本条例。

第二条　学校在实行党支部领导下校长负责制的同时，充分发挥教代会在民主管理、民主监督、协商对话、维护教职工合法权益等方面的作用，体现教职工在学校中的主人翁地位。

第三条　教代会是学校实行民主管理的基本形式和基本制度，是教职工参与学校重大决策，行使民主管理和民主监督的权力机构。学校工会是教代会的工作机构，负责教代会的日常工作。

第四条　教代会要支持校长行使职权，并教育教工增强主人翁意识，提高主人翁工作责任感，严格遵守各项规章制度，完成教育教学等各项任务。

第五条　教代会接受学校党支部的政治领导，贯彻执行党和国家的路线、方针、政策和法规，引导教工正确处理国家、集体、个人三者利益关系，协调学校领导和教职工以及教职工相互之间的关系。

第二章　教代会职权

第六条　教代会行使下列职权：

一、定期听取校长工作报告，审议学校的发展规划，学校经费的预决算和各种改革方案。

二、讨论教职工的奖励办法及其他与教职工有关的规章制度。

三、讨论决定学校权限范围内有关住房分配方案，福利费管理和使用的原则、办法以及教职工生活福利等重大问题。

四、维护教职工的合法权益，当教职工的利益受到侵犯时，应及时向校长提出并可向上级部门反映。

第三章　教职工代表

第七条　教代会的代表以年级组（处、室）或工会小组为单位，由教职工直接选举产生，凡是本单位享有政治权利的教职工均有选举权。教工代表实行常任制，每两年改选一次，可以连选连任。选举单位有权监督和换撤本单位的教工代表。

第八条　代表的比例要照顾到学校各类工作人员，教师应不少于代表总数的百分之七十。

第九条　教代会代表必须努力学习党和国家的路线、方针、政策和法规，不断提高思想觉悟和业务水平，积极投入教育改革。

第十条　代表必须密切联系群众，代表教职工的利益，如实反映群众的意见和要求，认真执行教代会的决议，完成教代会交给的各项任务。

第十一条　教工代表必须模范地遵守国家的法律，法规和学校的规章制度，遵守职业道德的规范，教书育人，服务育人，为人师表，做好本职工作。

一、在教代会上有表决权，选举权和被选举权。

二、在教代会上可以充分发表意见，参加关于学校重大问题决策的讨论。

三、教工代表行使民主权力，任何组织和个人不得压制，阻挠和打击报复。

第四章　组织制度

第十二条　教代会每两年为一届，遇有重大事项，经校长、工会委员或三分之一以上教工代表的提议，可召开临时会议，可邀请党、政负责人或其他有关人员参加。

教师教学用语推广语

1. 有了错不要紧，只要改正了就是好学生。

2. 只要下一点功夫，你一定能学好。

3. 对不起，这个字（数字）老师写错了。

4. 你的作业有点乱，请重写一遍，好吗？

5. 你违反了纪律，请冷静考虑一下，这样到底对不对？对自己对别人究竟带来什么危害！下课后来找我谈谈你的想法。

6. 不要紧张，请你再听听，再想想！

7. 你这次虽然失败了，但不要紧，下次继续努力。

8. 你进步了。你真棒。你很聪明。了不起。非常好。你非常可爱！

9. 问得好，你真会动脑子。回答得真好，掌声表扬。

10. 你学习态度真端正，字写得也真漂亮！

11. 请你和学校加强联系，密切配合，让我们一起帮助他（她）进步。

12. 你的孩子不知为什么回家作业没有完成，请你们能多关心他（她）一点好吗？

13. 你的孩子课文背不出来，请协助老师督促帮助一下，谢谢！

14. 这次抽查，你的孩子不太理想，希望你们不要过于责备，帮助他找找原因，补一下，相信会行的。

15. 好一个聪明伶俐、乖巧可爱的孩子，再练就一手漂亮的字，会令你更可爱。

16. 你的作文有了很大的进步，老师把你的作文作范文读给大家听时，你感到了写作的快乐吗？努力吧。

17. 多观察，多思考，多读书，必能提高作文水平。请记住：勤奋能播种知识的种子，勤奋也能收获知识的硕果。

18. 读书，犹如长征，路很长，关很多。突破一道难关，就会跨入一个新的境界，就会领略一番新的风光。想经过一番努力去领略学习中的新风光吗？试试吧，或许你会得到无穷的乐趣。

19. 你的勤奋就像一支梭子，使你的知识越织越多。但好问，将会使你的知识越来越广，去尝试尝试吧！

20. 你思维敏捷，思路开阔，真棒！

21. 你真是个小数学家。

22. 你思考问题真全面。

23. 你真了不起，想出这么简便的方法。

24. 你的解法真有创意！

25. 你观察得很仔细，动手能力也很强，发言也有独到之处，真了不起。

26. 你的“为什么”真多，真棒，证明你是一个爱动脑子的好学生。

27. 你连续设计了几个小实验（小发明），有创意，相信你一定会成功。

28. 健康的身体是非常重要的，如果你每天坚持锻炼，身体就会逐步强壮起来。

29. 上体育课时，你的热情很高，但练习要冷静注意安全。

30. 你的动作比第一次做得好多了，继续努力，你会做得更好。

31. 今天的排队有点像解放军叔叔了，继续努力。

32. 你用的色彩真是漂亮。

33. 你的构图真妙！画得真可爱。

34. 线条大胆、流畅，绝了！

35. 画面饱满，想象丰富，真棒！

36. 你的歌声很动听！是我们的小百灵。

37. 你的舞姿真优美！

38. 你的艺术想象力可真丰富！

39. 你的吹奏能力真棒！

40. 你的指法真好！打字打得真快！

41. 你的电脑知识真丰富！

42. 你上网操作真熟练！

43. 你的个人主页做得真漂亮!

44. You're a clever boy/ girl.

45. I hope you'll do better than last term.

46. You speak very fluently wonderful ! Great !

教师忌用语

1. 再犯毛病（错误），就把家长叫来。

2. “白痴”“憨大”“笨蛋”“神经病”“拎不清”，我看你就不是学习的料，朽木不可雕。

3. 你的作业像啥？赶快撕掉，给我重写。

4. 我是你的老师，你就该听我的，站起来，给我回答问题。

5. 站一边去！滚！滚出去，我没有你这样的学生。

6. 我说了几遍，你都没听见（没听懂），真是对牛弹琴，你真没记性。

7. 你连这个也不会，这个问题还要问？你太差了。

8. 你的孩子屡教不改，我也对他（她）没办法，请你把孩子领回去。

德育工作规范

一、坚持把德育放在首位，贯彻教书育人、管理育人、服务育人的原则，努力提高小学生的思想品德素质。

二、德育工作由一位副校长负责，全体教职工参与，加强德育工作队伍建设。

三、强化与社会、家庭联系制度，建立德育工作委员会，关心下一代工作小组、家长学校、爱心基金委员会、奖学基金委员会等组织；制定《学校、社会、学校三结合工作条例》。

四、强化团队组织，建立少先队干部培训学校，少年军校。

五、强化日常行为规范系列训练、爱国主义教育、法制教育、安全教育以及以“五爱”为基本内容的社会品德教育。

六、强化共建精神文明的活动，拓宽校外德育教育基地，增强校外辅导工作力度。

七、强化晨会、班队活动要求，重视德育教育对各科教学的渗透，重视养成教育和对学生思想品德的评估工作。

教职工年度考核与干部民主评议制度

为了客观评估教职工的工作，充分发挥教职工在学校工作中的积极性和创造性，特制定如下考核办法：

一、校长的考核：

1. 期初，校长应向全体教职工发表“施政演说”，并在此基础上订出学期工作计划。

2. 期末，校长应根据期初施政演说及学期工作计划，认真进行总结，并召开学校教代会，听取校长的学期述职。

3. 教代会对校长的学期工作进行评价，评价等级分四等，评价结果报上级主管部门。

二、中层干部的考核：

1. 期初，中层干部应和全体教职工发表“施政演说”，阐明本部门的工作目标。

2. 期末，中层干部应根据期初施政演说认真进行工作总结，并在全体教职工会议上述职。

3. 全体教职工对中层干部的学期工作进行评价，考评结果记入个人档案。

三、教职工的考核：

1. 期初，教职工应根据自己的工作职责，认真制订条线工作计划或学科教学计划。

2. 期末，教职工应根据期初工作计划，对照市教委统一的工作考核要求进行总结自评。

3. 考评时，教职工在所在的考评小组进行述职，教职工之间进行互评，得出评价分。

4. 在教职工自评、互评的基础上由教研组长、教导主任、分管校长进行综合考评，考评结果记入个人档案。

5. 在两个学期综合考评的基础上评阅出年度优秀教职工，上报上级主管部门，给予精神和物质奖励。

四、规划总结

校风：崇德、求实、团结、创新

教风：爱生、敬业、求实、创新

学风：树志、勤学、守纪、健美

校训：崇德尚文，厚积薄发

争创“服务质量优胜集体”结对签约书（小学部）

为了切实转变教育观念，为学生、为家长、为社会做好服务工作，严格执行师德规范，自觉接受学生、家长、社会监督，共同创建“服务质量优胜集体”。为此我们将按照学校制定的服务质量标准，认真做好服务工作，提高服务质量。

服务质量标准：

1. 认真组织指导学生晨间活动、课间活动。

2. 上课、集会、活动等提前上岗，做好准备。

3. 学生未到校，要主动与家长取得联系，了解情况。

4. 学生如身体不适，要及时与家长取得联系或及时送医院诊治。学生病假三天以上要上门探望。

5. 家长来访，微笑服务，热情接待，语言文明。

6. 经常走访学生，班主任、副班主任每学期至少走访10位同学，任课老师至少走访3位同学。年级组一学期至少组织一次集体家访。

7. 与“暂差生”结对，完成“三个一”，一周谈一次心；一周辅导一次学习；一个月家校联系一次。

8. 放学后，认真做好对个别学生的补课工作。

9. 组织学生外出活动，要认真管理好学生，并与学生一起活动。

10. 平等对待每一位学生，对学生教育有耐心，不歧视、讽刺、斥责和体罚学生，不把学生赶出教室。

争创“服务质量优胜集体”结对签约书（幼儿园）

服务质量标准：

1. 热爱孩子，对每个孩子一视同仁，不偏爱。

2. 认真组织一日活动，引导幼儿主动发展。

3. 幼儿未到校，要主动与家长取得联系，了解情况。

4. 幼儿身体不适或尿湿衣裤，要及时与家长联系或及时送医院诊治，幼儿病假三天以上要上门探望。

5. 家长来访，微笑服务，热情接待，语言文明。

6. 经常走访幼儿，教师每学期至少走访10位幼儿，每月组织一次集体家访。

7. 提前上岗，做好活动准备和接待幼儿工作。放学后，把每个孩子送到家长手中，方可下班。

8. 主动细心地照顾幼儿的生活，注意幼儿衣着冷暖和整齐。

9. 为幼儿提供卫生、可口、营养的饭菜，引导孩子不挑食，养成良好的用餐习惯。

10. 保持各室通风，空气新鲜，定期消毒各室及幼儿学习、生活用品。

争创“服务质量优胜集体”结对签约书（后勤组）

服务质量标准：

1. 尽力及时完成各类需求，不说“不”字，急师生所急，为师生做好服务工作。

2. 认真执行财务制度，保管好各种票据、印鉴，不出事故。

3. 认真地为师生、为教育教学服务，印制清晰高质量的各类资料。

4. 积极地为师生提供借阅图书、资料的方便。

5. 认真搞好食品卫生，为师生提供可口的饭菜，不出食品卫生事故。

6. 做好校园的管理及卫生检查，不留卫生死角。每日做好校园卫生的自查自纠。

7. 每月做好校园的安全检查，不留安全隐患。确保行车安全，不出交通事故。

8. 卫生室要及时处理师生的意外损伤，有病及时护送医院。

9. 家长来访，微笑服务，热情接待，语言文明。

10. 平等对待每一位学生，对学生教育有耐心。

（二）上海市堡镇中学学校管理规定

学生伤害事故处理预案

为积极预防和减少学生的伤害事故，及时、科学、规范地处理好学生伤害事故，依据《中华人民共和国未成年保护法》《上海市青少年保护条例》《上海市中小学学生伤害事故处理条例》《中华人民共和国教育部学生伤害事故处理办法》等法律、法规、规章的要求，确保本校有突发伤害事故后，使治疗工作指挥有力、有序、有效地开展，特制订本工作方案。

一、组织机构

学校成立指挥部：王永全（校长）任指挥，曹国成、黄怡、孙永利、黄秀章任副指挥。

成员：施卫平、徐亚香、袁振国、吴红霞、顾红娟、施伯良、陆顺雄、王松涛、陶妙根

具体分工：

1. 现场指挥：王永全、黄松

负责现场工作的指挥协调，安排现场的具体工作，派人送医院。

2. 调查：黄秀章、袁振国

对事故发生的原因详细调查，要有书面材料，当事人、证人的陈述。如事情严重，负责同派出所联系，协助工作。

3. 接待：曹国成、施卫平

做好来访家长及社会有关人员的宣传解释工作，稳定有关人员的思想情绪。

4. 护理：孙永利、陶妙根、胡柳

负责将学生送医院治疗，积极、主动地关心学生的身心健康，了解掌握学生伤害程度（未安排的人员作机动）。

二、应急措施当意外事故发生后，采取如下措施。

1. 校指挥部人员在第一时间里到达现场，进行防治工作的指挥、协调、各就各位。

2. 事故发生后，学校立刻将学生送到堡镇医院诊治，并立即通知学生家长。学生在医院诊治期间，学校有关人员要积极主动关心学生身体状况，掌握学生伤害的程度及可能发生的后果。事故调查组要及时了解事故发生的原因、过程，掌握第一手材料，并立即口头报县教育局，第二天书面再报局办公室，重大伤害事故立即报派出所，由派出所帮助勘查、笔录工作，以利日后通过司法途径解决问题。

3. 接待小组要耐心仔细地做好来访家长及社会有关人员的宣传解释工作，稳定有关人员的思想情况。

4. 对于一时难以解决的事故问题，学校成立事故处理小组，会同有关部门妥善处理。

表 6－1　学生行为规范自律表

年级__________　　　　姓名__________

项目要求	每周自我检查	总　评

尊敬师长，见面主动问好。

使用文明、礼貌用语。

上学佩戴好校徽、团徽、红领巾。

上学不迟到、早退、旷课。

独立完成作业。

认真上好自修课，不影响他人学习。

认真做好广播操、眼保健操。

认真做好值日生工作。

保持环境卫生，不乱丢垃圾。

不乱涂、乱刻墙壁课桌。

不吸烟、不喝酒、不赌博。

不进网吧、舞厅、歌厅。

买饭菜不插队。

不追逐吵闹，不大声喧哗。

尊重他人人格，不取绰号。

不烫发、化妆、佩戴首饰，男生不留长发，女生不穿高跟鞋。

遵守交通法规，不违章骑车。

积极参加学校各项活动。

安全保卫工作暂行规定

第一章　总　则

第一条　为加强全校师生的安全教育和管理，保障教职员工、学生的身心健康、生命安全和集体财产不受损失，保证学校教育教学活动的正常进行，特制定本规定。

第二条　学校各级干部、教职工要站在三个代表的高度，以对国家、对人民、对下一代高度负责的态度，重视对青少年的保护，把学校安全工作列入重要议事日程，克服麻痹思想和侥幸心理，牢固树立“安全第一”的思想，认真做好学校的安全教育、安全管理和安全事故的防范工作。

第二章　组织机构和规章制度

第三条　学校成立以校长为组长的安全工作领导小组，全面负责学校的安全工作。学校安全工作领导小组内部实现分工负责，分级管理。学校安全工作领导小组定期召开会议，分析、研究学校的安全工作现状，负责学校的安全教育和安全管理以及各项安全工作规章制度的检查和落实。

第四条　学校年初结合本县市及学校实际，制定切实可行的安全工作制度。明确学校各职能部门和有关人员的职责，明确责任事故的处罚，做到责任到人，各司其职，赏罚分明。

第五条　加强学校治保队伍建设，健全学校治保机构，认真履行职责。

第六条　学校有关职能部门要根据分工定期对本校的各类设施设备以及安全制度的落实情况进行认真细致地检查，发现隐患立即汇报并及时排除，薄弱环节，及时加强。

第七条　学校每年与各部门，各组室鉴定安全工作责任书，并根据“谁主管，谁负责”的精神进行考核。

第八条　学校每学期开学初和期末都要组织全体师生进行安全教育，对典型事例进行具体分析，总结经验教训，强化安全意识，做到“警钟长鸣”，常抓不懈，防患于未然。

第九条　学校每学期要有计划对学生进行安全知识教育，讲解交通安全和食品卫生安全以及防火、防电、防水，防意外伤亡事故的基本知识，强化学生的安全意识，培养学生安全防范、自护自救和应付突发事件的基本技能。

第十条　节假日、寒暑假放假前，学校（或各班）有针对性地对全体学生进行一次安全教育，同时落实好领导值班制度，扎实安排节假日期间的值班护校工作，做到值班人员、值班时间、值班职责和监督检查四落实。

第十一条　各班主任要利用晨会、校班会等时间进行安全教育，每学期要开展小型多样的安全教育活动，并做好记录。

第三章　外出活动和交通安全

第十二条　学校组织的各种素质教育活动（主要指岛外春游等），事先必须经学校讨论通过，再向教育局有关部门申请，经批准后方可组织。严禁擅自组织学生外出考察游览，严禁允许和放任学生自行组织外出考察游览。学校不得组织学生参加抗洪、救灾等有危险的救灾活动。

第十三条　经学校同意，教育局批准的各种素质教育活动（指岛外活动），至少要有一名校级领导亲自组织带队，并作好分工，明确其他带队教师的职责。活动前要对学生进行安全教育和组织纪律教育。整个活动过程要严密组织，带队老师不得离开团队。

第十四条　组织学生外出观看电影、戏剧等，事先必须经校长批准，由学校德育处组织，有关年级组长配合，有关班主任事先做好安全教育和组织纪律教育，并排队有秩序地进入指定场所，整个活动过程必须始终和学生在一起，防止学生乱跑或擅自外出活动。

第十五条　组织师生外出举行活动需要乘车的，所租用的车辆必须是公安交通部门核定的并有客运证的车辆。不准超载，乘车时要严格管理。

第四章　食品卫生和集体用餐安全

第十六条　学校食堂要严格执行《食品卫生法》《学校卫生工作条例》和《食物中毒事故处理办法》等有关学校食品卫生安全工作的法律、法规，在食堂用料的采购、存储、加工和供应、销售等各个环节学校有关部门要加强管理和监督。

第十七条　学校总务部门要定期对学校食品管理人员进行食品卫生、营养知识、食品加工知识的培训。使他们了解《食品卫生法》等法规的基本精神及食品卫生的基本要求，牢固树立食品卫生安全意识。食堂从业人员除每年健康检查外，平日如发现有传染病应立即停止上班。

第十八条　学校食堂管理人员和从业人员要切实树立责任意识，严格执行食品卫生的各项法律法规和规章制度。食堂管理人员要承担起管理责任，认真负责地做好采购、储存、加工、经销等食品卫生工作各个环节的检查监督工作，把好学校食品采购的索证关、加工过程的卫生关和食品的存贮关，落实好学校食品卫生管理的各项工作制度。食品加工操作人员要坚持以保证学校师生身体健康为本职工作的基本职业道德标准，牢固对立责任第一、安全第一的观念，明确岗位职责，严格执行食品卫生加工操作规范。学校总务部门要加强检查、督促。

第五章　学校安全工作日常管理

第十九条　严格学校门卫制度。校外人员进入学校进行公务活动要严格履行出入登记手续，禁止社会闲散人员进入校园，阻止校外恶少进入学校，如不听劝告强行闯入，门卫人员可立即报警。学生凭证入校，中途离校需班主任证明。傍晚要及时关好各楼面防盗门。

第二十条　严格加强学校实验室、电教室、财务室、档案室、仓库的管理。学校实验室的药品、试剂管理要有严格制度，有毒、易燃、易爆、放射性药品、试剂要有专柜保管，专人负责。易燃、易爆、剧毒危险物品，要有专人、专柜保管，专人负责。

第二十一条　体育课、活动课、音美课、电脑课、理化实验课等，学生离开教室时要关好门窗，各任课教师要严格管理，作好缺课统计并及时反馈给班主任。课上要讲清有关注意事项或安全要求，认真组织学生训练，任课教师在课上不得离开学生或上“放羊式”课。

第二十二条　严格学生宿舍管理。学校德育处认真制定好有关“住宿生制度”及“宿管员职责”并经常检查、督促。宿管员要认真负责地管理，经常对住宿生进行防火、防盗、用电等方面的安全教育、检查、督促。每晚熄灯前清点住宿生人数，发现无故缺席的及时向班主任联系，班主任及时向家长汇报。

第二十三条　做好校内硬件设施、设备的安全检查、维修。学校总务处要经常检查并及时维修。①场上各种体育活动设施是否牢固。②门窗、防盗门是否安全、牢固，玻璃是否易脱落。③教室里、走廊里、各专用室里电器设备是否存在隐患。④消防、防盗设备装置正常与否。

第二十四条　加强值班制度。由年级组长及学校中层以上干部组成导护组，每天两人轮流导护。校内巡视，负责学生课余时间活动安全管理，处理偶发事件。晚上学校专门安排人员值班。学校重要部门安装好防盗装置，师生贵重物品不得放在办公室或教室里。负责夜自修管理的人员每次要点好名，并对照有关职责认真做好管理。

第六章　突出事件应急处理及奖惩

第二十五条　学校建立应急事故处理机制和制度。一旦发生突发事件应积极配合有关部门采取有效措施，把危害控制在最低程度。学校严格执行突发伤亡事件报告制度。发生事故后在处理的同时立即将情况报县教育局和有关部门，事故处理严肃、公正、及时。(有具体预案)

第二十六条　对在学校安全工作中成绩显著的个人，学校给予表彰奖励。学校把安全工作的业绩作为教职工年终考核的重要条件之一。对违反《安全制度》《学校安全工作规定》或玩忽职守造成严重后果的，按照《学校管理手册》及上级有关规定给予处罚。

参考文献

[1] 李继星. 现代、现代学校与现代学校制度——兼议学校的现代化与现代性[J]. 中国社会科学院，2006（8）.

[2] 黄兆龙. 现代学校制度初探——兼论国有民营学校管理模式［J］. 中小学管理，1998（7-8）.

[3] 褚宏启. 中国教育管理评论（第2卷）［M］. 北京：教育科学出版社，2004：88.

[4] 单海源. 新制度主义视角下我国现代学校制度变迁研究［D］. 哈尔滨：哈尔滨师范大学，2010.

[5] 李继星. 现代学校制度初探［J］. 教育研究，2003，（12）.

[6] 安晓敏. 转型期间学校制度重建——现代学校制度探索［D］. 长春：东北师范大学，2005.

[7] 刘思. 论现代学校制度的价值取向［D］. 武汉：华中师范大学，2012.

[8] 陈卫平. 社会发展和个人发展的相互促进［J］. 探索与争鸣，2002（5）：7-11.

[9] 张安生. 论教育民主决策的价值［J］. 陕西教育学院学报，2005（2）：6-8.

[10] 彭辉，禹旭才. 论高校民主决策机制的构建［J］. 呼和浩特：内蒙古师范大学学报（教育科学版），2008（5）：136-139.

[11] 胡平平. 关于建立相对独立的教育监督体系的建议［J］. 中小学管理，2009（11）：27-29.

[12] 周雄文. 简论加强高等学校的内部监督［J］. 中国高教研究，2005（4）：52-55.

[13] 黄锦成等. 构建高等教育社会监督机制的研究［J］. 高教论坛，2008，2（1）：61-64.

[14] 陈峥. 中美中小学家校合作的比较研究［D］. 武汉：华中师范大学，2004.

[15] 于天伦. 我国大学城与周边社区互动发展研究［D］. 天津：天津师范大学，2012.

[16] 李卫红. 学校与社区互动的机制分析［J］. 玉溪师范学院学报，2007，23（1）：44-47.